O produto da venda desta obra é destinado à manutenção das atividades assistenciais das Sociedades Espíritas "Maria de Nazaré", de Rolândia-PR, e "Boa Nova", de Catanduva-SP.

boa nova

editora e distribuidora de livros espíritas.

Célia Xavier Camargo
pelo espírito Erick

Os Sinos Tocam

Boa Nova

boa nova
editora e distribuidora
de livros espíritas

Instituto Beneficente Boa Nova - Entidade
coligada à Sociedade Espírita Boa Nova
PABX (17) 521-2400 – Fax: (17) 521-2191
Av. Porto Ferreira, 1.031 – Caixa Postal 143
e-mail: boanova@boanovaonline.com.br
site: www.boanovaonline.com.br
Catanduva – SP – CEP 15809-020

3ª edição
Março/2003
10.000 exemplares

Os Sinos Tocam

boa nova
editora e distribuidora de livros espíritas

Capa:
Direção de arte: Francisco do Espírito Santo Neto
Designer e editoração: Cristina Fanhani Meira

Revisão:
Lúcia Helena Lahoz Morelli
Paulo César de Camargo Lara

Fotolitos:
ArtScan

Impressão:
Lis Gráfica e Editora Ltda.

Dados Internacionais de Catalogação na Publicação (CIP)
(Câmara Brasileira do Livro, SP, Brasil)

Erick (Espírito) .
Os sinos tocam / pelo espírito Erick ;
[psicografado por] Célia Xavier Camargo. --
Catanduva, SP : Boa Nova Editora, 2002.

ISBN 85-86470-25-2

1. Espiritismo 2. Psicografia 3. Romance
brasileiro I. Camargo, Célia Xavier. II. Título.

00-3759 CDD-133.9

Índices para catálogo sistemático:
1. Romance espírita 133.9

Impresso no Brasil/*Presita en Brazilo*

Conheça outras obras da médium
CÉLIA XAVIER CAMARGO

Céu Azul
Espírito César Augusto Melero

De Volta ao Passado
Espírito César Augusto Melero

Preciso de Ajuda!
Espírito Eduardo

Perante Deus
Espírito Erick

Aves Sem Ninho
Espírito Jésus Gonçalves

Em Busca da Ilusão
Espírito Jésus Gonçalves

Perdoa!...
Espírito Jésus Gonçalves

A Eterna Mensagem do Monte
Espírito Léon Tolstoi

Mansão dos Lilases
Espírito Léon Tolstoi

Erros e Acertos
Espírito Marcelo

Mamãe, Estou Aqui!
Espírito Marcelo

Sumário

Preâmbulo

Caros Irmãos,

Que o Senhor da Vida nos ilumine!

A trajetória evolutiva do Espírito é sempre longa, difícil e dolorosa. Quando nos detemos a pensar na fieira das reencarnações que ficaram esquecidas na poeira dos tempos, um sentimento de condescendência e de carinho nos toma o íntimo pelos veículos físicos que nos foram concedidos pela misericórdia do Pai, viabilizando oportunidades de crescimento e de aprendizado.

Como seres imortais, estagiamos desde as formas mais primitivas de vida, atingindo a condição de criaturas humanas, embora rudes, desprovidas de sentimentos e guiadas pelos instintos. O tempo, celeste benfeitor, transmuda criaturas em seres conscientes, por meio do esforço individual e coletivo do progresso. Aos poucos, aprimorando-se, o Espírito ascende em conhecimentos, desabrocha em sentimentos e parte para conquistas sempre maiores, até atingir, na atualidade, evolução jamais imaginada.

Todavia, no tempo e no espaço que medeiam esses milhões de anos, quanto sofrimento, quanta dor, quanto mal causamos ao próximo e a nós mesmos!

Até onde sei, Espírito orgulhoso e rebelde, prejudiquei a quantos tiveram a infelicidade de conviver comigo. Construí amizades, mais pela bondade e pela generosidade deles do que pelo meu esforço de criatura egoísta e egocêntrica.

Conquistei posições de relevo e administrei países, fui soldado, religioso, camponês e muito mais. Sempre, porém, mantendo as pessoas sob meu tacão, governando pelo terror e maquinando nas sombras.

Na época de Carlos IX, vivi na França e participei do trágico episódio que ficou conhecido como “Noite de São Bartolomeu”.

Não me identifiquei, talvez porque o orgulho – parte integrante do meu caráter e do qual ainda não consegui me libertar inteiramente – não o tenha permitido. Ainda hoje, apesar do tempo transcorrido, é extremamente doloroso expor-me ao julgamento da sociedade, além do meu próprio. Não obstante, já consegui rever os fatos, fazendo um retrospecto e analisando os acontecimentos que marcaram a vida de milhares de pessoas, o que representa uma conquista.

Tudo está muito vívido em minha memória. Ainda hoje, quando os sinos tocam, o som repercute desagradavelmente em meu íntimo, lembrando-me as torturas e os crimes praticados naquela terrível noite, sob a proteção da Igreja Católica. Ao tomar para si o papel de legatária do Evangelho de Jesus, ela teria por missão amar, proteger e amparar as criaturas, segundo os ensinamentos do Cristo.

O ambiente que cerca esse episódio continua carregado de vibrações nocivas e doentias, em virtude de existirem ainda Espíritos, prejudicados na época, inconformados com a situação e desejando vingança; cultuam o monoideísmo, vivendo em pleno século XVI de Catarina de Médicis. Por essa razão, enfrentamos muitas dificuldades durante a psicografia do livro. Quando lembramos uma história, não estamos apenas desvendando fatos, mas mexendo com sentimentos, emoções, interesses e vibrações de quantos se achem até agora psiquicamente envolvidos com o assunto.

Com exceção dos personagens históricos, os demais tiveram seus nomes alterados para se evitar uma identificação prejudicial.

Extremamente benéfico e gratificante comprovarmos o crescimento moral e espiritual de muitos que participaram da trama. Com a visão algo distendida pela compreensão que agora nos felicita o ser, entendemos que cada um agiu de acordo com suas condições e possibilidades à época.

Atualmente, grande parte dos personagens encontra-se em franca recuperação, procurando vencer suas inferioridades; engajados no movimento espírita, eles trabalham a favor do próximo, não raro das pessoas que prejudicaram outrora. Outros procuram reconstruir o que destruiram, colaborando nas fileiras da reforma protestante, como meio de reparação e entendimento.

Felizmente, estamos hoje comprometidos com o pensamento cristão em sua maior pureza, tentando disseminar os ensinamentos evangélicos e propagar a Doutrina Espírita, Consolador Prometido por Jesus, que veio, por meio dos Espíritos do Senhor, aclarar o caminho da humanidade, acendendo luzes em nossas vidas.

Esperamos que as experiências aqui relatadas sirvam de exemplo e alerta para todos os que vierem a ler esta obra, escrita sem qualquer pretensão, mas com muito amor e dedicação.

Nossos agradecimentos a quantos colaboraram na concretização deste projeto.

A Jesus, que tanto nos tem amparado e fortalecido através dos tempos, imorredoura gratidão pela oportunidade de crescimento e de aprendizado que nos proporcionou.

Que Deus os abençoe e os fortaleça no trajeto rumo ao progresso.

Muita paz!

Rolândia, dezembro de 2001.

Informações Necessárias

Antes de passarmos ao texto psicografado – romance ambientado na França da segunda metade do século XVI –, necessário se faz retroceder um pouco no tempo, para que possamos entender melhor a situação religiosa da época.

Os desmandos da Igreja Católica, desde séculos anteriores, afastando-a dos ensinamentos de Jesus, geraram focos de contestação em diversos países europeus. Líderes religiosos, com suas idéias, críticas e posições, romperam com a Igreja. Esse movimento ficou conhecido como Reforma.

Na Inglaterra do século XIV, a imoralidade do clero – amante da boa comida e de mulheres –, a riqueza da Igreja e a constatação de que ia mais dinheiro inglês para o papa do que para o Estado ou para o rei, levaram John Wyclif (1320-84), padre e professor de teologia em Oxford, a posicionar-se contra a Igreja. Indignados, os ingleses formaram um partido anticlerical na corte. Wyclif construiu seu credo com base nos seguintes pontos: 1. Doutrina da predestinação, segundo a qual Deus concede sua graça a quem Ele desejar, salvando uns e condenando outros. As boas obras não ganham a salvação, mas indicam que quem as executa recebeu a graça divina e é um dos eleitos. 2. A relação do homem com Deus é direta, e não pede intermediários; por isso, é repelida a idéia de que os padres representam Deus. 3. Todos os bens são de Deus, e se a Igreja e os padres possuem propriedades estão violando o mandamento do Senhor. 4. Os frades não podem pregar a pobreza e acumular riquezas. Como Cristo e seus apóstolos tinham vivido na pobreza, assim deveriam viver seus vigários. 5. Cristo e os apóstolos não haviam ensinado a doutrina das indulgências, usada pelos prelados para iludir os homens com perdões falsos e lhes roubar grosseiramente o dinheiro. 6. A confissão auricular é desnecessária. Imprescindível a volta à confissão pública voluntária.

João Huss (1369-1415) nasceu na aldeia de Husinec, na Boêmia, e era conhecido como João de Husinec, que mais tarde abreviou para Huss. Foi ordenado padre e reformou a vida, conferindo-lhe uma austeridade quase monacal. Designado para o púlpito da capela de Belém, em Praga, em 1402, tornou-se o mais famoso pregador daquela cidade. Adotando as doutrinas de Wyclif, foi excomungado. Em 1411, o papa, precisando de dinheiro para uma cruzada contra Ladislau, rei de Nápoles, anunciou uma nova oferta de indulgências. Quando isso foi proclamado em Praga, João Huss e seu principal adepto, Jerônimo de Praga, protestaram publicamente contra o fato de a Igreja arrecadar dinheiro para derramar sangue cristão, chamando o papa de "cavador de dinheiro" e até de anticristo. Seu tratado "*De Ecclesia*", em parte inspirado em Wyclif, condenava a veneração de imagens, a confissão auricular, os inúmeros ritos, a simonia do clero, o recebimento de dinheiro pelos padres para batismos, crismas, missas, casamentos ou enterros. Afirmava que Cristo, e não o papa, era o cabeça da Igreja; a Bíblia, e não o papa, deveria ser o guia dos cristãos; o papa não era infalível, mesmo na fé e na moral; o papa só deveria ser obedecido quando suas ordens se conformassem à lei do Cristo.

Por defender suas idéias de forma irredutível, foi condenado à morte na fogueira, como também seu companheiro Jerônimo de Praga.

Renasceria mais tarde, no início do século XIX, em Lyon, na França, com o nome de Hippolyte Léon Denizard Rivail, tendo a sagrada missão de codificar a Doutrina dos Espíritos.

O monge Martinho Lutero (1483-1546), nascido em Eisleben, na Alemanha, depois de ler um tratado de John Huss e meditar sobre as epístolas de São Paulo, deteve-se no texto: "O justo viverá pela fé", o que resultou na doutrina de que o homem pode se tornar justo e se salvar, não pelas boas obras, mas somente pela fé em Cristo. Descontente com os abusos da Igreja, afixou na porta da catedral de Wittenberg 95 teses que condenavam esses abusos, entre os quais a venda de indulgências. Como não aceitara retratar-se, o papa o excomungou. Foragido, traduziu a Bíblia para o alemão. Muitos príncipes alemães o apoiaram porque desejavam libertar-se da influência do papa e do imperador Carlos V, que era católico. Tal apoio foi decisivo para a difusão do luteranismo. Esses príncipes tomaram as terras da Igreja Católica, que passaram a ser consideradas propriedades do Estado.

Em 1529, através da Segunda Dieta de Spira, tentou-se impor o catolicismo aos príncipes luteranos. Como se rebelassem, foram chamados de "protestantes". Através da Dieta de Augsburgo, em 1555, ficou estabelecido que cada príncipe decidiria que religião adotar em suas terras.

Na França, João Calvino (1509-1564), nascido em Noyon, filho de Gérard Chauvin, secretário do bispo, depois de estudar em Paris, transferiu-se para Orléans a fim de estudar advocacia. Formado em 1531, retorna a Paris. Quando, por volta de 1534, começou a se preocupar com os problemas religiosos na França, já havia no país numerosos adeptos de uma reforma dentro da própria Igreja, tanto de luteranos como de humanistas, que eram muito importantes na França. Em decorrência de sua pregação reformista, foi convidado a morar na cidade de Genebra, na Suíça. Lá implantou as Ordens Eclesiásticas – leis rígidas e intolerantes baseadas na sua crença. Organizou a Igreja Calvinista em termos de fiéis, pastores (dirigentes do culto) e um conselho de anciãos (grupo de fiéis idosos que orientava a prática da religião). Ele imprimiu na teologia e na moral a lógica, a precisão e a severidade das "Institutas" de Justiniano. Assimilou os ensinamentos de Lutero, mas propôs reformas mais radicais ainda. Para Calvino, somente as Sagradas Escrituras são bases da crença.

Também acreditava que a salvação é conseguida pela fé; porém, dizia ele, ter fé não depende dos homens e sim de Deus, que a dá a seus eleitos. Simplificou ainda mais o culto: apenas comentários da Bíblia, feitos por sacerdotes sem paramentos, em igrejas sem imagens. Só os sacramentos do batismo e da comunhão foram conservados.

Na França, os seguidores de Calvino foram chamados de *huguenotes*.

Desde a época de Francisco I, e durante décadas, as lutas prosseguiram e acordos de paz foram firmados, ora dando vitória aos protestantes, ora aos católicos. Todavia, o movimento reformista crescia a olhos vistos na França e centenas de igrejas protestantes se espalhavam por todo o território, sem que se pudesse evitar essa expansão.

Catarina de Médicis, mãe do rei Carlos IX, fervorosa defensora da Igreja Católica, não tolerava o almirante Gaspar de Coligny, huguenote com grande influência junto a seu filho.

Essa era a situação religiosa da época.

Vida Campestre

Capítulo 1

Os animais estavam inquietos. A hora ia avançada e a rotina fora quebrada. As galinhas cacarejavam no terreiro, ciscando aqui e ali; os patos e os gansos se estranhavam, arrepiando as asas e fazendo um barulho ensurdecedor; o galo, no alto do telhado do estábulo, esforçava-se cantando o despertar; as cabras baliam, sacudindo as sinetas e mastigando o que encontravam pelo chão; as vacas e os bois mugiam, enquanto os cavalos ruminavam o que restara da última ração.

O dia mal começava. As primeiras claridades da aurora invadiam o céu em tonalidades róseas, quando a jovenzinha abriu o portão que dava acesso ao terreiro. Arcada com o peso de uma bacia que carregava apoiada na cintura, e de um balde que segurava com a outra mão, caminhava com dificuldade. Viam-se, estampados em seu semblante, o cansaço e o desânimo.

Não teria mais que treze anos. Contudo, algo desenvolvida para a idade, deixava entrever, sob as vestes simples, os contornos arredondados do corpo, inclusive os seios, que surgiam no decote do corpete. Os cabelos, castanhos e encaracolados, caíam-lhe pelos ombros, amarrados com fita vermelha. Possuía rosto oval de contornos perfeitos e o perfil de uma Madona de Botticelli[1]; a pele, clara e macia, era um tanto pálida; e os olhos, cor de avelã, grandes e melancólicos, eram velados por longas pestanas; a boca, rosada, onde surgia uma fieira de dentes alvos, mantinha certa expressão de desgosto.

---

[1] *Sandro di Mariano Filipepi Botticelli, pintor italiano, nascido em Florença (1444-1510) - Nota da autora.*

Trajava-se pobremente, como uma camponesa: blusa branca, decotada, encimada por um corpete que lhe prendia o talhe, amarrado na frente com um cordão cruzado; saias fartas, que desciam quase até o chão, mal deixando perceber as botinas de couro, velhas e esburacadas.

Logo nos primeiros passos, praguejou baixinho. Não gostava de pisar na lama e odiava quando, inadvertidamente, atolava os pés em excrementos, o que, naquelas circunstâncias, era costumeiro.

Vendo-a chegar, aves e animais correram-lhe ao encontro com vozerio estridente. Apesar da voz cansada, ela murmurou, mostrando certa ternura:

– Calma!... Calma!... Cada um terá sua vez. Primeiro as galinhas, os patos, os gansos e os perus.

Assim dizendo, ia jogando punhados de milho que, avidamente, eram disputados pelas aves. Depois foi a vez das cabras e do velho bode. Dirigiu-se em seguida ao estábulo, onde estavam os muares, os eqüinos e os bovinos.

Portando um pequeno banco e um balde, aproximou-se das duas vacas.

– Primeiro tu, Princesse! Depois, será a vez de Blanche.

Sentou-se no banquinho e começou a ordenhar uma delas, depois a outra. Em seguida, colocou ração nos cochos e deixou o barracão, carregando com dificuldade o pesado balde, que transbordava de leite, até a grande e singela construção, residência da família.

Passou pela porta dos fundos, entrando diretamente na cozinha. Pegou uma grande caneca, ferveu o leite e estava arrumando a mesa quando uma senhora surgiu. Gorda, rosada e faminta.

– Por que a mesa ainda não está posta, Elise?

– Hoje me atrasei um pouco, *ma mère*, mas logo tudo estará pronto. Só falta colocar as canecas, o pão e o mel.

– Falta também a nata, sua desmiolada! – retrucou a senhora, examinando a mesa com ar entediado.

Sentou-se e, vendo a menina que se mantinha calada, prosseguiu:

– Certamente dormiste demais, como sempre.

– Acordei muito cansada, *ma mère*, e não consegui levantar-me.

A matrona fez um muxoxo, enquanto levava à boca um pedaço de pão que, de tão grande, mal conseguia mastigar. Ainda com a boca cheia, atacou novamente:

– Isso é porque, em vez de dormir, ficas a sonhar de olhos abertos com um príncipe encantado que te venha livrar dessa vida de desocupada que levas!

Os olhos da jovenzinha se toldaram ante aquela injustiça e ela retrucou em voz baixa:

– Não, minha mãe. É que eu estava realmente cansada ontem; trabalhei muito e não consegui repousar o suficiente. Despertei hoje com o corpo todo dolorido.

– Hum!... Só porque carregaste alguns pedaços de madeira? Afora isso, quem mais, além de ti, poderia ajudar teu pai, visto que eu não tenho saúde para tal e teu avô está muito velho para fazer serviços pesados? – desfechou, lambendo os dedos besuntados de mel.

– Eu sei, minha mãe. Mas não eram apenas alguns pedaços de madeira, como afirmas. Eram mourões destinados à cerca que ajudei papai a fazer.

Nesse momento, entrou na cozinha um homem alto, forte e troncudo. Traços angulosos, olhar firme, denotava nos gestos a condição de camponês, rude e inculto. Sentou-se para tomar a primeira refeição e começou a conversar com a esposa. Elise aproveitou a distração de ambos para deixar a mesa.

Foi para o quintal e sentou-se numa pedra, desalentada. Todavia, não demorou muito pois o pai apareceu, lembrando-lhe que o dia já começara e as tarefas estavam todas por fazer. Calada, ela respirou fundo, foi até o barracão, passou a mão na enxada e acompanhou o pai rumo à lavoura, onde passaram boa parte do dia cuidando das plantações.

À tardinha, quando o sol desapareceu por detrás das montanhas, após a última refeição, Elise refugiou-se num canto do jardim para repousar. Protegida de olhares indiscretos por um caramanchão de buganvílias, a menina pôde dar livre vazão a seus sentimentos.

Sentada num banco de pedra, mergulhou a cabeça nas mãos. Entre as ramagens, os últimos raios de sol penetravam dourando as folhas, as flores e tecendo arabescos no chão. Nesse momento, Elise ouviu passos que se aproximavam. Levantou a fronte, assustada. Ao ver o vulto de um velhinho que assomava à entrada, respirou aliviada.

– Ah! És tu, meu avô!

– Sim, *ma chèrie*. Imaginei que deverias estar aqui, no teu abrigo preferido.

O ancião sentou-se e comentou com delicadeza:

– Notei que parecias muito triste durante a ceia. Mais triste do que de costume. O que se passa contigo, minha neta? Aconteceu algo que desconheço?

Meneando a cabeça, a adolescente respondeu, desconsolada:

– Não, vovô Maurice. Nada de diferente. As mesmas coisas de sempre. Mas hoje estou particularmente sensível e desgostosa, e é exatamente essa monotonia que me incomoda. Vovô, por que tenho que levar uma vida tão diferente da das outras moças da minha idade? Por que me sinto tão infeliz? Tenho treze anos, vejo-me ainda uma criança e já trabalho como um homem, embora ninguém reconheça meus esforços. Acordo todos os dias cansada e sem vontade de me levantar e de começar um outro dia, que, não ignoro, será exatamente como o anterior, e como o outro antes dele, e assim por diante...

Deitou a cabeça no ombro do avô e começou a chorar. Um pranto suave e dolorido, saído do fundo da alma.

– Se ao menos eu soubesse ler, vovô! Meu pai, porém, sempre considerou desnecessário dar-me qualquer instrução, porque sou mulher e, naturalmente, porque ele também é analfabeto.

– Ele tem vergonha da própria ignorância, Elise.

– Eu sei, vovô. Assim, quer manter-me ignorante, tal qual ele e minha mãe.

– Mas tua mãe não aprendeu a ler porque não quis. Gertrudes sempre foi preguiçosa e fútil. Bem que tentei ensiná-la, porém nunca aceitou o meu convite. Pensa como teu pai: não vê nenhuma utilidade para a mulher em saber ler e escrever.

– Sei disso, vovô.

Ficaram calados durante alguns minutos. Elise prosseguiu:

– Sabe, vovô, gostaria de conhecer outras pessoas, porém não me permitem. Mesmo quando vamos à igreja, no domingo, jamais admitem que alguém se aproxime de mim. Não tenho amigas e não conheço nenhum rapaz. Isso lá é vida?

Levantou a cabeça e mostrou a palma das mãos ao ancião.

– Olha, vovô. Estas são mãos de uma donzela? Estão calejadas e feridas pelo trabalho pesado que executo. Ah!... Gostaria tanto de ser uma dama como essas que, às vezes, vejo passar pela estrada em carruagens de luxo. Ou como aquelas que vão à igreja e sentam-se em bancos especiais...

O bom velhinho, que ouvia emocionado e que até aquele instante se mantivera calado deixando a neta desabafar, sorriu intimamente. Agora, Elise não falava mais como criança, pois mostrava os desejos de mulher que lhe afloravam na alma. Mas isso fazia parte das experiências que ela estava vivendo naquela fase, quando já não era criança e ainda não era mulher. Com carinho, o avô consolou-a:

– Sei que sofres, minha querida, e gostaria de ajudar-te, mas sabes como teu pai é...

– Ah, vovô! Se pelo menos eu soubesse ler, teria uma distração. Papai tem um livro cheio de gravuras, que achou não sei onde e que mostra lugares lindos, paisagens belíssimas, pessoas bem vestidas, castelos... tudo o que eu gostaria de conhecer. Um dia peguei o livro e fiquei admirando as gravuras sem entendê-las, porque não sei ler...

O ancião pensou um pouco e indagou:

– Isso te faria feliz, minha pequena Elise?

– Sim, vovô! Muito feliz! Seria a descoberta de um mundo novo, um mundo que existe lá fora e que desconheço.

O velhinho sorriu, enquanto acariciava o rosto da neta.

– Pois bem. Se é isso o que desejas, é pouco. Tenho como satisfazer teus anseios. Vamos combinar assim: todos os dias, após tuas obrigações, nos reuniremos no estábulo e passarei a ministrar-te aulas.

Elise deu um pulo de alegria, agarrando o pescoço do avô e envolvendo-o em seus braços.

– Muito obrigada, vovô! Muito obrigada!

Meio sufocado pelo abraço, ele conseguiu dizer:

– Teus pais não deverão ficar sabendo. Será um segredo nosso. Concordas?

– Claro, vovô! Tens razão. Meu pai não iria entender. Além disso, não quero complicar tua situação em nossa casa. Sei que ele iria ralhar contigo.

Aconchegada ao pescoço do generoso velhinho, ela dava vazão à sua felicidade.

– Ah, vovô, é a vida que me devolves. Obrigada! Obrigada!

Levantando-se, ele sugeriu:

– Está ficando tarde. Melhor nos recolhermos para que teus pais não desconfiem de nada. Amanhã logo cedo, irei ao vilarejo e providenciarei material para escrita. Antes do anoitecer, nos reuniremos no estábulo. Combinado?

Elise concordou e deixaram o caramanchão de mãos dadas, felizes. A mocinha, porque ia realizar um sonho longamente acalentado. O ancião, porque encontrara uma maneira de auxiliar a neta, cuja tristeza permanente o afligia sobremaneira.

A partir do dia seguinte, todas as tardes se dirigiam ao estábulo, sob a alegação de verificar as condições dos animais. E, tendo como "assistentes interessados" os ocupantes do local, estudavam cerca de uma hora, deixando depois o material escondido no meio do feno.

Apesar da vontade, não podiam dilatar o tempo, para não despertar suspeitas.

Com o passar dos dias, resolveram variar de local, porque os pais de Elise já estavam ficando curiosos. Assim, passaram a reunir-se no caramanchão, deixando o material oculto sob uma pedra.

Com o tempo, os tesouros do conhecimento foram sendo desvendados para Elise, que aguardava com ansiedade a hora da aula. Certo dia, ao caminhar pelos arredores, ela descobriu uma pequena gruta, que serviria perfeitamente aos propósitos dela e do seu professor, pois poderia ser transformada em sala de aula.

Levou para lá uma candeia e azeite, e passaram a estudar com o auxílio da pequena luz, visto que, àquele horário, já estava ficando escuro com a aproximação do inverno.

Abertura no Tempo

Capítulo 2

Recostada no leito, Elise examinava, encantada, o livro que repousava em suas mãos. Aproveitando-se de um momento em que o pai estava no estábulo cuidando da pata machucada de um cavalo, e a mãe, entretida na cozinha a amassar o pão, entrara nos aposentos do casal. Caminhara até um armário de mogno e, escondido entre os pertences do pai, encontrara o volume que tanto lhe interessava. Ela se lembrava com emoção do dia em que seu pai chegara em casa contando a novidade. Ele vira um objeto caído à beira da estrada, em meio à poeira, quando fora ao vilarejo; aproximara-se e tomara-o nas mãos. Era um livro! Sem dúvida, alguém o deixara cair sem perceber. Henri, preocupado em devolvê-lo, ainda correra para ver se encontrava o dono do livro, mas nem sinal dele. Assim, levara-o para casa, mostrando com orgulho seu achado para toda a família. Afinal, àquela época, não era comum as pessoas, especialmente camponeses, terem livros em casa.

Elise, ao pegar o grosso volume, deu asas à imaginação. Quem teria perdido tal preciosidade? Um mercador, daqueles que costumavam percorrer as estradas, entrando em cada vilarejo e ofertando seus produtos? Não, normalmente aqueles viajantes vendiam tecidos, objetos de toucador, panelas e quinquilharias, não livros! Quem sabe algum príncipe encantado, jovem e belo, que, passando pela região com seu cavalo branco, perdera aquele tesouro? Ou um monge, gordo e vermelho, que, transitando pelos caminhos com seu burrico, deixara cair o objeto do saco de viagem? Essa última hipótese lhe pareceu mais provável, porque os monges eram reconhecidamente pessoas letradas.

Agora, satisfeita, Elise apertava o livro de encontro ao coração. Ali estava contido um tesouro de incalculável valor, pensava ela. O pai jamais deveria saber que ela se apropriara do livro, pois tinha sido proibida, terminantemente, de folheá-lo. Todavia, pelo aspecto da obra, ela tinha certeza de que o pai não iria descobrir esse seu procedimento, porquanto ele a guardara no fundo do armário e, pelo visto, nunca mais se lembrara de apanhá-la.

Criado para o labor do campo, como também o haviam sido seu pai e seu avô, Henri vivia para cultivar o solo. De visão estreita e mentalidade tacanha, julgava que o saber era absolutamente desnecessário ao homem e mais inútil ainda à mulher. Nunca viajara ou saíra de suas terras. Conhecia apenas o vilarejo mais próximo, onde vendia seus produtos e onde adquiria, ou trocava, o necessário para a subsistência da casa. Também ali ele e a família, sempre aos domingos de manhã, freqüentavam a igreja. O mundo para ele se resumia àquele pequeno espaço territorial, bem inferior ao tamanho da sua ignorância.

Por isso, Henri temia que a filha visse as gravuras do grosso volume, que nada lhe poderiam ensinar de bom, e se pusesse a sonhar com o impossível. A mulher, segundo ele, deveria ser temente a Deus, criada para ser boa dona de casa, boa esposa e boa mãe. Nada mais.

Elise, porém, tinha outros projetos. Ansiava por coisas diferentes e sonhava com uma vida melhor.

Fechou cuidadosamente a porta do armário e, pé ante pé, deixou os aposentos do casal. Já em seu quarto, não conteve a alegria. Para ela, a felicidade custava tão pouco!

Satisfeita, sentindo as batidas fortes e aceleradas do coração, acariciou o livro coberto de poeira. Pegou um pano e limpou-o com cuidado. A capa surgiu-lhe ante os olhos espantados. De cor originalmente castanha, apresentava agora um tom acinzentado. Era uma rica encadernação, com as bordas trabalhadas em arabescos dourados; ao centro, em letras góticas, também em ouro, via-se o título, ilegível, desgastado pelo tempo, pelas manchas de bolor e pelas traças. Mas isso não tinha a menor importância.

Com um frêmito, abriu o volume. Das páginas amarelecidas, um cheiro acre de bolor evolou-se, atingindo-lhe as narinas.

As figuras começaram a aparecer, uma após outra. A jovem encantou-se com a beleza dos deuses da mitologia greco-romana. Com alguma dificuldade, conseguiu ler as legendas colocadas sob as figuras. As histórias deles a fascinaram. Depois, passou para o Egito, maravilhando-se com a imponência das pirâmides.

Eram tantas as informações, que Elise não viu o tempo passar. Anoiteceu e as sombras invadiram o aposento. Acendeu uma vela e prosseguiu na leitura. Em dado momento, ouviu passos e escondeu o livro debaixo do travesseiro. Bem a tempo. Sua mãe abriu a porta do quarto, colocando a cabeça pela abertura:

– O que houve? Não vens cear conosco? Sabes que teu pai gosta de ver todos à mesa.

Pega de surpresa, inventou uma desculpa:

– Não tenho fome, *ma mère*.

A matrona pôs a mão sobre a testa da filha:

– Estás doente? Pareces febril! Vou te fazer um chá, Elise. Ficarás boa num instante.

A menina controlou-se para não rir. Para poder ler com clareza, mantivera a luz bem junto da cabeça. Certamente, a proximidade da vela aquecera seu rosto. Sentia as faces afogueadas e os olhos ardentes. Ou, quem sabe, seria apenas pela emoção do momento?

Elise agradeceu e disse que não era preciso, que a mãe não se incomodasse. Mas a senhora insistiu. Assim, um quarto de hora depois, voltou trazendo uma caneca de chá de ervas, um pedaço de pão e grossa fatia de queijo.

Deixando a bandeja sobre o leito, a mulher virou-se para sair, afirmando:

– Certamente pegaste um resfriado, mas o chá quente te colocará de pé. Vê se ficas boa logo! Amanhã tens bastante serviço.

– *Oui, ma mère.* Não te preocupes. Ao acordar, estarei bem.

Tão logo a mãe fechou a porta atrás de si, Elise pegou o livro. Apanhou também a caneca de chá, o pão com queijo e começou a comer com satisfação, enquanto folheava as páginas.

Entretida na leitura, não percebeu as horas passarem. Quando sentiu os olhos pesados de sono, as primeiras tintas da alva já estavam a colorir o céu, e a vela quase se consumira de todo. Mal teve tempo de esconder o livro debaixo da cama e escorregar sob as cobertas, adormecendo placidamente, a cabeça repleta de imagens de personagens e lugares fascinantes.

Acordou dia alto. Pulou da cama, vestiu-se às pressas e desceu as escadas, encaminhando-se para a cozinha. Encontrou a mãe remendando algumas peças de roupa.

– *Ma mère*, por que o pai não me chamou?

– Hum!... – resmungou a senhora fazendo um gesto característico. – Bem que ele tentou, porém estavas dormindo tão profundamente que não acordaste. Sabendo que queimavas de febre à noite, deixou que continuasses dormindo. Como te sentes agora?

– Estou bem, *ma mère*.

Elise olhou pela janela e espantou-se ao ver que o sol já declinava.

– A tarde está pela metade! Como pude dormir tanto? Isso nunca me aconteceu antes!

– Também fiquei surpresa! – concordou a senhora, indagando em seguida: – Estás com fome?

Ao sinal afirmativo da filha, a mulher mostrou as panelas sobre o fogão, onde as brasas permaneciam acesas.

– Come, minha filha. Deixei a comida no jeito porque sabia que acordarias faminta.

A jovenzinha foi até o fogão, fez seu prato e voltou, sentando-se defronte da mãe. A lembrança do livro retornou-lhe à mente. Ficara quase toda a noite lendo. Isso não poderia voltar a se repetir! De ora em diante, executaria suas tarefas normalmente, mas reservaria algumas horas para ler. Uma idéia surgiu-lhe na cabeça: levaria o livro para a gruta e assim poderia lê-lo junto com o avô.

– É isso mesmo o que farei! – pensou em voz alta.

A mãe, que costurava, levou um susto e espetou o dedo com a agulha.

– Ai!... O que disseste, Elise? – indagou, limpando uma gota de sangue que surgira.

– Nada, *ma mère*... – respondeu, corando. – Lembrava-me de um serviço que preciso terminar. Sabes, minha mãe, que os romanos acreditavam que a deusa Ceres era a responsável pelas colheitas?

– Onde aprendeste isso, menina? – surpreendeu-se a matrona.

– Alguém me contou...

Elise acabou de comer e foi executar as últimas tarefas do dia. Tratou dos animais com carinho e cuidou do jardim, retirando as ervas daninhas. Estava bem-disposta e animada.

Ao voltar do campo com Maurice, que nesse dia o acompanhara, Henri encontrou a filha alegre e sorridente.

– Vejo que já te recuperaste! – disse ele.

– *Oui, mon père*. Perdoa-me não te ter ajudado hoje. Amanhã trabalharei dobrado.

O avô sorriu, fitando-a com carinho:

– Não é preciso, minha neta. Fiz tua parte hoje, não te preocupes.

Elise agradeceu ao avô, dando-lhe um abraço apertado e beijando-lhe o rosto.

Enquanto a mãe cuidava da ceia e os homens se lavavam, Elise correu para o quarto. Pegou o livro e o jogou pela janela, no meio das folhagens, que lhe amorteceram a queda. Depois saiu, deu a volta na casa, apanhou o grosso volume e, escondendo-o entre as dobras da saia, levou-o para a gruta. Voltou correndo. Ninguém tinha dado pela sua falta.

Após a refeição, saiu com o avô, como sempre fazia. Com a desculpa de que iam passear, dirigiram-se para a gruta. Lá, cheia de euforia, Elise mostrou ao avô a surpresa que lhe tinha reservado.

– Logo vi que algo tinha acontecido. Estás muito mudada hoje. Jamais te vi assim! – afirmou, satisfeito, o generoso velhinho, enquanto afagava o livro.

E puseram-se a folhear as páginas. Elise demonstrava os conhecimentos que já adquirira com a fascinante leitura, e o avô explicava o que ela não tinha conseguido entender, enriquecendo ainda mais o conteúdo com seus judiciosos comentários.

Esgotado o tempo, Elise fechou o livro com desgosto.

– Vovô Maurice, gostaria de ficar lendo o tempo todo. Se dependesse de mim, não faria outra coisa!

O ancião sorriu, retrucando:

– E o que aconteceria, *ma chèrie*? Dentro de pouquíssimo tempo, terias devorado o volume todo e não haveria mais o que ler. Não! O que prezamos deve ser degustado devagarzinho, apreciado do princípio ao fim, aproveitando-se para entender e assimilar todo o seu conteúdo.

– Tens razão, vovô! Terei paciência e sabedoria para aproveitar ao máximo tudo o que estas páginas podem me ensinar.

Retornaram de mãos dadas, admirando a beleza da noite. A temperatura caíra e fazia frio, mas eles não se deram conta. No céu sem nuvens, ao longe, as estrelas lançavam um brilho prateado, enquanto a lua cheia, grande e dourada, iniciava sua trajetória pelo firmamento.

Toda a natureza ganhava um colorido mágico e as folhas pareciam bordadas em filigranas de luz.

O ancião, olhos voltados para o alto, tinha uma expressão de respeito e veneração.

– Ainda há pessoas que dizem não acreditar em Deus, quando podemos vê-lo e senti-lo em toda parte! – comentou.

Ao ouvir o avô referir-se ao Criador, Elise lembrou-se de que o domingo estava chegando e que iriam à igreja.

– Vovô, não consigo gostar dos sermões de frei Justin. Quando falas de Deus, eu o sinto por perto, mas na igreja tal não acontece! Por que será?

O velhinho meditou por momentos, como que estudando as palavras que iria dizer.

– É que Deus, Elise, deve ser entendido e amado, e isso se torna impossível quando não entendemos o que as pessoas falam. Então, temos que procurar Deus na natureza para entendê-lo e senti-lo dentro de nós. Procura observar bem tudo o que te cerca e, com o tempo, perceberás o que te quero dizer.

Fez uma pausa, não desejando alongar o assunto, e concluiu:

– Entremos. Está frio e ainda ontem estavas febril. Não quero que adoeças por minha causa. Teus pais não me perdoariam.

Recolheram-se, mas Elise não conseguiu dormir logo. Eram muitas as informações que tivera no pequeno espaço de vinte e quatro horas, e elas precisavam ser digeridas, armazenadas e catalogadas em seu cérebro. O que não era tarefa fácil.

O Compromisso

Capítulo 3

Elise abriu os olhos e lembrou com satisfação que esse seria um dia especial. Era domingo, e o domingo sempre era um dia diferente, quando ela deixava a monótona rotina das tarefas diárias para ir à igreja.

Não que ela tivesse particular interesse e satisfação em assistir à missa. Isso não. Mas apreciava se enfeitar, colocar o traje de festa, arrumar os cabelos e, finalmente, sair de casa a caminho da aldeia, ocasião em que tinha oportunidade de ver outras pessoas e outros lugares.

Assim, ela arrumou-se com esmero e, quando todos estavam prontos, acomodaram-se na carroça e partiram rumo ao vilarejo. Para Elise, criada no campo em meio aos animais e às plantas, era um deslumbramento entrar na igreja, sentar-se e observar tudo.

Gostava muito de ver as damas e os cavalheiros distintos, aristocratas residentes nas imediações e que possuíam seus próprios assentos – com os nomes gravados! –, bem na frente, pertinho do altar. Isso, no entender dela, era o máximo do refinamento.

As famílias nobres chegavam em carruagens luxuosas, puxadas por excelentes cavalos, sempre um pouco antes de o ofício religioso começar, e quando toda a comunidade já se achava presente. Entravam e, à medida que caminhavam pela pequena nave, ouvia-se o farfalhar das sedas, via-se o faiscar das jóias e sentiam-se deliciosas fragrâncias no ar. Entravam aos cochichos e risos abafados por lencinhos de seda bordados, e certamente desejavam ser vistos e admirados, pois chegavam sempre mais tarde do que os outros moradores do lugar, pensava Elise.

E a presença dessas pessoas enchia os olhos e a mente da mocinha ingênua, que desejava ser tão bem vestida, feliz e alegre como elas. Eram damas elegantes e trajadas luxuosamente; homens maduros, sisudos e empertigados; rapazes e donzelas vestidos no rigor da moda, com sorrisos displicentes e olhares distantes. A atitude daqueles aristocratas era de profundo desinteresse e indiferença pelos demais integrantes da comunidade local, constituída de gente simples, plebeus: comerciantes, ferreiros, carpinteiros, donas de casa e camponeses residentes nas imediações.

Quando o pároco deu início à missa, Elise tentou prestar atenção em suas palavras. Isso não durou muito tempo. Frei Justin falava em latim, e ela não conseguia entender nada, assim como os demais. Logo, entediada, seus olhos vaguearam pela assistência. Como que atraída por alguma coisa, olhou para trás. Viu um rapaz que não tirava os olhos dela. Era Bertrand. Ela o conhecia. Certa vez, em que tinha vindo ao vilarejo com o pai vender legumes, uma das rodas da carroça quebrara e eles tiveram que parar no ferreiro para consertá-la. O rapaz trabalhava lá. Desde então, Bertrand não perdia ocasião de aproximar-se dela. Mas vê lá se ela iria se interessar por um simples ajudante de ferreiro. Nem pensar! Se algum dia se casasse, teria que ser com alguém que tivesse condições de levá-la longe daquele lugarejo e proporcionar-lhe uma vida melhor.

Tentou fixar a atenção no pároco. A missa deveria estar quase terminando. Bocejou discretamente. Nesse momento, observando as pessoas da nobreza, que acompanhavam a pregação do padre com o mesmo desinteresse que ela sentia, notou um jovem que a olhava, sorrindo disfarçadamente. Elise nunca o tinha visto. Calculou que deveria ter entre dezessete e dezoito anos, tez clara e olhos escuros; os cabelos, encaracolados e longos, caíam até o pescoço, emoldurando o rosto fino, de feições aristocráticas. Não era belo, porém tinha alguma coisa de especial, talvez o sorriso, que o tornava tão simpático e atraente.

Elise desviou o olhar, encabulada, mas percebeu que ele continuava a observá-la discretamente. Fingiu concentrar-se no padre. Com surpresa, constatou que a pregação mudara. Falava o celebrante de forma enérgica, acusadora, os olhos vermelhos impregnados de sacerdotal indignação:

– Tende cuidado com o demônio! O demônio, que se veste de muitas formas para tentar o crente sincero! Evitai contato com os blasfemos e conspurcadores da honra da nossa santa e amada Igreja. Eles desejam destruir a todos, espalhando mentiras e pregando a desunião. São os falsos profetas da atualidade, aqueles que vieram para derrubar o edifício de nossas mais sagradas instituições, os dogmas milenares que constituem o alicerce e os pilares da nossa fé, lançando o descrédito e a confusão. Querem conspurcar tudo o que já foi construído em nome do Cristo de Deus!

Fez uma pausa, enxugou a fronte suarenta, enquanto verificava o efeito de suas palavras nos paroquianos, fitando-os de forma ameaçadora. Elise estava curiosa para saber a quem ele se referia. O padre prosseguiu:

– Tendes a obrigação, todos vós, que sois cidadãos tementes a Deus, de rechaçar o inimigo: os perjuros, os blasfemos, os hereges, os que pregam uma cisão na Igreja. Deveis, como sagrado mandato concedido pelo Senhor, denunciar os fomentadores da discórdia e da blasfêmia. Todos eles serão excomungados, expulsos do seio das criaturas honestas e cristãs, segregados da sociedade e batidos como cães sarnentos. Assim Deus o quer! Assim será feito!

Terminada a arenga, toda a congregação estava sob o impacto das palavras ouvidas. Os homens foram cumprimentar efusivamente frei Justin, hipotecando-lhe apoio.

Todos se levantaram para sair. O avô, Maurice, apertou discretamente o braço de Elise, murmurando:

– Aquele moço, acolá, não tira os olhos de ti.

A jovem virou-se na direção que o avô mostrava e respondeu

com desprezo:

– Aquele?!... Sei quem é. Chama-se Bertrand, e não me interessa, vovô.

A pequena distância, o ajudante de ferreiro ameaçava aproximar-se, porém visivelmente lhe faltava coragem.

Aproveitando a distração dos pais, que cumprimentavam amigos, Elise correu para fora do recinto. Desejava ver, ainda uma vez, o jovem aristocrata que, este sim, tanto a interessava. Ele saíra por uma das portas laterais e ela o perdeu de vista. Certamente, ele já tinha ido embora na carruagem estacionada nas imediações.

Voltando para junto dos familiares, viu Bertrand que, ganhando coragem, se aproximara e estava a palestrar com seu pai. Ficou intrigada e perguntou à mãe o que o ajudante de ferreiro queria.

– Não sei... – disse a senhora. – Por certo, é conversa de homens e as mulheres não devem se intrometer. E tu, aonde foste correndo daquele jeito?

– Pensei ter visto Amèlie, nossa vizinha. Acho que me enganei.

Despediram-se dos conhecidos e rumaram para a herdade.

Após o almoço domingueiro, sempre um tantinho melhor do que o dos outros dias, Elise foi para o quarto descansar. Henri tinha aberto um garrafão de vinho e ela bebera um pouco mais que o habitual, por isso estava sonolenta. Contudo, a imagem do elegante rapaz não lhe saía da cabeça. Quem seria ele? Por certo não residia nas imediações; caso contrário, ela já o teria notado na igreja. Talvez fosse alguém em visita a um dos castelos da região. Precisava descobrir quem era ele. Mas como?

Apesar do desejo de permanecer no leito, tinha tarefas a cumprir. Mesmo aos domingos, os animais e aves não prescindiam de cuidados. Levantou-se, trocou de roupa e foi cuidar das obrigações.

Nos dias seguintes, com a volta à rotina, aos poucos se esqueceu do rapaz desconhecido. Havia tanto serviço, que não tinha tempo para mais nada. Por azar, seu avô caiu de cama, doente, e às suas somaram-se as tarefas dele. Nem o prazer de estudar tinha mais. Quando deitava a cabeça no travesseiro, adormecia imediatamente.

No domingo seguinte, arrumou-se com esmero. Secretamente, agasalhava a esperança de rever o jovem aristocrata. Todavia, ele não apareceu. Sentiu-se triste e decepcionada.

Nesse dia, porém, algo inusitado aconteceu. Terminada a missa, Henri anunciou:

– Bertrand irá conosco.

– Por quê? – estranhou Elise.

– Convidei-o para almoçar conosco.

– Por quê? – insistiu, perplexa.

– Precisamos conversar... – respondeu o pai, lacônico.

– Ah!...

A mãe puxou a filha para o lado, repreendendo-a em voz baixa:

– O que é isso, Elise? Não deves discutir as determinações de teu pai.

A jovenzinha calou-se ao perceber algo estranho no ar. No fundo, nada disso lhe interessava realmente. Frustrada, só conseguia pensar no rapaz que não comparecera à missa.

Em casa, Bertrand só tinha olhos para ela. Elise foi para a cozinha ajudar a mãe a terminar o almoço, enquanto os homens ficaram conversando no quintal. Henri levou o visitante para conhecer a herdade, mostrando-lhe cuidadosamente as plantações, os animais, as aves e até o riacho que corria entre as pedras, na baixada.

Depois, sentaram-se à mesa, e, erguendo uma caneca de vinho, aberto especialmente para a ocasião, Henri levantou-se e fez um brinde:

– Vamos brindar a um feliz acontecimento. Acabo de conceder a mão de minha filha, Elise, ao jovem Bertrand! Desde agora estão noivos e o casamento será realizado dentro de alguns meses. Que sejam muito felizes!

A notícia caiu como um raio sobre a cabeça da infeliz Elise, que jamais poderia conceber tal fato. Os demais, distraídos com o brinde, não perceberam a reação da jovem. Só ouviram um grito abafado:

– Não!...

No momento seguinte, Elise estava caída no chão, desacordada.

Foi um alvoroço. Correram todos para socorrê-la. Henri pegou a filha no colo, deitando-a num banco próximo. Como não voltasse a si, a mãe deu-lhe sais para cheirar. Abrindo os olhos, ela parecia não saber o que estava acontecendo. Contudo, ao ver Bertrand que, como noivo dedicado, inclinava-se sobre ela cheio de preocupação, começou a chorar, lembrando-se do ocorrido.

O pai, tomando-lhe a mão, indagou aflito:

– O que houve, minha filha?

Enquanto ele falava, Elise pensava rápido. Conhecia o pai, sabia da sua determinação. Suas decisões eram irrevogáveis. Não adiantava, portanto, colocar-se contra ele. Resolveu aceitar a situação no momento, deixando para o futuro decidir o que fazer. Teria tempo.

– Não estás bem, *ma chèrie*? – insistiu o pai.

– Não sei o que aconteceu, *mon père*. De súbito, me senti mal. Mas, já estou melhor, não te preocupes – disse, com voz débil.

Levantou-se, auxiliada pela mãe, e, ao ver Bertrand, sorridente e animado à sua frente, sentiu-se fraquejar, e teria caído novamente se o avô não a tivesse amparado.

– Ainda não estás bem, minha filha. Melhor que te recolhas ao leito – afirmou a mãe.

Henri, embora contrariado, não viu outra saída senão concordar, lamentando intimamente a demonstração de fraqueza da filha, justamente no dia do seu noivado.

– Desculpa a indisposição de tua noiva, Bertrand. Asseguro-te que isso nunca aconteceu antes. Ao contrário, Elise sempre foi ativa, saudável e forte. Trabalha como um homem, não é Maurice?

O ancião concordou com um gesto de cabeça, e Henri passou a discorrer sobre as qualidades da noiva, seus predicados e virtudes.

Conquanto vez por outra participasse da conversa, Maurice condoía-se da situação da neta, pois não ignorava que aquele não era o noivo com o qual ela sonhava.

Gertrudes desceu e tranqüilizou a todos. A filha estava bem, apenas necessitando de um pouco de repouso. O almoço transcorreu em clima de melancolia, apesar dos esforços de Henri para animar o ambiente.

Logo após a refeição, não desejando impor sua presença por mais tempo, o noivo despediu-se, sem tornar a ver a noiva e sem ter conseguido trocar com ela uma única palavra.

O Encontro

Capítulo 4

Nos dias seguintes, mortal tristeza abateu-se sobre Elise. Temia ver o noivo aparecer a qualquer momento. Durante toda a semana, felizmente, isso não aconteceu. No domingo, porém, não conseguiu evitar um novo encontro.

A situação agora era diferente. Com o peito inflado de orgulho, Bertrand exerceu seu direito de sentar-se ao lado da noiva na igreja, para desespero dela.

Justamente naquele dia, o cavalheiro desconhecido apareceu. Elise notou-lhe a surpresa e o desagrado quando viu Bertrand a seu lado, inclinado sobre ela, a trocar algumas palavras.

"Ele ficou enciumado!", pensou Elise, sorrindo intimamente. Ao mesmo tempo não o perdia de vista, analisando-lhe a reação.

Quando deixaram a igreja, foi inevitável que Bertrand os acompanhasse até a granja. Esquivou-se de permanecer ao lado do noivo, com a desculpa de ajudar a mãe na cozinha. Almoçaram. Após a refeição enfadonha, o noivo convidou-a para um passeio. Apesar do desagrado que isso lhe causava, não pôde se eximir de acompanhá-lo.

Saíram. O rapaz tentava ser o mais agradável possível, sem muito resultado. Elise mal o olhava.

– Vamos até o riacho? – propôs ele.

– Como quiseres... – respondeu, dando de ombros.

De longe podiam ouvir o murmúrio das águas que corriam por entre as pedras. A princípio tênues, os ruídos foram se tornando mais intensos à medida que se aproximavam. O ar ficou mais fresco perto das grandes árvores que marginavam o riacho. Sob as copas verdes, abrigados do sol, podiam ouvir o canto dos pássaros, o coaxar dos sapos e os sons dos pequenos animais, moradores do local.

– Que frescor! Como tudo aqui é lindo! – exclamou Bertrand, enlevado.

Virou-se para a noiva, que se mantinha ereta e distante. O sorriso desapareceu do rosto dele.

– Queres descansar um pouco? – sugeriu.

– Sim. Estou cansada.

Elise acomodou-se à beira do riacho e Bertrand fez o mesmo. Após pensar alguns minutos, com delicadeza ele tentou entabular um diálogo:

– Lamento que não estejas contente, Elise. Sinto que minha presença te incomoda...

Fisionomia dura e amarga, ela pôs para fora tudo o que guardava no peito:

– Achas que deveria estar contente? Minha vida e meu futuro foram decididos sem que eu fosse consultada! Tua presença me foi imposta de maneira sórdida. Ninguém se preocupou em saber o que penso ou o que desejo.

O rapaz baixou a fronte, pesaroso.

– Compreendo o que sentes, e realmente lamento, Elise. Todavia, é assim que as coisas acontecem. É costume ancestral os pais decidirem sobre o futuro dos filhos!

– Não ignoro que essa prática é de uso tradicional. Tu, no entanto, poderias ter-me consultado! Fui pega de surpresa; nem sequer fui comunicada com antecedência do que se pretendia fazer.

– Perdoa-me, Elise. Desde que te conheci, não consegui tirar-te do pensamento. Eu te amo, e acreditei que eu também não te era indiferente. Certos olhares...

– "Certos olhares?" – ela repetiu, frisando bem as palavras. – Como ousas? Certamente te equivocaste! Jamais olhei para ti da forma como sugeres.

A expressão com que acompanhou essas palavras denotava tão

profundo desgosto e desprezo que não poderia deixar margem a dúvidas sobre suas intenções. Depois de uma pausa, ela prosseguiu:

– Além disso, o que me poderás oferecer tu, um simples ajudante de ferreiro?

Bertrand corou sob o impacto dessa ofensa. As feições se lhe alternaram gradativamente entre a dor e a raiva. Recompondo-se intimamente, considerou:

– Nada posso oferecer-te além do meu amor, que julguei suficiente para nós dois e grande o bastante para nos unir para sempre. E uma vida digna e respeitável, naturalmente.

Fez um breve intervalo, enquanto analisava a reação da noiva. Depois concluiu com tristeza:

– Por certo, isso é muito pouco para ti, Elise; contudo, terás que te resignar, porque nosso compromisso, infelizmente, já foi selado e só será rompido com a morte.

Ao ouvir aquelas palavras e o tom incisivo com que Bertrand as havia pronunciado, ela sentiu um arrepio de medo percorrer-lhe todo o corpo, mas continuou calada. Bertrand levantou-se, estendendo-lhe a mão.

– É melhor voltarmos. Nada mais há para ser dito entre nós, e não quero te impor minha presença por mais tempo.

Ela ergueu-se e, em silêncio, retornaram lentamente. Chegando à casa da noiva, Bertrand despediu-se normalmente, para alívio de Elise, prometendo voltar no domingo seguinte.

A família estava satisfeita. Tudo parecia correr bem. Elise aceitara o noivo e tinham até passeado juntos. Henri mostrava-se eufórico. Bertrand não era o que se poderia chamar de um bom partido, mas, numa pequena povoação como aquela, os rapazes em idade de contrair matrimônio eram raros. E ele era um bom moço, digno, honesto, trabalhador. Além disso, quando o velho ferreiro morresse, como não tinha descendentes, certamente deixaria seu negócio para Bertrand, a quem amava como se fosse seu filho. Isso ele afirmara com todas as letras, num dia em que ele e Henri bebiam vinho juntos na taberna do vilarejo. Elise seria feliz com ele!

No refúgio do seu quarto, a jovenzinha jogou-se sobre o leito, chorando convulsivamente. Não aceitaria ser esposa de Bertrand. Não fora isso que idealizara para sua vida. Sobretudo depois que começara a ler o livro e vira que o mundo era muito maior do que os estreitos limites da propriedade em que viviam.

Existia ainda outra razão, que evitava admitir até para si mesma. Não conseguia tirar da cabeça o rapaz desconhecido. Pensava nele dia e noite. Era para ele seu último pensamento antes de adormecer, e o primeiro ao acordar. Estaria apaixonada pelo jovem aristocrata?

Ansiava por revê-lo, estar a seu lado, contemplar-lhe o rosto, ouvir-lhe a voz, conhecer-lhe os pensamentos. Sentia falta de sua presença. Em conseqüência, uma dor profunda, quase física, instalara-se em seu íntimo, como que motivada pela ausência dele.

Dessa forma, como suportar a presença do noivo? Bertrand causava-lhe profundo asco. Era simplório, desajeitado, vestia-se mal e cheirava mal. Não, ela não se casaria com ele! Jamais! Preferia morrer. Pensaria numa maneira de livrar-se daquele compromisso indesejável.

Nos dias e semanas seguintes, Elise só pensava em buscar uma saída para sua situação. Debalde, porém.

Certo dia, em que o calor era excessivo, dirigiu-se às margens do riacho. Com satisfação, sentou-se na borda, retirou as botinas de couro e, levantando as saias, colocou os pés na correnteza. A temperatura fria da água causou-lhe grande bem-estar. Aquele lugar era especial. Sob as árvores, os passarinhos cantavam, voando de um lado para o outro; a brisa suave e refrescante era uma carícia em sua pele; as águas, que corriam ligeiras entre as pedras, entoavam sua melodia perene; sobretudo a quietude e a tranqüilidade da natureza davam-lhe sensação de paz e segurança. Para Elise, aquele local era sagrado; nenhuma presença estranha costumava profaná-lo, a não ser ela própria. Fechou os olhos e deixou-se embalar pelos sons que tomavam conta do ambiente.

Nisso, ouviu ligeiro estalido acompanhado do ruído de folhas secas. Surpresa, olhou em torno. Seria algum animal em busca de água? Era possível, pois eles tinham o hábito de vir dessedentar-se na nascente. Contudo, não percebeu nenhum bichinho. Apurando a vista, esquadrinhou cada palmo da vegetação. Nesse instante, do outro lado do regato, surgiu alguém entre a ramaria. Era um homem.

– Quem és? O que desejas? – perguntou, assustada, erguendo-se de um salto.

– Não te assustes! Não desejo fazer-te mal! – disse o homem, mergulhando os pés na correnteza e transpondo a distância que os separava.

Sem fala, Elise fitou o recém-chegado com ar interrogativo. Era o rapaz desconhecido! Voltando a si da surpresa, indagou:

– O que fazes aqui, *monsieur*?

– Perdoa-me vir incomodar-te em teu retiro, mas desejava conhecer-te e não tive outro recurso.

Com o coração descompassado, perplexa, ela permaneceu muda, incapaz de falar.

– Oh, Elise, se soubesses como tenho sofrido! Desde que te vi em companhia de um certo cavalheiro, não tive mais paz.

– Sabes meu nome? – ela conseguiu balbuciar.

Ele sorriu.

– O que não se descobre neste vilarejo? Além disso, andei fazendo perguntas. Precisava saber quem eras, onde vivias. Assim, cheguei até aqui. Essa propriedade, do outro lado do riacho, pertence a um amigo meu. Então, foi fácil aproximar-me. Há dias rondo pelas imediações com a esperança de ver-te. Entretanto, estavas sempre distante e não me atrevi a chegar mais perto, temendo a reação do teu pai.

– Então sabes que sou comprometida...

– Sei também que não amas teu noivo, Bertrand.

– Como chegaste a essa conclusão?

Ele sorriu novamente, levantando os braços num gesto vago:

– É fácil. Pela tua maneira de agir. Percebe-se de longe quando alguém está amando. E tu não amas teu noivo.

– Como te atreves?

– Mas... estás apaixonada.

– Eu?!

– Sim. Estás apaixonada por mim! – concluiu ele, com ar vitorioso.

– Enlouqueceste? – retrucou Elise, tentando voltar-se e fugir dali, diante de tamanha desfaçatez.

Ele, porém, a deteve.

– Não é verdade? Nega, se puderes.

O contato da mão dele na sua, o olhar que ele lhe dirigia e a voz suplicante fizeram com que Elise ficasse plantada no mesmo lugar, tal uma avezinha que o visgo aprisionasse. Percebendo que ganhava terreno e que era preciso aproveitar o momento mágico que se criara entre eles, prosseguiu o rapaz, súplice:

– Elise, eu te amo. Sei que também me amas. Sinto que laços profundos nos unem quando disfarçadamente me olhas, na igreja. É mentira o que estou afirmando? Diz: é mentira?

Ela não resistiu mais. Concordou com um gesto de cabeça, corando de vergonha. Ele a abraçou com imenso carinho.

– Eu sabia, *ma chèrie*, que não estava enganado. Também me amas.

Escondendo a cabeça no peito dele, finalmente ela encontrou coragem para dizer:

– Não tenho feito outra coisa senão pensar em ti.

Ele a beijou repetidas vezes, sussurrando-lhe palavras de amor. Entre uma carícia e outra, ela confessou:

– Jamais alguém conseguiu me interessar. Tu foste o primeiro.

De súbito, Elise lembrou-se do noivo.

– *Mon Dieu*! Estou comprometida com Bertrand! O que faço?

Não podemos estar aqui, juntos. Se alguém souber...

– Ninguém ficará sabendo. Nem meu amigo Albert sabe que estou interessado por ti. Acharemos uma saída, verás. Enquanto isso, nos encontraremos aqui todos os dias, nesta mesma hora. Combinado?

– Não sei se devo... – retrucou, em dúvida.

– Por favor, promete!

A fisionomia dele externava uma ansiedade tão grande, que ela acabou concordando:

– Está bem. Preciso voltar agora. Meus pais devem estar estranhando minha ausência. Até amanhã...

Elise deu alguns passos, voltou-se, sorriu e, corando de prazer, exclamou:

– Somente agora me dei conta de que nem ao menos sei teu nome!

Ele deixou de sorrir e, com falsa expressão de seriedade, empertigou-se, fazendo uma mesura de estilo, ao mesmo tempo em que se apresentava formalmente:

– Tens razão, *mademoiselle*. Sou Jean-Claude, filho do barão de Mornay.

– *Enchantée, monsieur* – respondeu Elise, curvando-se com elegância.

Após mais um beijo, despediram-se.

Gostariam de apressar o tempo para que o amanhã chegasse mais depressa.

Capítulo 5

A Fuga

– Onde estão tuas botinas?

Era a mãe que perguntava ao vê-la chegar, descalça, esgueirando-se pela porta dos fundos.

– Ah, esqueci na beira do riacho! Mais tarde voltarei lá para pegá-las – desculpou-se Elise, caminhando apressada para seu quarto.

Desejava ficar só. Queria poder pensar sobre tudo o que tinha acontecido naquela tarde. Fora tão surpreendente! Jamais se lhe apagaria da memória a visão de Jean-Claude saindo do meio dos arbustos.

Jogou-se no leito de olhos fechados. Queria recordar cada gesto, cada palavra, cada afago, cada beijo dele. A felicidade era tanta que seu peito se dilatava ao experimentar aquele sentimento novo que a tomava de assalto: o amor. Sorriu. De perto, achara-o muito mais bonito e atraente. O sorriso e os olhos eram encantadores; os gestos delicados e os modos elegantes. O oposto de Bertrand!

– Arre! Não quero nem pensar nele! – murmurou.

Saiu do seu alheamento quando a mãe veio lembrá-la de que logo estaria escuro e que era preciso tratar da criação.

Elise levantou-se e foi executar suas tarefas. Nos dias seguintes, um ânimo novo parecia dominá-la. Com alegria e disposição executava os piores labores, sem reclamar.

Os pais e o avô não puderam deixar de notar aquela mudança súbita. Inquirida, respondeu:

– Acho que é a mudança da lua.

Apesar de não terem entendido bem, ninguém mais tocou no assunto. No fundo, Henri achava que aquela alteração de humor era satisfação causada pelo noivado. O avô tinha suas dúvidas. A mãe não pensava nada. Não fora criada para pensar.

A verdade é que, daquele dia em diante, Elise tornou-se outra pessoa. Alegre, bem-humorada e satisfeita da vida. Até as domingueiras visitas do noivo ela aceitava com paciência e resignada bonomia.

Todas as tardes desaparecia. Às margens do pequeno rio, encontrava-se com Jean-Claude e trocavam juras de amor eterno. Já não conseguiam mais viver um sem o outro. As horas que passavam distantes eram um tormento e, com ansiedade crescente, esperavam a ocasião de se rever e de se abraçar.

Não achava mais tempo para as costumeiras aulas. Quando o avô a lembrava do compromisso que tinham assumido juntos, ela desconversava:

– Hoje não, vovô Maurice. Quero andar um pouco.

O ancião estranhava-lhe a atitude, mas respeitava sua vontade. Percebia que alguma coisa de diferente estava acontecendo; como Elise não lhe fizera confidências, esperava com paciência que ela resolvesse falar. E falaria, com certeza. A neta não conseguia esconder-lhe nada por muito tempo.

Os enamorados nem perceberam o tempo passar. Chegou o dia em que Henri comunicou aos familiares:

– Está tudo acertado para as bodas, que serão realizadas no próximo final de semana. Conversei com frei Justin e combinamos tudo. Em seguida, faremos uma grande festa aqui na granja para os convidados. Gastaremos uma boa soma de dinheiro, mas minha filha merece.

Elise caiu das nuvens. Esquecera-se por completo do compromisso matrimonial. Como o pai a fitasse sorridente, esperando uma resposta, conseguiu com dificuldade balbuciar:

– Oui, mon père.

Pediu licença e foi para o terreiro. "Meu Deus! Como pude me esquecer do casamento?" A respiração estava difícil, o ar lhe faltava. Precisava pensar rápido. Com a mão comprimindo o peito, onde o coração batia acelerado, pensava: "O que fazer? O que fazer?"

Com a cabeça confusa e tumultuada, não conseguia encontrar uma solução. Até que, finalmente, resolveu: "Tenho que avisar Jean-Claude com urgência. Juntos decidiremos como agir".

Passado o susto e chegando a essa conclusão, que lhe pareceu a mais lógica, Elise ficou mais tranqüila. Confiava plenamente em Jean-Claude, a quem, nesses meses de convivência, aprendera a conhecer. Era homem leal e corajoso.

Sorriu, enquanto ordenhava.

– Blanche, vou me casar!

A vaca mugiu, desdenhosa.

– Sim, sei que sabes. Mas não é com Bertrand, como pensas. É com o homem a quem amo. Estou muito feliz. Por enquanto, ninguém sabe de nada e será um escândalo. Todavia, confio que, com o tempo, meu pai me perdoará. Afinal, vou arranjar-lhe um genro *muito melhor* do que o ajudante de ferreiro que ele me tinha destinado!

A outra vaca mugiu, agitando o rabo. Elise sorriu.

– Não fiques enciumada, Princesse. Pretendia contar-te também. Ele é jovem, belo e nobre. Chama-se Jean-Claude, barão de Mornay. Depois que a tempestade passar, eu o trarei aqui para que ambas possam conhecê-lo e admirá-lo.

Daquela tarefa, Elise passou a outra e mais outra. Naquele dia, contudo, as horas se arrastavam. Quando o sol estava a inclinar-se no horizonte, ela correu para a baixada. Jean-Claude por certo estaria esperando, como sempre.

Ao vê-lo, abraçou-o com paixão. Passados os primeiros momentos de maior efusão, Elise afastou-se dele um pouco e disse:

– Precisamos conversar, Jean.

– O que houve? Pareces preocupada, *ma chèrie*. Conta-me. O que te aflige? Acaso teríamos sido descobertos?

– Antes fosse isso! Enfrentaríamos logo a situação e tudo estaria resolvido. Não, é muito pior!

– Então, o que foi? Estás me pondo nervoso! Fala, Elise!

A jovem caiu em prantos, escondendo a cabeça entre as mãos. Vendo-lhe o desespero, o rapaz envolveu-a com carinho:

– Minha querida, confia. Para tudo existe uma solução. Conta-me.

Afinal, ela ergueu a cabeça e, com o rosto lavado de lágrimas, voz trêmula, comunicou:

– Meu casamento está marcado para o próximo domingo. Meu pai já acertou tudo com o pároco.

– Não é possível!... – exclamou ele, caindo sentado numa grande pedra.

– *Mon père* comunicou-me hoje pela manhã. Na verdade, ele apenas me lembrou o compromisso, que eu já sabia. Nos últimos meses, porém, nosso amor fez com que eu perdesse a noção do tempo. E agora, o que vamos fazer? – perguntou ela, pondo-se a soluçar novamente.

Diante da grande aflição da amada, Jean-Claude levantou-se, seguro, acalmando-lhe os receios:

– Não temas, Elise. Daremos um jeito. A cerimônia está marcada para o próximo domingo, disseste?

Ela confirmou com gesto de cabeça.

– Muito bem. Hoje é terça-feira e, portanto, teremos ainda quatro dias para resolver. Deixa-me pensar com calma, e amanhã, quando nos encontrarmos, já terei uma solução. Uma coisa é certa: não pretendo abrir mão de ti. Amo-te e farei qualquer coisa para te ter a meu lado.

Elise concordou. Quando se separaram naquela tarde, a jovem estava mais aliviada e confiante.

No dia seguinte, no horário de costume, Jean-Claude expôs-lhe o plano que tinha arquitetado:

– Elise, ouve. No sábado, véspera do casamento, com certeza

todos estarão muito ocupados para que prestem atenção em ti. Quando a noite cair, aproveitarás a escuridão e irás ao meu encontro. Estarei esperando-te na encruzilhada, próxima ao vilarejo. Ali terei uma carruagem, sem brasão, para não despertar a curiosidade dos transeuntes, e fugiremos juntos.

Fez uma pausa. Elise, eufórica, aproveitou para indagar:

– Tua família concordará com nossa união?

– Espero que sim, Elise. Naturalmente, ainda não houve tempo para que eu comunicasse a meus pais, mas pretendo fazê-lo assim que surgir a oportunidade. Convencê-los-ei de que minha felicidade depende de ti. Confia em mim, querida.

– Eu confio, meu amor.

Partindo para resoluções práticas, Jean-Claude concluiu:

– Bem, se aprovas meu plano, só precisamos colocá-lo em execução. Quanto à bagagem, leva o mínimo que puderes. Depois, em Paris, compraremos o que for preciso. Combinado?

Elise não cabia em si de contentamento. Sair da herdade, deixar o vilarejo, conhecer Paris, era tudo quanto sonhara durante a vida toda. Agora, sua ventura seria completa, porque estaria em companhia do homem amado.

Acertados os últimos detalhes, despediram-se. Decidiram não se ver mais naqueles poucos dias que antecederiam à fuga. Preferível evitar suspeitas, agora que a liberdade estava tão próxima.

Os dois dias seguintes, quinta e sexta-feira, passaram lentamente. Elise sentia-se inquieta e angustiada. Ficar sem ver Jean-Claude era uma tortura. Felizmente, pensava, estava por pouco.

Henri e Gertrudes notaram o estado de espírito alterado da filha, todavia julgaram que fosse por causa do casamento. Afinal, era comum as noivas ficarem nervosas às vésperas do grande dia.

Assim, deixaram-na quieta, entregue a si mesma. Na sexta-feira à tarde, pesadas nuvens se acumulavam no horizonte, deslocando-se rapidamente sob o vento forte. E o aguaceiro caiu em meio a grossas rajadas de vento. O sábado amanheceu chuvoso.

Elise sentia-se morrer por dentro. “E se a chuva não parar, como sair de casa? Como avisar Jean-Claude e combinar medida diferente?”

Naquele dia, entregue a profundo desespero, Elise decidiu: se não conseguisse sair de casa, não se casaria na manhã seguinte. Tinha guardado um vidro de veneno para ratos e não hesitaria em tomá-lo. Bertrand não teria a satisfação de recebê-la como esposa. Preferível a morte.

Com esses sombrios pensamentos, atravessou o dia.

* * *

Maurice abriu suavemente a porta do quarto, que rangeu.

– Posso entrar? – perguntou, colocando a cabeça pelo vão.

– Claro, vovô! Entra. Senta-te aqui na cama, a meu lado.

O velhinho discretamente observava a neta. Notou a angústia e o desespero que se avolumavam dentro dela e que se lhe refletiam no semblante.

– Estás preocupada com o tempo?

– Sim, vovô.

– Ah!... temes que estrague a festa do teu casamento?

– Não, vovô. Não é por isso.

Nesse momento, o nó que trazia preso na garganta fez com que explodisse em soluços. Jogou-se nos braços do velhinho, que a acolheu com imenso afeto.

– Vejo que sofres, *ma chèrie*. O que se passa contigo? Abre o teu coração e saberei compreender-te. Quem sabe até possa te ajudar?

Com voz embargada pelos soluços, Elise respondeu:

– Ah, vovô Maurice! Ninguém pode me ajudar. A verdade é que não amo Bertrand. Não quero casar-me com ele.

– Eu sei, minha querida. Percebi isso desde o começo. Mas... como evitar esse casamento?

– Não sei, vovô. O pior é que amo outro homem.

– O que dizes, criança?

– Isso mesmo que ouviste, vovô. Por favor, não contes a ninguém.

Aturdido com a notícia, o ancião meneou a cabeça:

– Desconfiava que estivesses amando alguém, porém não tinha certeza. Pobre Elise! Compreendo agora o teu desespero. Mas, ouve, *chèrie*. Se Deus destinou-te Bertrand para marido, deves aceitá-lo. Não vejo outra solução no momento. Se pelo menos me tivesses confessado a verdade com antecedência, talvez tivéssemos conseguido evitar as bodas. Mas agora! Temo que seja impossível.

Enxugando as lágrimas, Elise fitou o generoso velhinho. Sabia que o avô, apesar de gostar muito dela, tinha suas limitações, por respeito ao genro. Sorriu e, afagando-lhe o rosto enrugado, considerou:

– Vovô, só te faço um pedido. O que quer que venha a acontecer, nunca te esqueças de mim, nem me recrimines. Eu te quero muito.

Assustado, Maurice retrucou:

– O que pensas fazer, Elise? O que se passa pela tua cabecinha?

– Nada, vovô. Falei por falar. Estou bem, acredita. Conversar contigo confortou-me.

Elise mudou de assunto, demonstrando algum interesse pelos preparativos do casamento, do qual Maurice participava ativamente. Conversaram mais algum tempo e, como Elise indicasse o desejo de ficar só, o avô despediu-se.

Quando a tarde estava avançada, a chuva foi diminuindo até cessar. Apenas alguns pingos ainda caíam, aqui e ali, dourados pelo sol que espiava entre as nuvens.

A jovem noiva respirou, aliviada. Mais confiante, preparou um saco com algumas coisas, sem esquecer o livro que prezava tanto e do qual não queria se apartar, e ficou esperando. Desceu, comeu um pouco, para não despertar suspeitas, e avisou que ia se recolher. Queria estar bem repousada para o casamento no dia seguinte.

Quando a noite desceu, envolvendo tudo em trevas, e apenas as estrelas, como pontos luminosos, faziam-se visíveis no céu, abriu a janela. Jogou o saco, que caiu suavemente entre as folhagens; depois desceu por uma trepadeira que se agarrava à parede. Ninguém daria por sua ausência. Após passarem o dia todo deliberando sobre o que fazer com a festa, caso a chuva não parasse, agora estavam animados preparando tudo.

Destino Incerto

Capítulo 6

Em meio à escuridão, Elise caminhava tão rapidamente quanto suas pernas permitiam. Um abalo nervoso, pelo inusitado da situação, fazia com que ela tremesse da cabeça aos pés. Qualquer ruído a assustava, e as ramagens das árvores, agitadas pelo vento, pareciam-lhe braços tortuosos e ameaçadores. Jamais saíra à noite, muito menos desacompanhada, e agora se obrigava a enfrentar vários obstáculos. Em virtude da chuva que caíra sem cessar desde a véspera, a lama grudava em suas botinas e os pés afundavam nas poças, levando-a a perder o equilíbrio no terreno acidentado. O vento que soprava ainda, agitando a ramaria, fez com que um galho batesse em seu rosto, arranhando-o.

Elise prosseguia sempre, apesar dos tropeços. Tinha a fortalecê-la a ânsia de fugir de um casamento indesejável e, mais ainda, a vontade de encontrar-se com o homem amado.

Saindo da herdade e chegando à estrada, o solo tornou-se menos acidentado. Estugou o passo. Os braços lhe doíam sob o peso da mochila. Ao fazer uma curva, respirou aliviada. Não estava longe do local onde Jean-Claude estaria a esperá-la, conforme o combinado.

Felizmente, àquela hora da noite, a estrada encontrava-se deserta e podia fazer seu trajeto em segurança. Somente em casos muito especiais, alguém se atreveria a enfrentar a escuridão, deixando o aconchego de casa.

De repente, ouviu um leve rangido atrás de si. Virou-se e, apavorada, percebeu uma carroça que vinha no mesmo sentido. Tremendo de medo, tentou correr e esconder-se no meio dos arbustos à margem da estrada.

Contudo, o carroceiro já a tinha visto e apressou os cavalos, indo a seu encontro. O rangido das rodas aumentou. Escondida entre a vegetação, Elise ouviu o homem dizer:

– Não te assustes. Não desejo fazer-te mal. Caminhar no meio da noite, a pé e com essa lama, é muito difícil. Quem quer que sejas, vem comigo. Levar-te-ei até a aldeia, que certamente é teu destino. Nada temas.

Assim dizendo, o carroceiro aproximou-se e estendeu a mão para Elise, que permanecia sem ânimo de sair do esconderijo. Fora descoberta!

Com o coração batendo descompassado, sob terrível aflição, a jovem levantou-se. Reconhecera a voz do homem e tremia de susto e de medo.

O capuz do manto, que lhe escondia o rosto, escorregou para trás, possibilitando ao recém-chegado reconhecê-la, apesar da escuridão:

– Elise?!... Pois és tu!... O que fazes no meio da estrada, noite fechada?

A jovem permaneceu de cabeça baixa, calada. O pesado saco que ela segurava, o silêncio com que recebera suas palavras, a consternação e o pânico expressos em seu rosto, tudo isso fez com que Bertrand – pois era ele – concluísse a verdade:

– Estavas fugindo? Sim; se não, para que essa bagagem? Para onde ias abandonando tua casa dessa maneira, na calada da noite? E com que propósito? Fugir ao nosso matrimônio? Então, certamente, estavas indo ao encontro de alguém...

Elise largou o saco no chão e, quase desfalecendo, colocou as mãos sobre o rosto, pondo-se a chorar. Tudo estava perdido. Fora descoberta justamente pela última pessoa que queria ver pela frente. Maldito destino!

A ira se avolumou no íntimo de Bertrand. Aquele rapaz reconhecidamente ignorante e rústico, mas que aparentava humildade, simplicidade e pureza, modificou-se sob o impulso do momento, deixando extravasar a agressividade que lhe rugia dentro do peito.

– Fala, miserável! Qual era teu destino? E com quem?

Mas Elise continuava calada, pálida e desfeita, incapaz de se defender. Ali, ante a imagem da mulher que amava e que lhe causava tanta dor, pega em flagrante, Bertrand murmurou amargamente:

– E eu que confiava em ti, desgraçada! Que tanto te amei e amo ainda! Eu, que pretendia construir um futuro a teu lado, onde veríamos crescer nossos filhos, rebentos do nosso amor! Eu que sonhava levantar uma casa para ti, onde seríamos as criaturas mais felizes do mundo...

A noiva, entregue a profundo desespero, só conseguia chorar convulsivamente. Bertrand, em meio à tempestade que o agitava, revolvendo-lhe o íntimo e desequilibrando-o emocionalmente, parou um pouco para pensar.

"O que fazer? Tenho gana de matá-la com requintes de perversidade. Por que não tomo do punhal, enterrando-o nesse peito traidor? Não!... Pensando melhor, não desistirei dela. Se planejava fugir para se livrar de mim, seu noivo, terá exatamente o contrário. Sim! É isso mesmo! Seu maior castigo: ser obrigada a viver junto de mim".

Após tomar essa decisão, sua fisionomia austera mostrava raiva concentrada. Bertrand agarrou-a pelos cabelos, arrastou-a na lama aos berros, sem a preocupação de que ela se ferisse em contato com os ramos caídos, arrancados pela tempestade e que cobriam a estrada, ou com as pedras do caminho. Levando-a até a carroça, ergueu-a como se fosse um fardo de lenha e atirou-a dentro da condução.

Subiu na boléia e esporeou o cavalo, apressado, fazendo meia-volta e tomando o rumo da granja. Espumava de ódio. Os únicos sons que se ouviam eram os gemidos da jovem, arranhada e ferida, e os soluços que lhe agitavam o peito opresso.

Até a herdade, ele não disse uma única palavra. Parou a carroça defronte da casa. Desceu, agarrou Elise com grosseria e arrastou-a até a porta.

Entrou. O ambiente era aconchegante. A lareira estava acesa, e os moradores riam, felizes, embalados por capitoso vinho. Ao vê-lo chegar, assim sujo de lama, fisionomia alterada, estranharam. Henri depositou a caneca de bebida na mesa e interpelou-o, sorridente:

– O que houve, Bertrand? Acabaste de sair daqui! Não esperávamos ver-te senão amanhã. Ah, entendo! Certamente tiveste algum problema com a carroça. Entra, acomoda-te. Toma mais um gole de vinho e logo veremos o que se pode fazer.

Com expressão de profunda ira, olhos congestos, o noivo explicou:

– Não! Não foi com a carroça. Ireis ver o que encontrei no meio da estrada e que vos trouxe de volta...

Assim dizendo, saiu pela porta e retornou, pouco depois, arrastando a infeliz Elise pelos cabelos.

No chão, jogada sem qualquer cuidado, como se fosse um objeto, as roupas rasgadas, cabelos desgrenhados, o rosto lavado de lágrimas, coberta de lama e de vergonha, a jovem suportou o exame minucioso e perplexo dos pais e do avô.

– *Pour Dieu*! Elise?! O que aconteceu, Bertrand? Por que minha filha está assim? – indagou Henri.

– Tua filha, *monsieur*, minha noiva, estava fugindo para evitar o nosso casamento. Esta é a verdade! Felizmente, tive a oportuna idéia de trazer o vinho para a festa ainda hoje à noite, adiantando o serviço que faria amanhã.

Sem poder acreditar em tamanho absurdo, Henri aproximou-se da filha, colérico:

– É verdade o que teu noivo Bertrand afirma? Fala, desgraçada! Confessa!

Ante o silêncio de Elise, que permanecia num mutismo determinado, o pai agarrou um chicote que estava dependurado na parede e ameaçou-a:

– Fala, miserável! Confessa teu crime! Desejavas nos envergonhar perante todo o vilarejo, perante todos os nossos amigos, perante frei Justin? Confessa ou te mato como a uma cadela!

Gertrudes chorava num canto, incapaz de algo fazer. Maurice, notando as intenções do genro, pulou em socorro de Elise, jogando-se sobre ela para evitar o iminente castigo.

– Não, Henri, por piedade! Não a maltrates! Não percebes que tua filha está em estado de choque? Não vês que já está ferida? Poupa-a neste instante. Quando Elise estiver em condições, falará.

As ponderações do ancião ecoaram no íntimo de Henri. A visão de Elise, humilhada, ferida, sofredora, era de causar compaixão em qualquer pessoa. Susteve o braço ameaçador, num esforço supremo e afastou-se, a ruminar sua raiva. Maurice voltou-se para a filha:

– Gertrudes, reage! Pára de chorar e vem socorrer tua filha, que precisa de cuidados. Levemo-la para seus aposentos. Ajuda-me!

A matrona enxugou as lágrimas com a ponta do avental e, saindo da prostração, levantou-se, atendendo ao pedido do pai. Com cuidado, eles transportaram Elise até o quarto, depositando-a no leito. A cada movimento, ela gemia dolorosamente.

– Traz água e panos limpos. Precisamos lavá-la! – ordenou o velhinho.

Em poucos minutos, Gertrudes estava de volta com o material necessário. Com carinho, tiraram-lhe as roupas rasgadas e sujas. Limparam cuidadosamente seu corpo enlameado e passaram ungüentos nas feridas. Depois, vestiram-lhe roupas secas e limpas. Em seguida, como estava exausta, deixaram-na só para que pudesse repousar. Durante todo esse tempo, Elise não disse uma palavra, mantendo o olhar vazio fixo num ponto qualquer.

Descendo as escadas, encontraram Henri e Bertrand, que examinavam o conteúdo do saco de viagem, para ver se achavam alguma pista que aclarasse o incompreensível comportamento de Elise. Nada descobriram de estranho ou suspeito, a não ser o livro, que ela fizera questão de incluir na bagagem.

Ao pegar nas mãos o grosso volume, que Henri ignorava estivesse em poder da filha, pôs-se a refletir. Bertrand, entregue a terrível crise de ciúme, esbravejava:

– Ela tem outro! Não fugiria a não ser que fosse se encontrar com alguém! Quem é o homem, Henri? Estás me escondendo alguma coisa! Deves saber!

– Não, meu amigo Bertrand. Não existe ninguém. Minha filha jamais se aproximou de homem nenhum. Não é verdade, Gertrudes?

– Sim, é verdade. Elise sempre trabalhou o dia inteiro, sob nossas vistas. Aos domingos, só saía conosco e nunca se apartou da nossa presença.

– Ouviste? – prosseguiu Henri. – Afirmo-te, Bertrand, minha filha não conhece ninguém! Tu foste o único homem com quem ela teve qualquer contato.

Calaram-se por alguns minutos, cada qual entregue aos próprios pensamentos. Finalmente, o dono da casa rompeu o silêncio, dizendo pausadamente:

– Só vejo uma explicação. Não existe outra.

– E qual é? – interrogou o noivo.

– No volume que achamos em poder de Elise está todo o mistério. Desde que encontrei esse maldito livro na estrada, eu o mantive escondido, temendo exatamente isto: que Elise, vendo suas figuras – uma vez que ela não sabe ler –, pudesse se impressionar e desejar conhecer o mundo lá fora. Iludir-se com as belezas que essa obra do demônio mostra, entendes?

Franzindo o sobrolho e tomando o livro nas mãos, Bertrand murmurou:

– Achas então que esse foi o motivo que levou Elise a fugir?

Dando de ombros, Henri completou:

– Não vejo outro. Elise sempre foi sonhadora, demonstrando vontade de viver num lugar diferente e melhor do que este que a viu nascer.

Maurice, aproveitando a oportunidade, concordou com o genro:

– Penso como Henri. Infelizmente, porém, Elise buscou uma saída errada e se comprometeu. Por certo, agora não haverá mais casamento, o que é lamentável!

O ancião suspirou, melancólico. Apesar das palavras, no fundo estava satisfeito. Afinal, sua neta estaria livre de uma união que lhe era insuportável. Henri aproveitou a deixa:

– Bertrand, o que pretendes fazer agora? Maurice tem razão. Certamente, não desejarás mais esse casamento. Quero deixar claro que compreendo tuas razões e te liberto do compromisso assumido. Lamento o que houve e peço-te desculpas pela atitude desarrazoada de nossa filha.

Bertrand levantou-se, deu algumas passadas pela sala, pensativo, e, durante alguns minutos, deixou os demais em suspenso. Afinal, informou:

– Estais enganados. O casamento se realizará amanhã, conforme o combinado.

Todos ficaram estarrecidos.

– Mas... pensei... isto é...

– Sei o que pensaste, Henri. Que, em virtude das circunstâncias, eu teria todas as justas razões para repudiar a noiva e não querer mais essa união. Todavia, amo tua filha e, apesar de tudo, relevo a ofensa que ela me fez e desejo que seja minha esposa. Afinal, foi uma atitude impensada e da qual, seguramente, já estará arrependida. Além disso, só nós sabemos o que aconteceu esta noite. Portanto, minha honra está resguardada. E, sem dúvida, acredito que nenhum de nós terá interesse em divulgar o ocorrido. Não é?

Henri e Gertrudes foram concordes. Estavam surpresos e aliviados. Vovô Maurice ainda tentou se opor:

– Louvo teu gesto de generosidade, meu rapaz, porém não sabemos se Elise estará em condições de pôr-se de pé amanhã. Está bastante ferida, sente muitas dores e lhe demos algumas gotas calmantes.

Irritado, fisionomia cerrada, demonstrando agora severidade e firmeza inabituais, Bertrand encerrou o assunto:

– Isso não me interessa. Deixo a vosso cargo essas questões. Exijo – ouvistes bem? –, exijo que minha noiva esteja pronta no horário combinado. Para evitar-lhe um constrangimento maior, avisarei frei Justin que a cerimônia será realizada aqui mesmo, na herdade, em virtude de minha noiva estar algo adoentada. Certo?

Como nada mais tivessem a dizer, Henri agradeceu ao rapaz que, generosamente, os salvara da desonra, e despediram-se. Voltariam a ver-se apenas na hora das bodas.

O Casamento

Capítulo 7

Naquela noite ninguém conseguiu dormir direito. Todos estavam ansiosos para que amanhecesse. Especialmente Elise. No escuro, de olhos abertos, apesar do medicamento ingerido, era a imagem da desolação. Sem ânimo para lutar, uma vez que fora descoberta, esperava a decisão sobre o destino que lhe estaria reservado. Pensou em levantar-se e buscar o veneno que a libertaria, colocando um fim em sua existência agora tão indesejável. Entretanto, até isso lhe tinha sido negado. Quando o avô e a mãe saíram do quarto, ouviu a chave girar na fechadura. Por temer nova tentativa de evasão, a mãe a trancara. Chegou a ouvir o comentário abafado, do outro lado da porta, justificando a atitude:

– Melhor prevenir...

Desse modo, colocava-se nas mãos de Deus. Nada mais lhe importava agora. Se não poderia ser de Jean-Claude, tudo o mais lhe era indiferente. Até a morte.

"Pobre querido! Certamente me esperou em vão. Talvez tenha chegado à conclusão de que eu me arrependi na última hora, desistindo da fuga. Porém, não tive como me comunicar com ele", pensava ela.

Os olhos se mantinham secos, sem lágrimas para chorar. Qualquer movimento era-lhe penoso. Com o corpo todo dolorido, passou a noite a relembrar os últimos acontecimentos. Como num caleidoscópio, as imagens se lhe repetiam na mente numa girândola infernal. Via-se novamente na estrada em plena escuridão; revia o momento em que a carroça inesperadamente se aproximara; o instante de alucinado pavor ao reconhecer a voz de Bertrand; a cena em que era arrastada na lama e jogada no veículo; e, particularmente, a hora em que ele a arremessara no lajedo da sala na presença de toda a família. Que vergonha! Quanta humilhação! Um ódio muito grande começou a avolumar-se dentro dela contra Bertrand. Se antes não o amava, agora o detestava. Ele pagaria por tudo o que lhe fizera. Deus era testemunha desse juramento.

O dia estava clareando quando, exausta, conseguiu cochilar um pouco.

Mal tinha pegado no sono, foi acordada bruscamente por uma voz que a chamava. Era o avô Maurice.

Abriu os olhos sem entender direito o que estava acontecendo. Confusa e insone, num primeiro momento não se recordou dos fatos ocorridos na noite anterior. Viu o avô e tentou levantar-se, mas uma forte dor a prostrou de novo no leito. Só então voltou-lhe a memória, fazendo com que gemesse dolorosamente.

O velhinho, cheio de compaixão, aproximou-se da cama e, sentando-se na beirada, falou-lhe com infinita ternura:

– Elise, *ma chèrie*, temo não ser portador de boas notícias.

Ela continuou calada. Maurice prosseguiu:

– Sei como te sentes. Porém, creio que não poderás evitar o que de ti se exige. Temendo tua reação, supliquei a Henri me permitisse ser o portador da decisão de teu noivo.

Somente então, notando o esforço enorme que o avô estava fazendo para não magoá-la ainda mais, animou-se a responder:

– Podes falar, vovô. Estou preparada para qualquer coisa. Até para a morte... – disse, desalentada.

– Muito bem. Então, deverás deixar este leito agora, mostrando coragem e resignação. Será difícil e doloroso, mas necessário...

Fez uma pausa, enquanto a neta o fitava, aguardando a sentença.

– Continua, vovô.

– Teu casamento será realizado conforme o programado.

Os olhos dela arregalaram-se, refletindo a estupefação e o horror que lhe iam na alma:

– Impossível!... – murmurou.

– Sim, minha neta. Teu noivo exige que te apresentes à hora combinada. Em vista do teu estado, a cerimônia será realizada aqui mesmo, na granja. Para justificar tuas condições, será dito que sofreste um acidente: caíste do cavalo e foste arrastada por ele.

– O que não deixa de ser verdade... – balbuciou ela lentamente, com ironia.

– O que disseste?

– Que realmente fui arrastada por um animal.

O ancião baixou a fronte e seus olhos se toldaram de pranto. Elise torcia as mãos nervosamente, demonstrando indignação:

– Compreendes, vovô, minha situação? Esperava que me torturassem, que me condenassem à morte, que ele me expusesse publicamente e me repudiasse perante toda a aldeia... mas não estava preparada para isso...

– Lamento, *ma chèrie*. Faria qualquer coisa por ti, para te livrar desse sofrimento, sabes disso. Infelizmente, porém, nada posso fazer. Ninguém pode. Se não te casares com ele, será a desonra. Para ti e para toda a família.

Fez-se silêncio entre ambos. Após alguns minutos em que pareceu meditar profundamente, Elise respondeu:

– Está bem, vovô. Submeto-me ao que não posso evitar.

Calou-se. Seu rosto tinha um ar de desolação tão grande que o velhinho não sabia o que fazer.

– Agora, deixa-me só, vovô. Ainda tenho algumas horas. A cerimônia será realizada às dez horas e ainda não passam das sete.

– Tomaste a decisão acertada, Elise. Tua mãe subirá para te ajudar por volta das nove horas. Acho que será tempo suficiente. Até lá, repousa.

O ancião saiu e a jovem entregou-se a nova crise de desespero.

Quando Gertrudes entrou nos aposentos da filha, encontrou-a sentada numa cadeira, de olhos enxutos e expressão vazia e distante.

Estava vestida com o traje que a mãe usara no seu próprio casamento, e que fora arrumado, lavado e engomado para essa ocasião. Era um vestido branco simples, mas que lhe caía admiravelmente bem. As mangas longas, providencialmente, evitavam que alguém percebesse as marcas da violência de que fora vítima na noite anterior. Somente no rosto, pálido e desfeito, era visível uma mancha roxa perto dos olhos, a qual, infelizmente, não poderia ser escondida. Penteara os cabelos, longos e encaracolados, que lhe caíam sobre os ombros.

Gertrudes trazia nas mãos uma guirlanda tecida com flores do campo recém-colhidas. Ao ver a filha que aguardava pronta, aproximou-se, emocionada:

– Estás linda, minha filha! Mas ainda falta algo.

Assim dizendo, colocou a guirlanda sobre os cabelos de Elise.

A jovem, que até aquele momento permanecia impassível, reagiu de pronto, com violência. Levando as mãos à cabeça, arrancou a coroa num átimo, arremessando-a ao chão e fazendo com que se espatifassem as delicadas flores.

– Não! Esta coroa de flores é o símbolo de uma felicidade e uma alegria que não sinto. Melhor seria que fosse de espinhos, como a de Nosso Senhor Jesus Cristo.

Horrorizada, a mãe exclamou:

– Não blasfemes, Elise!

– Sou obrigada a me casar. Resigno-me. Porém, nada de enfeites desnecessários que não condizem com a realidade do momento, minha mãe. Estou caminhando para o cadafalso. A um criminoso, sentenciado à morte, só compete obedecer – afirmou, dura e determinada.

– *Mon Dieu*! – exclamou novamente a matrona, fazendo o sinal-da-cruz e deixando o quarto, incapaz de suportar as palavras da filha.

Após a missa, na igreja do vilarejo de Saint-Étienne, os convidados começaram a chegar. Às dez horas, quando estavam todos reunidos, vieram buscar a noiva.

Procurando reunir as parcas forças, Elise desceu as escadarias, caminhando com grande dificuldade até a porta que dava para o jardim. Quando esta foi aberta de par em par, encantador espetáculo surgiu. No gramado, fora colocada uma pequena mesa, recoberta com toalha branca, de renda de Sèvres – herança de família –, onde seria oficiada a cerimônia. Em torno dela, diversas qualidades de flores, de formatos, cores e aromas variados, produziam lindo efeito.

O dia amanhecera esplêndido. Depois da chuva, as nuvens tinham desaparecido e o sol brilhava no céu muito azul. Todos estavam felizes e conversavam, formando grupos alegres e descontraídos.

Elise, no entanto, não tinha condição de perceber a beleza que a cercava. Para ela, tudo era triste e desolador. Frei Justin chegara e a cerimônia nupcial ia começar.

Elise caminhou no meio dos convidados, fazendo inaudito esforço para não mancar e para não demonstrar a dor que sentia a cada passo. Semblante impassível, aproximou-se de Bertrand, sem lançar um único olhar para o noivo, impecável no traje novo, que a esperava com ansiedade. As palavras que o sacerdote proferia não a interessavam, como se fossem dirigidas a outra pessoa, que não ela. No seu íntimo, contudo, um turbilhão de sentimentos se misturavam: mágoa, ódio, angústia, desesperança e uma grande sensação de impotência diante da felicidade perdida. Fixando o olhar no crucifixo, que apertava entre as mãos, procurou permanecer distante e indiferente.

Quando percebeu que a cerimônia tinha terminado, suspirou de alívio. Os convidados se acotovelavam para cumprimentar os noivos, e teve que se resignar. Nesse preciso instante, os músicos começaram a tocar, e uma alegre melodia se espalhou pelo ar limpo e claro da manhã, marcando o início da festa.

Para o almoço, grandes mesas tinham sido preparadas, um pouco além, sobre o extenso gramado, e os convidados foram servidos à vontade. O vinho, de boa qualidade, rolava, capitoso. A comida, farta: carnes assadas, guisados, tortas, queijos, pães e frutas. Cantou-se e dançou-se durante todo o dia.

Mal se agüentando de pé, a noiva se viu obrigada a permanecer sentada durante quase todo o tempo, enquanto o povo se divertia. Muitas horas depois, cansados de tantos excessos, os visitantes foram-se despedindo. Quando o último foi embora, os noivos se recolheram.

Para Elise o dia fora uma tortura. Todavia, o pior ainda estava por vir. Era o momento em que teria de ficar a sós com Bertrand, e nada no mundo poderia impedir que isso acontecesse.

Para o jovem casal tinha sido preparado um dos quartos da casa, visto que, após o casamento, eles iriam fixar residência ali mesmo, na herdade.

Rumo a Paris

Capítulo 8

Entregue a enorme expectativa, Jean-Claude ultimou os preparativos para a fuga. Tudo estava dentro do previsto e ele tinha certeza de que nada sairia errado.

Sentia-se inflar de orgulho e justa satisfação. Aquela jovem simples, mas encantadora, que ele aprendera a conhecer e admirar durante aqueles meses de encontros furtivos, e a quem amava acima de qualquer coisa, seria dele.

Poucas horas os separavam do encontro que os levaria à felicidade. Assim, foi com inaudita preocupação que ouviu a tempestade caindo lá fora, enquanto o vento forte zunia pelas paredes do velho castelo.

A temperatura baixara e fazia frio. Na grande sala, iluminada por enorme lustre no teto e arandelas nas paredes, Jean-Claude não se dava conta disso. A lareira acesa aquecia o ambiente, secundada pelo vinho, de excelente safra, que ele bebericava.

Olhando pela janela os grossos pingos que caíam, Jean-Claude pensava: "E se não parar de chover, o que faremos? Não tenho como entrar em contato com minha amada Elise".

Inquieto, amarfanhava um lenço entre os dedos.

– Vem jogar gamão conosco, Jean-Claude!

Era Albert que se aproximava, preocupado com o estado do amigo. Como não obtivesse resposta, repetiu a pergunta. Somente então, se dando conta da presença do anfitrião, desculpou-se:

– Desculpa-me, Albert, estava distraído. O que disseste?

– Perguntei se queres jogar gamão conosco. Estamos formando uma nova mesa e pensei...

– Não desejo jogar esta noite, Albert. Obrigado. Creio que não seria boa companhia para ninguém.

– O que se passa contigo? – indagou o outro, sentando-se ao lado dele. – Estás mudado. Pareces nervoso. Sempre foste o mais alegre entre os nossos amigos e agora te vejo cabisbaixo, pensativo...

– Não é nada. Aflige-me, porém, essa chuva que não pára.

– Algum problema que desconheço?

– Não. Estou bem, podes crer. Volta para teu jogo, Albert. Estou um pouco melancólico hoje e prefiro ficar aqui apreciando este excelente vinho. Não estou muito bom para conversas.

– Está bem. Se assim o desejas... Mas amanhã não me escaparás. Quero saber quem é a donzela que te faz tão pensativo. Porque só pode ser mal de amor...

Albert afastou-se com uma sonora gargalhada, enquanto o amigo respirou aliviado. Não estava inclinado para confidências.

Ouviu vozes exaltadas um pouco além, do lado esquerdo, onde os cavalheiros conversavam sobre política.

– Achas possível, Hervé, que a situação esteja assim tão ruim?

Aquele a quem era dirigida a pergunta era o conde de Vancour, parente do príncipe de Condé. Ajeitou-se melhor na poltrona, pigarreou e disse:

– Por que não? Se até frei Justin, que é uma criatura aparentemente desprovida de sentimentos políticos, está tomando posição...

– Tens razão... – concordou o anfitrião, conde de Troulon, pai de Albert. – Todos ouviram-lhe o inflamado sermão há algum tempo. Também acredito que as coisas tendam a piorar.

– Mas... e Sua Majestade, que partido tomará? – indagou outro.

– Não sejas ingênuo! – atalhou outro cavalheiro. – O partido do rei é o da Igreja. É católico e nunca fez segredo disso.

– Obviamente. Todavia, não se trata de ser católico ou não, segundo meu modo de pensar. É imperioso saber se a Coroa se posicionará contra muitos de seus próprios súditos, alguns dos quais com grande influência política.

– A verdade, meus amigos, é que o rei tem contemporizado, não se sentindo fortalecido politicamente para apoiar um ou outro lado. Tenta, desastradamente, agradar a gregos e troianos. De um lado, tem Catarina em seus calcanhares; do outro, o almirante Coligny, a quem admira e respeita. Situação melindrosa. De resto, sua atitude é correta, o que demonstra diplomacia e tato – afirmou Hervé de Vancour.

O diálogo prosseguia animado e Jean-Claude, ao ouvir o nome do pároco, lembrou-se das vezes em que vira Elise na igreja. Recordou-se até, meditando no que acabara de ouvir, do exaltado sermão de frei Justin, a que não fez questão de atentar nem de entender. Percebera, naturalmente, que se referia aos huguenotes, mas não tinha nenhum interesse nesse assunto. Era avesso à política.

A imagem da amada surgiu forte em sua tela mental. Arrostaria qualquer perigo para ficar com Elise. Se não parasse a chuva, seria capaz de ir até a granja buscar a jovem, desafiando a família toda. Num rasgo heróico, invadiria a casa, pegaria Elise e, colocando-a sobre o cavalo, a levaria para uma nova vida. Sim! Era isso mesmo o que faria!

Sorriu a esse pensamento. Seus olhos estavam pesados. Era hora de se recolher. Bebera mais do que o normal e a imagem das pessoas parecia dançar à sua frente. Levantou-se e, com passos vacilantes, caminhou até as escadarias. Com dificuldade, subiu os degraus e percorreu o imenso corredor que o levaria à ala leste, onde se localizam seus aposentos. Jogou-se na cama do jeito que estava.

Brian, o criado de quarto que o aguardava, solícito, aproximou-se tentando tirar-lhe as roupas. Jean-Claude, porém, caiu em sono profundo. Diante disso, limitou-se a descalçar-lhe as botas, afrouxar-lhe o cinto e apagar as luzes, deixando-o dormir em paz.

Na manhã seguinte, Jean-Claude despertou dia alto. Era sábado e o aguaceiro continuava. O dia transcorreu com tristes prognósticos.

No auge da aflição, não sabia o que fazer. E se a chuva não parasse?

Albert observava o amigo discretamente. Durante todo aquele dia, Jean-Claude tinha permanecido calado e sua ansiedade era patente. Não tirava os olhos da janela, com expressão de desespero. Entretanto, como não fizera confidências, Albert não se sentia no direito de invadir-lhe a intimidade.

Somente quando a tarde declinava, o aguaceiro cessou. Apenas alguns pingos ainda caíam de longe em longe. O sol até colocou a cara para fora, iluminando a natureza encharcada com seus últimos raios.

Respirando aliviado, o rapaz encheu-se de ânimo novo. Verificou se tudo estava arrumado para a partida. Chamou o criado.

– Brian, tudo certo?

– *Oui, monsieur.* Arrumei uma excelente carruagem, como me ordenaste.

– Ótimo. Então, diz a Albert que desejo vê-lo agora.

Brian foi cumprir a ordem recebida. Pouco depois, Albert entrou nos aposentos de Jean-Claude, o qual, à aproximação do amigo, disse-lhe:

– Albert, somos amigos há longo tempo, não é assim?

– Certamente!

– Então, ouve-me. Sei que posso confiar em ti.

Assustado, o outro exclamou:

– Claro que sim. O que está acontecendo, Jean?

– Acalma-te e escuta-me. Preciso ir embora esta noite. Transmita a teus pais, o conde Victor e a condessa Adelaide, minha gratidão pela agradável temporada que aqui passei. Contudo, faze-os entender que tive urgência em partir. Inventa uma desculpa, por favor.

– O que lhes direi? Assim, tão de repente... por certo irão estranhar.

– Não sei... talvez... que chegou um portador com notícias de casa e que meu pai me ordenou retornar imediatamente. É isso! Importante, porém, que só recebam essa informação amanhã.

– Entendo. Farei o que me pedes. Mas... por que vais embora assim de repente, Jean?

O rapaz sentou-se no leito e respirou fundo.

– A ti posso contar, Albert. Conheci uma moça por quem me apaixonei. Vamos fugir juntos.

– Que amor é esse que te obriga a deixar-nos?!

– É uma longa história, meu amigo. Existem fatos que desconheces.

– Como as tuas desaparições repentinas... Ah, eu sabia que tinha mulher nessa história! Quem é ela? Eu a conheço? Deixa-me pensar. Certamente não é do nosso meio, caso contrário eu saberia e tu não terias necessidade de esconder esse amor.

Jean-Claude permaneceu calado e o amigo arregalou os olhos:

– *Mon Dieu*! Será uma mulher casada? Nesse caso, estás verdadeiramente encrencado, meu amigo. O marido dela...

Jean-Claude o interrompeu:

– Albert, desperta de teus devaneios e controla tua curiosidade, meu amigo. Não é uma dama casada e não estou sendo perseguido por nenhum marido traído. Infelizmente, não posso dizer-te mais nada no momento. Quando puder, saberás a verdade. Posso confiar em ti?

– Sem dúvida. Desejo felicidades a ambos. Mas, estás convicto do que pretendes fazer?

– Nunca tive tanta certeza de alguma coisa. Mandar-te-ei notícias assim que puder.

Abrindo os braços, num gesto de aceitação, Albert concluiu:

– Então, que Deus te proteja!

Abraçaram-se e Albert deixou o aposento. Teria que agir de forma natural, justificando a ausência de Jean-Claude à ceia.

Mais tarde, bem antes do horário combinado, Jean-Claude juntou suas coisas e, dirigindo-se a uma pequena porta lateral, pouco usada, ganhou o exterior do castelo. A carruagem já o aguardava. Brian seria o cocheiro, homem de confiança e seu criado particular; iria receber boa recompensa pelos serviços prestados.

Chegando à encruzilhada, o cocheiro parou o veículo à margem da estrada, meio escondido pela vegetação abundante, e Jean-Claude pôs-se a esperar. Coração aos saltos, ao menor movimento na estrada, ele se agitava, supondo que fosse sua amada Elise.

Entretanto, as horas passaram e ela não apareceu. Mil conjecturas surgiam-lhe na mente. Teriam descoberto a fuga? Teria ela se arrependido e desistido de acompanhá-lo? Deixara de amá-lo?

Acomodando-se dentro da carruagem para escapar da friagem da noite, ele permaneceu entregue a seus pensamentos.

Às primeiras horas da madrugada, o cocheiro colocou a cabeça pelo postigo da janela, pesaroso:

– *Monsieur*, desejas esperar ainda? Creio que é inútil, senhor. Por certo, a dama não virá mais. Já se faz muito tarde!

Compreendendo que o criado tinha razão, vendo a inutilidade de continuar ali esperando, Jean-Claude decidiu retornar ao castelo.

Depois, mudando de idéia, ordenou:

– A Paris!

Confirmando Suspeitas

Capítulo 9

Enquanto a carruagem rodava pela estrada, Jean-Claude deixava-se dominar pelo desespero. A escuridão era cortada apenas pela luz das estrelas que cintilavam no alto e nas quais ele procurava resposta para seus íntimos questionamentos.

Teria agido mal tomando o rumo de Paris? Por que não voltar ao castelo e esperar o amanhecer, de modo a obter notícias? Afinal, Elise lhe devia explicações!

Não! Não sentia ânimo de enfrentar os amigos. Todavia, a ânsia de saber o que tinha acontecido dominava-o.

Depois de muito pensar, resolveu. Viajava há pouco tempo e ainda não estava muito longe do vilarejo. Conhecia bem a região e não ignorava que, poucas léguas adiante, existia uma estalagem. Colocando a cabeça pela janela, ordenou:

– Pare na Estalagem do Bico Torto. Pernoitaremos lá.

Como imaginara, logo estavam chegando. O cocheiro diminuiu a marcha e, logo após uma curva da estrada, em meio à escuridão, surgiu uma clareira onde se viam uma construção rústica e uma placa com o nome da hospedaria. Em virtude do adiantado da hora, estava tudo apagado.

O cocheiro tocou com força a sineta. Alguns minutos depois, as luzes se acenderam e a porta se abriu.

Um homem sonolento e gorducho surgiu, esfregando os olhos. Jean-Claude pediu um quarto e, imediatamente, o estalajadeiro tornou-se mais esperto ao notar, pelas vestes, a qualidade do viajante.

– *Oui, monsieur.* Desejas também algo para comer? A tais horas verei o que posso arranjar.

– Não é preciso, bom homem. Apenas acomodações para mim e meu criado, além de água e comida para os cavalos.

– Sim, senhor. Podes ficar descansado. Serão bem tratados.

Em seguida, mostrou-lhes os quartos, já preparados, desejando-lhes boa-noite.

Na manhã seguinte, Jean-Claude, que não conseguira pregar o olho, levantou-se bem cedo. Brian ainda dormia.

Ao vê-lo, o estalajadeiro sorriu, obsequioso:

– Certamente agora estás com fome, não é assim? Desejas que mande preparar-te uma refeição?

– Talvez depois. Por ora, quero cavalgar um pouco pelas imediações. Manda preparar meu cavalo.

O hospedeiro deu as ordens e, poucos minutos depois, o animal estava pronto. Jean-Claude montou e partiu, como se fosse realmente passear pela região. Todavia, mal fez a curva, esporeou o animal e passou a cavalgar em grande velocidade, vencendo rapidamente a distância que o separava do vilarejo.

Assim, não demorou muito para aproximar-se do castelo de Troulon, cujas terras confinavam com a granja. Procurando não ser visto, esgueirou-se pelos campos até chegar ao riacho, onde tantas vezes se encontrara com Elise.

Atravessou as águas mansas e começou a observar o movimento desusado de pessoas. Estava tudo arrumado para a cerimônia do casamento. Viu quando os convidados começaram a chegar. Desejou partir, afastar-se dali, para não sofrer ainda mais. No entanto, parecia chumbado ao solo, como se poderoso visgo o mantivesse imobilizado. Estranhou o fato de estar tudo preparado para o enlace ser realizado ali, na herdade. Pelo que Elise lhe contara, seria na igreja de Saint-Étienne. Não entendeu essa mudança de última hora, porém isso não tinha qualquer importância. O que realmente contava é que Elise tinha resolvido se casar com Bertrand, o noivo que dizia detestar, e isso ele não conseguia admitir.

Sob terrível angústia, viu o momento em que Elise apareceu vestida de noiva. Pela distância, não pôde notar o quanto ela estava triste e o quanto aquilo lhe era penoso. Notou apenas que ela se dirigia ao sorridente Bertrand, que a aguardava.

Ressentido, jogou-se no chão em choro descontrolado. O desespero o dominava e o coração estava em frangalhos. Tudo terminado, não havia mais esperança. Elise preferira o noivo a ele, que tanto a amava. Enganara-o, fazendo-o crer que também o amava. Ela não merecia seu amor e muito menos seu sofrimento.

Jean-Claude tomou uma decisão. Não mais permaneceria ali. Sem perda de tempo, retornou sobre seus passos, fazendo o mesmo trajeto de volta à estalagem. Quando chegou, cansado, sujo e coberto de suor, o criado veio a seu encontro, aflito:

– Senhor, por que não me chamaste? Aonde foste, sozinho?

– Acalma-te, meu bom Brian. Fui certificar-me de algumas coisas.

– Entendo, senhor. E então?...

– Vamos a Paris! Antes, porém, desejo beber algo. Tenho a garganta seca.

Sentou-se a uma mesa e o hospedeiro trouxe-lhe uma jarra de vinho e um copo.

– E para comer, senhor? Temos um excelente assado de carneiro e guisado de coelho com legumes.

Jean-Claude concordou, e logo uma donzela trouxe as iguarias. Além dos pratos a que o dono da estalagem se referira, acompanhava também carne de porco defumada, pão e queijo.

Jean-Claude comeu com apetite. A comida era razoável, mas o vinho, sofrível. Ainda assim, bebeu bastante. Depois do terceiro copo, pareceu-lhe até aceitável. Queria afogar as mágoas e esquecer as tristezas. Quando Brian achou que seu patrão já tinha bebido o suficiente, pagou as despesas e ajudou o rapaz a caminhar até a carruagem.

Desse modo, Jean-Claude dormiu boa parte do trajeto. Acordava, pedia vinho e quase não se alimentava. Nas estalagens nas quais se hospedavam para o pernoite, pedia vinho e bebia até dormir. Certa ocasião, despertou na estrada com estranho mal-estar.

– Onde estamos? – perguntou, colocando a cabeça pelo postigo.

– Ah, acordaste, senhor? Estamos próximos de uma parada de mudas. Em um dia chegaremos a Paris.

Jean-Claude estava com uma terrível ressaca. A cabeça doía-lhe horrivelmente e o estômago dava voltas e mais voltas. Ordenou que Brian parasse imediatamente e desceu da carruagem aos tropeções. Internou-se na mata, em ânsias. Afinal, liberando-se do que lhe estava fazendo mal, pálido e desfeito, retornou à carruagem. Sentia-se melhor, a cabeça menos pesada e a mente mais lúcida. Puseram-se novamente a caminho.

Na parada de mudas, Brian conversou com o estalajadeiro, explicando-lhe o mal-estar do seu senhor, e ele imediatamente mandou preparar uma infusão de ervas muito eficaz.

Com cara de nojo, Jean-Claude ingeriu a mistura sob os olhares críticos do homem. Ele queria prosseguir viagem, mas o hospedeiro o desaconselhou:

– O melhor, *monsieur*, é ires para a cama. Não estás em condições de prosseguir. Além disso, nossas estradas são perigosas. Daqui até Paris, em marcha acelerada, levareis no mínimo oito horas. A noite não tarda e é preferível pousar aqui e partir amanhã logo cedo.

Jean-Claude, enfraquecido e trêmulo, aceitou a sugestão do hospedeiro. Assim, acomodaram-se, para alívio do rapaz, que realmente estava ainda com muita dor de cabeça.

Na manhã seguinte, acordou com outra disposição.

– E então? – perguntou o dono da estalagem.

– Agradeço-te o remédio. Levantei bem-disposto e a cabeça já não dói tanto.

– Ótimo! Então, agora precisas comer. Estás muito enfraquecido.

– Tens razão, bom homem. Traze-nos uma refeição. Para mim, que seja leve.

– Algo para beber, senhor? Vinho, talvez?

Jean-Claude fez uma careta:

– Não! Água.

– Muito bem, *monsieur*. Sábia decisão! – concordou, com leve sorriso.

A refeição foi servida. Para Jean-Claude, um caldo de legumes, pão preto e queijo. Para Brian, carne assada no braseiro, lingüiça e batatas.

Após comerem, partiram. Jean-Claude, recuperado, do corpo pelo menos, abriu a cortina para apreciar a paisagem que se descortinava pela janela. Havia decidido esquecer Elise definitivamente. Retomaria sua vida de antes, procuraria os amigos e mergulharia nos prazeres que sua posição social e seus bens de fortuna lhe permitiam.

No final da tarde, chegaram a Paris. Atravessaram a cidade e dirigiram-se a uma rua tranqüila num bairro nobre. Os portões se abriram e a carruagem entrou no pátio. Criados vieram apresentar suas saudações ao recém-chegado, mas o rapaz não parou. No vestíbulo, dirigia-se para as escadarias quando foi interceptado pelo mordomo.

– Bem-vindo sejas, senhor. Vou mandar preparar-te uma refeição.

– Olá, Adolphe. Meus pais estão em casa?

– Lamento informar que não, senhor. Os senhores de Mornay viajaram para a província.

"Menos mal", pensou o rapaz. Não teria que enfrentar o interrogatório dos pais, que com certeza iriam crivá-lo de perguntas sobre a razão que o fizera retornar antes do tempo previsto. Mais aliviado, respondeu:

– É pena. Quando partiram?

– Há dois dias, senhor.

– E voltam?...

– Dentro de um mês, salvo algum imprevisto. Mais alguma coisa, senhor?

– Alguém me procurou?

– Os amigos de sempre, senhor.

– Ninguém mais?

– Sim. Mademoiselle Hélène, senhor.

– Ah!...

– Mais alguma coisa, senhor?

– Não. Podes ir.

– Com licença, senhor. Vou mandar preparar a refeição.

– Ótimo. Aproveitarei para repousar um pouco. Serve a refeição em meus aposentos.

Com uma reverência, o mordomo afastou-se e Jean-Claude subiu as escadarias. Em seu quarto, jogou-se sobre o leito. Estava exausto. Alguns minutos depois, dormia profundamente.

Acordou sentindo-se outro. Puxou a sineta e Brian surgiu:

– Como estás, senhor?

– Ótimo.

– Pudera! Estás dormindo desde ontem, e já passam das três da tarde.

– Verdade? Estava mesmo precisando repousar. Estou faminto.

Brian trouxe uma bandeja com a refeição, que Jean-Claude comeu com prazer. Depois, gastou algumas horas arrumando-se cuidadosamente, e saiu. A noite mal começava e queria ver gente, movimento, alegria, diversão. Dirigiu-se à casa da condessa de Montpensier, onde, provavelmente, os conhecidos estariam reunidos.

Foi recebido com euforia pelos amigos, saudosos da sua presença. A condessa de Montpensier veio-lhe ao encontro, sorridente. Estendendo-lhe a mão enluvada, exclamou:

– Paris não era a mesma sem ti, meu querido!

Inclinando-se elegantemente numa mesura, ele levou a mão estendida aos lábios, respondendo, galante:

– Nem os ares do campo tinham o teu fascínio, condessa.

– Lisonjeiro! Mas, vem. Quero apresentar-te a alguns novos

amigos. Depois, poderás contar-me minuciosamente o que fizeste durante esses meses de ausência.

Dando o braço à anfitriã e conversando animadamente, Jean-Claude integrou-se no ambiente festivo.

Os Cônjuges

Capítulo 10

Amanhecia. Elise acabara de acordar. Fazendo tremendo esforço sobre si mesma, pôs-se de pé. A tristeza e a amargura não a deixavam nunca. Como todos os outros dias, ao despertar, lembrava-se do querido avô Maurice, única criatura que realmente a amava e que falecera há alguns meses.

Após se vestir, desceu as escadas quase que se arrastando. Na cozinha, fazendo a primeira refeição, estavam reunidos seus pais e Bertrand. Passou pelo marido sem lançar-lhe um olhar sequer. Serviu-se de leite e de uma fatia de pão preto. Ele, que a observava de soslaio, comentou com ironia:

– Pensei que não fosses te levantar hoje, preguiçosa.

– Não sou preguiçosa. Sinto-me cansada. Não estou bem.

– Desculpas de quem não quer trabalhar – resmungou ele, com azedume.

Indignada com o procedimento do marido, Elise ergueu os olhos, que conservava presos à caneca de leite, e respondeu pausadamente, contendo a irritação:

– Estás sendo injusto comigo, Bertrand. Jamais desdenhei o serviço e meus pais sabem disso. Sempre trabalhei até a exaustão e não admito que me ofendas!

Levantou-se e saiu, encaminhando-se para o campo sem esperar os demais. Pranto amargo inundou-lhe o rosto enquanto tomava o rumo do vinhedo. Tinha vontade de morrer. Sentia-se profundamente infeliz e sem ânimo nem esperança de que sua vida pudesse mudar.

Deixou-se cair no chão, desalentada. Chorava sem cessar, quando a imagem de Jean-Claude surgiu-lhe na tela da memória. Saudade intensa apertava seu coração. Respirou fundo, pensando: "Ah! Como estive próxima da felicidade naquela época!"

Recordava-se com emoção dos momentos de prazer que gozara ao lado dele, da troca de pensamentos, das juras de amor eterno, dos planos para uma vida em comum... Todavia a sorte lhe fora adversa e, no momento em que acreditava estar partindo para a liberdade, Bertrand destruíra suas esperanças de ventura.

Corou novamente ao lembrar-se dos momentos de humilhação e vergonha por que passara perante a família, e das horas de ansiedade sem saber o que seria dela, qual o destino que lhe estaria reservado. Agora, estava realmente convicta de que qualquer outra decisão teria sido infinitamente mais leve do que o casamento imposto.

Apenas um ano transcorrera desde o fatídico dia do seu matrimônio com Bertrand, mas lhe parecia que eram dez. Nunca mais vira Jean-Claude. Melhor assim. Aos domingos, quando iam à igreja, ela ficava tensa, temendo encontrá-lo, e, ao mesmo tempo, ansiando por isso.

Não sabia o que fora feito dele. Sem ter a quem perguntar, ignorava completamente seu paradeiro. Teve vontade de atravessar o riacho e tomar informações com algum criado da propriedade vizinha; isso, porém, era impossível, porque se sentia vigiada o tempo todo. Por certo ele não estaria na região, pois, no vilarejo de Saint-Étienne, as pessoas sempre acabavam se encontrando.

Naquele momento, as tintas purpúreas do horizonte indicavam a chegada do sol. O céu tingia-se de colorido vibrante, enquanto as trevas desapareciam aos poucos, substituídas pela branda claridade do dia nascente. Aquele fenômeno, que tantas e tantas vezes já tinha visto, agora lhe causava diferente sentimento. Vaga esperança despertou-lhe no íntimo como prenúncio de dias melhores, ao mesmo tempo em que suave emoção e uma doce sensação de paz passaram a dominá-la.

Não saberia dizer o porquê daquela mudança interior, quando nada acontecera que pudesse justificá-la. Entretanto, ali, a seu lado, uma entidade a envolvia em vibrações carinhosas, enquanto lhe sugeria idéias de confiança em Deus, esperança no futuro, bom ânimo e paciência para vencer as adversidades. Era Maurice, o avô desencarnado, que, preocupado com a querida neta e atraído pelas suas lembranças, vinha trazer-lhe alento. Falava-lhe ele com doçura:

– Confia em Deus, minha neta. Não te deixes abater pelos obstáculos da vida. Segue executando tuas tarefas, com disposição e paciência, sabendo que tudo passa. O sofrimento que te atinge hoje tem raízes no passado, quando muito erraste e fizeste outros sofrerem. Todavia, o mal é transitório e, no futuro, quando compreenderes a lei divina e a vivenciares, serás feliz. Estou sempre contigo. O amparo de Deus não te falta. Aprende a curvar a cabeça e a aceitar o que a vida te oferece por oportunidade de reajuste e progresso. Que Jesus te abençoe!

Elise não escutava com os ouvidos do corpo as palavras que lhe eram dirigidas, mas intuitivamente captava as sugestões do querido avô em forma de idéias renovadoras e otimistas.

Limpou as lágrimas, levantou-se e, quando Henri e Bertrand chegaram, encontraram-na com a enxada nas mãos, mergulhada no serviço.

O rapaz, algumas dezenas de passos distante da esposa, observava-a sem que ela percebesse. Elise continuava bela e desejável. Entretanto, a convivência, o trabalho árduo do campo, o cansaço contínuo haviam feito com que ele se esquecesse de como ela era bonita. Agora, olhando-a melhor, reparava na extrema palidez do seu rosto delicado, nas olheiras e na expressão amarga da boca; os olhos, mesmo a distância, deixavam perceber tristeza e resignação.

Bertrand sentiu o coração se confranger. Como Elise se modificara durante aquele ano... Uma imensa piedade por ela invadiu-lhe o íntimo. Nos últimos meses, afastara-se dela, despeitado por não conseguir despertar-lhe amor. Assim, suas relações haviam-se tornado tensas e distantes. Naquele dia, porém, após a saída dela da cozinha, Henri mostrara-lhe que ele fora injusto com a esposa; que ele, como marido amoroso, deveria exercitar a compreensão, lembrando-lhe que Elise, sua filha, muito sofrera por ocasião do casamento e, se não bastasse isso, quatro meses depois, perdera o avô a quem ela tanto amava, vitimado por um derrame cerebral.

Analisando melhor as coisas, Bertrand resolveu modificar seu comportamento dali por diante. Restauraria as relações com a esposa, procurando ser mais compreensivo e amoroso. Quem sabe ela poderia vir a amá-lo? De qualquer forma, não seria hostilizando-a que iria conseguir seus objetivos.

No decorrer daquele dia, Bertrand pensou em como melhorar seu relacionamento com Elise. Queria agradá-la. Mas como? Reconheceu que sabia muito pouco sobre ela. O que a faria feliz? Pensou, pensou e, depois de muito meditar, teve uma idéia.

Na hora da ceia, quando estavam todos reunidos, informou:

– Decidi ir embora.

Até Elise, que sempre se mostrava distante e indiferente aos diálogos entre o pai e o marido, levantou a cabeça, surpresa.

Henri perguntou, externando o pensamento dos demais:

– Ir embora? Para onde?

Bertrand, embora respondesse ao sogro, olhava para a esposa:

– Ainda não sei. Acho que Elise e eu precisamos mudar de ares, conhecer lugares diferentes. Talvez Paris, quem sabe? Acredito que trabalho não me faltará. Sou ferreiro e na cidade grande sempre encontrarei colocação.

Notou que a esposa, pega de surpresa, não demonstrara desagrado. Ao contrário, deveria ter gostado da idéia, uma vez que sempre sonhara sair da granja onde nascera e fora criada. Mas não disse uma palavra.

Naquela noite, ao se recolherem, Bertrand procurou entabular uma conversa com ela:

– Elise, o que achaste da minha idéia?

Ela fitou-o, perplexa. Nunca um homem, mesmo um marido,

pedia opinião da mulher para nada. As decisões partiam sempre dele, dono e senhor; à esposa, só competia calar e obedecer.

– Queres saber minha opinião?

– Sim! Como terás que me acompanhar, é justo que digas o que pensas.

– Bem, se assim o desejas... Gostei da idéia. Este lugar me sufoca e, depois da morte de meu avô, sinto-me pior ainda.

– Então, está decidido. Amanhã mesmo começarei a estudar melhor o assunto. Quem sabe até algum dos aristocratas da região não terá serviço para mim? Sabemos que esses nobres têm outras propriedades, inclusive em Paris.

Naquela noite, Elise adormeceu sem sentir tanto ódio pelo marido. Ao contrário, notava-o mais próximo, mais compreensivo e mais delicado com ela.

Lembrou-se das idéias de renovação que tivera quando observava a aurora e reconheceu que, talvez, como um novo dia, as mudanças estivessem chegando em sua miserável e infeliz existência.

Na manhã seguinte, no entanto, Elise acordou sentindo-se mal. Levantou-se como de costume, não querendo se entregar ao malestar. Foi para o vinhedo e estava colocando umas estacas quando Bertrand, que a observava de longe, notou-a excessivamente pálida. Deixou a enxada e deu alguns passos na direção da esposa, mas não a tempo de impedi-la de cair desamparada no solo. Correu, pressuroso, pegando-a nos braços e transportando-a até a sombra de uma árvore, onde a depositou gentilmente no chão.

Voltando do desmaio, Elise abriu os olhos e encontrou o olhar ansioso do marido sobre ela.

– O que estás sentindo, Elise? Vou chamar o médico.

– Não há necessidade, Bertrand.

– Como não? – retrucou, aflito.

– Isso não é nada. Acho que vou ter um filho.

Henri, que também acorrera ao chamado do genro, ficou surpreso. Especialmente Bertrand, que arregalou os olhos, sem poder acreditar no que ouvia.

– Disseste um filho?

Ela concordou com gesto de cabeça. Bertrand não conteve a explosão de alegria:

– Um filho! Um filho meu!

– Precisamos comemorar! Vamos levá-la para casa! – disse Henri.

Elise, contudo, não demonstrava grande satisfação. Os olhos estavam úmidos e a expressão, um pouco triste. Bertrand, fitando-a, julgou compreender seus motivos:

– Elise, nossos planos terão que sofrer alguns ajustes. Não podemos sair daqui agora, quando estás grávida. Todavia, será só um adiamento. Depois que nosso filho nascer, e estiveres recuperada, partiremos. Enquanto isso, terei tempo suficiente para preparar nossa mudança. Está bem?

Elise concordou, aliviada. Queria que aqueles meses de espera transcorressem bem rápido.

O Herdeiro

Capítulo 11

Os meses que se seguiram foram de grande expectativa para toda a família. Todos acompanhavam o desenvolvimento da gravidez de Elise com carinho e atenção. Ela quase não saía mais de casa. Como estivesse impossibilitada, pelo seu estado, de realizar trabalhos pesados, cuidava da casa, tecia as roupinhas do bebê e caminhava pelo jardim quando o tempo permitia.

O inverno chegara rigoroso. As coisas estavam difíceis. O país enfrentava problemas de vulto e o povo sofria. Não bastasse isso, ainda havia a questão dos huguenotes, que abalava a opinião pública. Formavam-se partidos políticos, apoiando esse ou aquele lado. Os católicos, que perdiam terreno, lutavam contra as novas idéias, sempre crescentes. Dizia-se, à boca pequena, que o próprio rei era partidário dos ideais reformistas. Respeitava muito o almirante Coligny, seu professor, a quem dedicava profunda admiração. E o partido da Igreja se agitava, comandado pela rainha-mãe, Catarina de Médicis.

Carlos IX, comentava-se, era um fraco e incapaz de governar. E, à sua sombra, católicos e huguenotes passaram a se odiar. O partido da Igreja acusava os reformistas de todos os males que aconteciam na França, o que aumentava o clima de descontentamento e animosidade entre as partes.

Henri e Bertrand, como bons católicos, tomavam sempre o partido da Igreja.

Desses assuntos Elise tomara conhecimento, embora não entendesse direito, escutando as conversas entre o pai e Bertrand, nas noites de inverno, aquecidos pelo fogo da lareira, enquanto ela e a mãe se ocupavam com o enxoval do bebê.

Ouvindo-os conversar, ela lembrou-se da inflamada pregação de frei Justin naquela manhã de domingo. Na ocasião, não prestara grande atenção, visto não ter interesse por política. Além disso, naquela oportunidade, Jean-Claude estava presente, eles haviam trocado olhares e tudo o mais deixara de ter importância.

Elise suspirou, tentando expulsar as lembranças da mente. Fitando o fogo que crepitava na lareira, não queria mais pensar no passado. Era uma etapa de sua vida que ficara para trás. Agora, precisava dedicar-se apenas ao filho que não demoraria a chegar, alegrando a casa.

Sentia-se cansada. Pediu licença e se recolheu a seus aposentos. Em poucos minutos, dormia a sono solto.

Às duas horas da madrugada, Elise acordou sentindo dores. As contrações tinham começado. Chamou o marido que, assustado, correu em busca da sogra, pedindo socorro.

– A hora chegou!

Gertrudes acalmou-o e ordenou-lhe que colocasse água para ferver. Pegou lençóis limpos, uma grande tesoura, e foi para junto de Elise, que estava apavorada, sem saber o que fazer.

– Calma, *ma chèrie*, isso é assim mesmo. Teu filho está pronto para nascer. É preciso ter paciência e esperar.

Um quarto de hora depois, os gritos de Elise invadiam a casa toda. Bertrand e Henri fumavam, inquietos. O dia estava amanhecendo quando se ouviu um fraco vagido.

– O bebê nasceu! – exclamaram ao mesmo tempo.

Correram ambos para o quarto. Gertrudes, com o recém-nascido nos braços, sorriu:

– É um menino!

Bertrand aproximou-se do leito. Elise estava exausta. O marido ajeitou uma mecha de cabelos que se lhe grudara na testa suarenta e fitou-a com carinho. Gertrudes colocou o filho nos braços da jovem mamãe.

– Ele não é lindo? – sussurrou Elise, quase sem forças.

– Muito lindo. E é forte e robusto também. Como vamos chamá-lo?

– Maurice, como meu avô. Se permitires, chamar-se-á... Jean-Maurice... – afirmou ela, corando.

– Jean-Maurice. É um bom nome. Será como desejas – concordou Bertrand.

Desse dia em diante, a moradia adquiriu novo colorido e agitação incomum. Jean-Maurice crescia belo e saudável, para a alegria geral. Os adultos faziam-lhe todas as vontades, e ele transformara-se no "verdadeiro" dono e senhor daquela casa.

A satisfação pelo nascimento do herdeiro provocou em Bertrand e Elise esquecimento momentâneo dos planos de mudança. Quando Jean-Maurice completou um ano, um fato novo surgiu.

Um grande senhor, de passagem pela estrada, teve quebrada uma das rodas de sua carruagem ao passar por um buraco. Como estivesse perto da granja, seu cocheiro ali pediu socorro. Bertrand, conhecedor do ofício, atendeu-o prontamente. E tão bem executou o serviço, com competência e presteza, que o cavalheiro lhe apresentou uma proposta:

– Meu jovem, estás perdendo precioso tempo lavrando a terra, quando outros poderiam fazê-lo com idêntico resultado. Tu, porém, tens habilidades e conhecimentos que precisam ser melhor aproveitados. Se quiseres, poderás trabalhar para mim. Preciso dos teus serviços e pagar-te-ei regiamente. Se aceitares, poderás seguir conosco.

– Sou grato, *monsieur*, por tua generosa oferta, que reputo de grande interesse para mim e que vem ao encontro de meus desejos. Todavia, não sou só. Tenho esposa e filho. Necessitaria de algum tempo para ultimar preparativos, deixar um substituto, arrumar nossas bagagens...

– É justo. Pois bem. Se estiveres decidido a aceitar minha oferta, procura-me.

Estendeu a mão, entregando-lhe um elegante cartão, contendo o nome e o endereço, que Bertrand guardou cuidadosamente na algibeira. Logo em seguida, o cavalheiro partiu com sua comitiva.

Bertrand, eufórico, comunicou a Elise a proposta que recebera, considerando:

– É muito mais do que eu poderia sonhar! As portas se abririam para mim e uma nova vida surgiria para nós.

Elise hesitava:

– Sim, Bertrand, compreendo. Essa proposta veio trazer de volta nosso antigo anseio de mudança e facilitar sua realização. Mas... e meus pais? Eles adoram Jean-Maurice! Não suportariam viver sem o neto. Além disso, ficariam sozinhos aqui na herdade, com todo o serviço para fazer.

Parou de falar por alguns instantes, depois prosseguiu, indecisa:

– Estamos com a vida estabilizada, tudo corre bem. Por que mudar agora?

– Porque somente agora surgiu a grande oportunidade que não podemos desprezar. Olha, Elise, quanto ao serviço, teu pai teria que ajustar trabalhadores, o que não é tarefa difícil. Em relação ao neto, eles acabarão por se conformar. De mais a mais, poderão nos visitar onde estivermos!

Fez uma pausa, olhando fixamente para a esposa. Depois, medindo bem as palavras, afirmou lentamente:

– Acho que nosso filho merece isso.

O argumento foi decisivo. Elise reconheceu que o marido tinha razão. Não poderia tirar do seu pequeno Jean-Maurice a chance de ter uma vida diferente daquela que todos os componentes de sua família haviam tido.

Não foi fácil dar a notícia aos avós. Contudo, ambos estavam, de longa data, se preparando para aquela eventualidade. Entenderam e aceitaram. Afinal, nada poderiam fazer para impedir. Henri, tentando se conformar ante a separação, acenou com outra possibilidade:

– Quem sabe até poderemos ir também, mais tarde? Tu nos mandarás notícias, Bertrand, e, se tudo estiver correndo bem, quem sabe também poderemos vender a granja, indo-vos ao encontro? Assim, continuaríamos juntos, acompanhando o crescimento de Jean-Maurice.

Todos acharam a idéia excelente.

– Ótimo! Está combinado. Assim que nos instalarmos, mandaremos notícias, Henri. E se surgir uma boa oportunidade de serviço, não deixarei de avisar-te.

Após arrumar as bagagens, que eram poucas, eles partiram. Tristeza e lágrimas nas despedidas, amenizadas com a esperança de se reencontrarem em prazo não muito longo.

Bertrand havia adquirido uma carroça, que preparara para uma viagem de longo curso, cobrindo-a com lona, de modo a transportar a família com algum conforto. Assim, a criança poderia dormir sempre que quisesse e também Elise ficaria abrigada do sol e da chuva.

Felizmente, fazia bom tempo. A primavera estava chegando e a temperatura era agradável.

Viajaram por muitos dias. Paravam à noite para dormir. Às vezes em alguma propriedade, cujo dono lhes permitisse pernoitar no celeiro; outras vezes, aproveitando as reentrâncias de alguma rocha onde pudessem se abrigar, à beira da estrada; ou simplesmente estendendo no chão as cobertas, sob a copa das árvores, ocasiões em que adormeciam admirando o céu estrelado.

Durante o dia aproveitavam para viajar, parando somente para comer, tratar dos animais e descansar um pouco. Para o pequeno Jean, no início, tudo era uma maravilha. Estava na fase das descobertas e divertia-se com tudo. Com o passar dos dias, surgiu o cansaço, ele começou a ficar irritado e nervoso, obrigando Elise a prodígios de paciência e carinho para contê-lo. Em razão disso, passaram a viajar mais lentamente, fazendo paradas maiores, de forma que o menino não se cansasse tanto. Também eles estavam exaustos, mas procuravam manter o bom ânimo para não se deixarem abater.

Elise e Bertrand, que nunca tinham saído da sua província, não faziam idéia da distância e estranhavam ter que viajar tanto. Contudo, maravilhavam-se com as cidades, os monumentos, as construções, os castelos, as belezas naturais dos lugares por onde passavam. Para eles tudo era novo e surpreendente. De informação em informação, foram vencendo os percalços e avançando sempre no trajeto que os levaria a uma nova vida.

A Chegada

Capítulo 12

Após mais de trinta dias de uma extenuante viagem, eles se aproximaram do destino. Passaram por Villers-Cotterêts, indo até Pierrefonds, pouco adiante de Soissons, onde estava localizada a propriedade do senhor de Beauvais, conforme orientação recebida. Numa tarde amena e agradável, percorriam a estrada que os levaria à vila de Les Oiseaux, do conde de Beauvais.

Atravessaram um caminho bem arborizado que, duas léguas adiante, se abria, deixando ver ao fundo uma grande e elegante construção. Era a vila do conde de Beauvais, espécie de casa de campo, onde lhe aprazia permanecer grande parte do tempo, quando estava de licença de suas atividades na corte.

Aproximaram-se. Um guarda os interceptou. Identificaram-se. Bertrand apresentou o cartão que o conde de Beauvais lhe entregara e aguardou que sua história fosse confirmada. Vindo de uma região pacífica, o rapaz estranhou tantos cuidados, mas chegou à conclusão de que os aristocratas estavam sujeitos a muitos perigos e precisavam de proteção especial.

Um quarto de hora depois, chegou a resposta. O guarda ordenou que entrassem e se dirigissem aos fundos da casa. Bertrand e Elise estavam perplexos. Jamais tinham tido ocasião de contemplar tanta beleza e tanto luxo. Os jardins, muito bem cuidados, estavam cortados simetricamente. Um repuxo de água cristalina descia, em meio às pedras de uma fonte, com agradável rumorejo. Contornando a construção, chegaram a um pátio onde o movimento era grande. Servos e criados passavam apressados, entregues a suas tarefas. Um homem alto, carrancudo, vestido com as cores da casa, olhou de alto a baixo os recém-chegados, com desdém.

– Com que então fostes mandados pelo senhor conde, que tenciona colocar-vos a seu serviço?

Bertrand confirmou:

– Sim, *monsieur*. Por obséquio, leva-me até ele.

O empertigado criado torceu o nariz:

– Impossível, meu rapaz. O conde está muito ocupado hoje. Haverá festa na vila e os convidados estão chegando.

Contrariado, Bertrand mordeu os lábios:

– E como ficamos? Estamos exaustos, especialmente minha esposa e meu filho. Viajamos por mais de trinta dias consecutivos para atender a uma proposta de *monsieur* de Beauvais. Tenho urgência de me entender com o dono da casa. Precisamos de acomodações e...

– Já disse que isso é impossível, por ora. Amanhã te levarei até o conde. Quanto às acomodações, segui-me. Verei o que posso arranjar. Quarto é o que não falta nesta casa.

Bertrand pegou as bagagens na carroça e acompanhou o arrogante criado. Chegando diante de uma porta, ele a abriu.

– Ficareis aqui. A cozinha é logo ali, depois daquele corredor. Certamente estais com fome. Apresentai-vos à cozinheira e não tereis problemas. É só, por enquanto.

Bertrand agradeceu e colocou as bagagens no quarto. Estava escuro. Abriram as janelas e somente então puderam observá-lo melhor. O aposento estava um tanto sujo, quase que sem mobiliário, mas tinha um grande leito cuja visão animou os recém-chegados. Fazia tempo que não dormiam numa cama de verdade.

Elise tomou as rédeas da situação, colocando o garoto no lajedo e se preparando para uma primeira limpeza. Como fosse tarde, bateu a poeira do macio colchão de penas, forrando-o em seguida com um lençol limpo que trouxera. Depois, dirigiram-se à cozinha. Uma mulher gorda e rosada veio atendê-los. Explicaram a situação. Ela sorriu e respondeu:

– Verei o que posso arranjar. Como estais vendo, a azáfama aqui é grande e todos estão ocupados.

Pegou um pedaço de carne no forno, pão, algumas frutas e um jarro de leite.

– Por hoje, tereis que vos contentar com isto.

– Agradecido. É suficiente! – afirmou Bertrand.

Ao voltarem para o quarto, colocaram as iguarias sobre uma pequena mesa e comeram com satisfação. O pequeno Jean, após beber o leite, dormiu.

Bertrand e Elise também estavam exaustos. Caíram na cama e adormeceram de imediato.

* .*. *

Acordaram com o barulho de fortes pancadas na porta. Assustados, demoraram para lembrar onde se encontravam. Bertrand levantou-se, correu o ferrolho e viu surgir pelo vão da porta a cara gorda da cozinheira.

– Aqui estão algumas roupas. Vesti-vos. O movimento é intenso e precisamos de ajuda.

Elise nem teve tempo de dizer que não poderia sair, deixando o filho sozinho, num lugar estranho. Olhou para o marido, que parecia igualmente consternado. Fitaram depois o menino, que dormia a sono solto.

– Fica tranqüila. Do jeito que ele está cansado, não acordará tão cedo. E, quando isso acontecer, certamente já teremos voltado. Além do mais, poderemos de vez em quando dar uma olhada nele. A cozinha é logo ali!

Elise concordou. Afinal, não havia outro jeito. Como poderiam, depois de todos os esforços que tinham empreendido para chegar e começar uma nova vida, recusar-se a trabalhar logo no primeiro dia em que estavam sendo convocados?

Vestiram os trajes. Eram uniformes de criados. Em seguida,

dirigiram-se à cozinha.

– Afinal! – exclamou a gorda mulher, com as mãos na cintura. Depois, olhando-os com ar crítico, comentou:

– Não está mal. Agora, ao trabalho! Precisamos de gente para servir as mesas. – E, virando-se para Elise: – Pega esta bandeja e dirige-te ao salão. Não faças besteiras, nem derrubes comida nos convidados, ouviste? – E tu – voltando-se para Bertrand –, que és jovem e forte, acompanha o criado até as adegas para buscar mais vinho.

Elise estava trêmula, um tanto assustada. Nunca se encontrara numa situação daquelas. Jamais estivera em ambiente tão requintado e nunca havia executado esse tipo de serviço. Todavia, prontamente obedeceu.

Quando entrou no salão, estacou na porta, abobalhada. O recinto era imenso, luxuoso e bem iluminado. Os convidados, sentados em torno de grande mesa comprida, conversavam e riam muito à vontade. Os criados passavam com as bandejas e iam servindo. Sentiu que alguém a empurrava pelas costas:

– Vamos! Avia-te! Não fiques aí parada. Começa pela ponta da mesa, ao fundo.

Virou-se e deu de cara com o arrogante criado que os recebera na chegada.

– *Oui, monsieur.*

Imediatamente, Elise encaminhou-se para o local indicado, oferecendo as iguarias aos convidados. Depois de algum tempo, estava mais serena. Afinal, não era tão difícil assim.

À medida que a bandeja se esvaziava, ou que todos já estavam servidos, ela retornava para a cozinha e pegava outra, preparada com novas iguarias. O movimento era tão intenso que não viu o tempo passar. Somente quando ela e Bertrand foram dispensados, às primeiras horas da madrugada, é que se lembrou do filho que ficara sozinho.

Abriu a porta, temerosa. Com satisfação, encontrou a criança dormindo profundamente. Aliviada, jogou-se na cama, depois de ter tirado o traje novo, e não viu mais nada.

Despertou na manhã seguinte com o sol alto. Jean tinha acordado e andava pelo aposento, olhando tudo e divertindo-se com as novidades.

Vestiu-se e foi até a cozinha buscar leite para o pequeno. Apenas as cozinheiras trabalhavam, preparando a refeição que seria servida mais tarde.

Os hóspedes ainda dormiam, segundo informou Georgette, a cozinheira gorda e rosada, e não se levantariam tão cedo – o que era bom, pois daria tempo aos criados de limparem tudo e tomarem as providências necessárias.

Após fazer a primeira refeição e como poderia dispor de algum tempo até que o conde de Beauvais acordasse e pudesse atendê-los, Elise resolveu fazer uma faxina no aposento. Trabalhou intensamente por algumas horas, até que o homem arrogante e empertigado – que ela descobrira ser Janot, o chefe da criadagem – veio avisar Bertrand de que o dono da casa, apesar de seus múltiplos afazeres, iria recebê-lo na biblioteca por alguns breves minutos.

Bertrand acompanhou Janot, que, durante o trajeto, aproveitava para colocá-lo a par dos hábitos da casa.

– Jamais deves aborrecer o senhor conde de Beauvais com ninharias. Ele é um fidalgo extremamente ocupado e não gosta de ser incomodado. Se tiveres algum problema, procura-me e eu o resolverei.

– Sim.

– Deves fazer-te visível o mínimo possível. O melhor criado é aquele que serve sem ser visto. Somente eu e alguns poucos servidores temos o direito de transitar livremente pela casa – explicou, levantando a cabeça e inflando o peito de orgulho.

Novamente, com humildade, Bertrand respondeu:

– Sim, compreendo. Farei como desejas.

Nesse momento, chegaram diante de uma porta. Bertrand notou

que Janot bateu com delicadeza, perdendo o ar arrogante e afivelando ao rosto uma expressão servil.

– Senhor, aqui está o homem sobre o qual me referi.

O conde, que estava imerso na leitura de um documento, levantou a cabeça.

– Ah, sim. Como é mesmo teu nome, meu rapaz? – perguntou com ar displicente.

Bertrand fez uma mesura, como era de hábito:

– Chamo-me Bertrand, senhor conde.

– Afirmas que eu prometi tomar-te a meu serviço?

– Sim, senhor.

– Lamento, mas não me recordo. Não estarás equivocado, Bertrand? – sugeriu, indiferente.

Corando ao notar que o aristocrata nem sequer se lembrava das promessas que lhe fizera e irritado ao constatar que arrastara a família por longo e exaustivo percurso para atender à vontade de um homem caprichoso e volúvel, o rapaz respondeu, erguendo a fronte, com dignidade:

– Não sou um simples criado, senhor conde, forçando a situação à cata de um emprego. Vou clarear-te as idéias. Sou ferreiro. Certa ocasião, quando tiveste uma roda da tua carruagem quebrada, na estrada próxima de Saint-Étienne, eu te socorri. Ofereceste-me serviço, afirmando que precisavas de meus préstimos, e aqui estou. Atravessei boa parte do território francês acreditando na tua proposta. Por mais de trinta dias viajei com minha família, arrostando perigos e dificuldades, fome e cansaço, para estar aqui hoje. Todavia, não desejo impor-te minha presença. Posso ir embora hoje mesmo.

O senhor de Beauvais a princípio estranhou a forma desusada e arrogante com que aquele rapaz se dirigia a ele. Janot tremia de medo a seu lado, horrorizado com a desfaçatez do recém-chegado. Contudo, à medida que Bertrand falava, o conde foi abrindo a expressão num sorriso:

– Calma, meu rapaz! Mas por que não disseste logo que eras ferreiro? Janot, este imbecil inútil, disse-me apenas que eras mais um criado para o serviço da casa. Peço-te desculpas, sinceramente, Bertrand. Agora me recordo de ti. Sim, temos serviço à tua espera. Aqui por estas bandas não se vê um bom ferreiro em muitas léguas.

E, virando-se para Janot, que se encolhera diante das humilhações desferidas pelo patrão, ordenou:

– Bertrand poderá morar com a família naquela casinha no fundo do parque, perto das cavalariças, onde irá trabalhar. Providencia para que ele se instale convenientemente e cuida para que nada lhe falte.

Janot inclinou-se e saiu para cumprir as ordens recebidas. Bertrand agradeceu ao conde e também saiu, não sem antes ouvir da boca do patrão:

– A propósito, não te preocupes. Estarás diretamente ligado a mim. Sei como é difícil estar sob as ordens de Janot. Ele é eficiente, mas insuportável muitas vezes.

O conde sorriu e Bertrand, que até aquele instante se conservara tenso, também distendeu o semblante num sorriso agradecido.

A situação, de um momento para o outro, clareava, mudando de aspecto. Bertrand, como novo ferreiro da casa, saiu da biblioteca certo de que, pelo jeito, se daria bem com o proprietário. Beauvais agora lhe parecia mais simpático.

Sentia-se aliviado também por não ter que receber ordens do arrogante Janot. No fundo, tinha pena dele. Considerava-o um homem medíocre, de vistas curtas, orgulhoso e cheio de ambição, que toda a vida fora subordinado, e que, agora, por ter conseguido um cargo mais elevado, tinha ânsia de pisotear todos os que lhe estivessem abaixo, para mostrar seu poder, a autoridade de que se achava investido.

Bertrand relatou a Elise como fora a entrevista, e ela rolou no leito de tanto rir, especialmente quando soube o modo como Janot fora tratado pelo conde.

Pouco depois, Janot chegou para levá-los a conhecer a nova moradia. Mostrava-se algo constrangido, temeroso de que o recém-chegado aproveitasse a ocasião para se divertir à sua custa. Ao contrário do que esperava, o novo ferreiro tratou-o normalmente, sem fazer nenhuma menção ao desagradável episódio. Grato por sua discrição, dali por diante Janot passou a tratá-lo com mais cordialidade.

A casa era pequena, mas confortável. Constava de uma sala, dois quartos, cozinha, despensa, além de um cômodo, no fundo, para guardar ferramentas. Tinha um pequeno jardim na frente e, o que era mais importante, estava longe da ala dos criados, e Elise faria sua própria comida.

A moradia estava mobiliada, faltando apenas uma boa limpeza para ganhar melhor aspecto. Entusiasmada, Elise pôs mãos à obra. Deixou o pequeno Jean brincando no gramado, correndo atrás de formigas e de borboletas, e trabalhou sem descanso o resto daquele dia. Bertrand, por sua vez, assumiu suas funções, não lhe faltando serviço.

No final do dia, o marido retornou para casa satisfeito e animado com as novas condições, encontrando-a diferente e com outro aspecto. Estava tudo limpo e arrumado. Na sala, um vaso de flores, que Elise apanhara no jardim, deixava o ambiente alegre e colorido.

Um cheiro bom vinha da cozinha. Janot tinha mandado abastecer a despensa, e ela tinha feito um apetitoso caldo de legumes, assara pão e, após dar banho na criança, esperava o marido para a ceia.

Com esperanças renovadas, comeram aquela refeição simples, mas que tinha o sabor de uma vida nova.

Aquela noite, depois de muito tempo, tiveram sono tranqüilo e reparador.

Reencontro
Capítulo 13

Aos poucos a vida foi tomando um ritmo normal. Adaptaram-se com facilidade às novas condições e Bertrand estava contente. O conde de Beauvais demonstrava-lhe uma deferência especial, procurando-o no seu local de trabalho para conversar e trocar idéias. Para sua surpresa, quando o senhor passeava pelo parque, não raro parava para cumprimentá-lo e até lhe dava a honra de entrar em sua humilde moradia.

Nessas ocasiões, Elise oferecia ao conde um refresco, uma fruta ou mesmo um copo d'água, que ele aceitava com prazer. Às vezes, conforme a ocasião, um pedaço de bolo que acabara de sair do forno ou até um naco de pão assado na hora. O senhor de Beauvais brincava com o pequeno Jean-Maurice, colocando-o nos joelhos e divertindo-se com sua risada cristalina.

Mostrava-se especialmente delicado e atencioso com Elise, tentando descobrir-lhe os menores desejos para os satisfazer.

À dona da casa não passava despercebido o interesse desusado do conde por ela; notava seus olhares, pequenas gentilezas, porém se mantinha um tanto arredia. Bertrand ralhava com a esposa, afirmando que ela deveria tratar bem o senhor, que lhes dispensava tantos favores.

Elise baixava a cabeça e nada dizia, discreta. Tudo ia tão bem na vida deles que não desejava criar problemas para o marido, falando-lhe sobre as exageradas atenções do conde.

Certa ocasião, comentou-se que figuras importantes da corte viriam passar alguns dias na propriedade de Beauvais. Elise foi requisitada para ajudar na arrumação.

No dia aprazado, as carruagens começaram a chegar desde as

primeiras horas da manhã. Dizia-se, à boca pequena, que haveria uma reunião muito importante e que altos personagens do reino estariam presentes.

A curiosidade espalhou-se entre a criadagem. Elise, todavia, procurava não tomar conhecimento. Fora chamada para trabalhar e cumpriria suas obrigações. Era só.

Quando atravessava o parque a caminho da cozinha, ela notou um veículo que chegava. Relanceou os olhos, distraída, e seu coração se agitou. Pelo postigo, entre os ocupantes da carruagem, parecera-lhe ver o perfil tão conhecido de Jean-Claude, barão de Mornay. "Impossível!", raciocinou.

Procurando desviar o pensamento, apressou o passo. Ao chegar à cozinha, ainda sob o impacto da imagem que lembrava alguém que tanto amara, mergulhou no serviço e acabou esquecendo-se completamente do fato.

Antes do almoço, os hóspedes entretinham-se a conversar nos jardins, bebericando um refresco ou um copo de vinho, deliciando-se com uma fruta ou um doce. Transitando entre os visitantes, que em grupos formavam rodinhas, acomodados nos bancos, ou distraíam-se passeando entre as aléias floridas, Elise deparou com um jovem casal. A dama era loira, bonita e arrogante. Quando olhou para o cavalheiro, no entanto, sentiu-se fraquejar. A bandeja escorregou de suas mãos caindo no gramado. Janot, que notou o acontecido, imediatamente correu até Elise para repreendê-la. Contudo, o conde de Beauvais, que falava de política num grupo ali perto, também percebeu o que acontecera, e adiantou-se em seu socorro.

– Não foi nada, Elise. Apóia-te em mim. Estás pálida, quase a desmaiar. Vem! Senta-te aqui neste banco – disse, com voz cariciosa.

Tentando readquirir o equilíbrio, Elise aceitou o oferecimento do conde, que a tirava de uma situação constrangedora. Fechou os olhos, procurando se acalmar. Quando os abriu, deu com a fisionomia preocupada de Beauvais inclinada sobre ela.

– Lamento, *monsieur*, esse incidente. Gostaria de voltar para casa, se o senhor conde me permitir.

– Naturalmente! Levar-te-ei eu mesmo.

– Não, por favor! Não desejo incomodar-te, senhor. Posso ir sozinha. Já estou bem.

– De modo algum! Faço questão de acompanhar-te.

Pediu licença aos convidados que ali estavam acompanhando a cena, surpresos, e ajudou Elise a levantar-se, envolvendo-a com o braço.

– Vem. Apóia-te em mim. Não temas.

Como não poderia recusar tão gentil oferecimento, diante da insistência do conde, e para não parecer rude, a jovem senhora resignou-se. Ao chegar à casinha no fundo do parque, escondida entre as árvores, o conde fez questão de conduzi-la até a porta.

– Agora, fica tranqüila e repousa. Mais tarde mandarei saber notícias tuas.

Ela agradeceu a gentileza do conde e ele despediu-se, para alívio de Elise, que desejava ficar só.

Entregue a si mesma, lágrimas quentes rolaram-lhe pela face. Não podia acreditar que fosse verdade. Aquele rapaz era realmente seu amado Jean-Claude! Como estaria ali? Por certo era amigo do dono da casa.

A vida armara-lhe uma cilada. Jamais esperara encontrá-lo de novo.

No leito, amassando o travesseiro, molhado pelo pranto, pensava. Quem seria aquela jovem tão elegante e bem vestida que a fitara com tanto desprezo? Uma fisgada de ciúme atingiu seu coração. O rosto do antigo namorado surgia-lhe à frente. Ele estava mais belo do que nunca! Teria sentido sua falta?

Fechou os olhos e enxugou as lágrimas. Agora, era inútil pensar nisso. Tinha construído uma vida com Bertrand e havia Jean-Maurice, que era a luz de seus olhos. O passado estava definitivamente enterrado. O melhor era evitar um novo encontro, de conseqüências imprevisíveis. Inventaria uma desculpa qualquer, diria que estava adoentada e não se apresentaria para o serviço. Não pretendia revê-lo. Nunca mais!

No final da tarde, estava na cozinha preparando a refeição quando Bertrand chegou.

– Não deverias estar trabalhando? – indagou, surpreso por vê-la em casa.

– Sim, porém não passei muito bem antes do almoço e o conde François mandou-me repousar.

– Ah!... E agora, como estás? O que aconteceu? – perguntou, preocupado.

– Nada de grave. Apenas um mal-estar passageiro, que não merece maiores cuidados. Já estou bem.

O marido abraçou-a, murmurando a seu ouvido:

– Esse mal-estar é muito suspeito. Quem sabe está vindo aí um novo bebê?

– Não sejas tolo.

Desvencilhou-se dos braços de Bertrand e correu para mexer a caçarola que estava no fogo. Com a colher de pau na mão, respirou profundamente. Sabia da impossibilidade da gravidez, porque sua menstruação tinha terminado poucos dias antes, mas seria muito bom se fosse verdade. Teria outras coisas com que se ocupar.

No dia seguinte, estava cuidando do jardim e brincando com o pequeno Jean-Maurice quando viu um cavalheiro que vinha em direção à sua casa.

O coração bateu-lhe forte. Era o senhor de Mornay.

Ele aproximou-se e, antes que desmontasse do cavalo, ela perguntou:

– O que desejas, *monsieur*?

Jean-Claude escorregou do animal, tranqüilo:

– Ver-te.

– Como descobriste onde moro?

– O conde de Beauvais me contou.

– Como? Tiveste a coragem de lhe perguntar? Queres me comprometer?

– Calma, Elise. Disse ao conde que desejava desculpar-me contigo, uma vez que me sentia responsável pelo incidente ocorrido ontem pela manhã.

– Não percebes que só estás piorando as coisas? Desde quando um aristocrata se desculpa perante uma criada?

– Não te preocupes, Elise. Ele até achou graça, julgando que desejava te seduzir.

Sumamente indignada, ela não conteve a ira:

– *Mon Dieu*! Não entendes que isso é pior ainda? Sou uma mulher casada e não estou disponível. Como te atreves a expor-me dessa forma? Retira-te.

– Não sem antes acertarmos algumas coisas. Perdoa-me, Elise, a maneira como me aproximei de ti, mas não tive outra escolha. Precisava ver-te, falar contigo.

Ele fez uma pausa e, como ela nada dissesse, prosseguiu:

– Quando cheguei, vi uma criança. É teu filho?

– Sim.

Permaneceram calados, um observando o outro, discretamente. Claude não pôde deixar de pensar que aquela criança encantadora poderia ser seu filho. Suspirou.

– Dize o que desejas e vai embora, *monsieur*.

– Tu me deves uma explicação, Elise.

– Para quê? – respondeu ela, melancólica. – Depois de tanto tempo, isso já não tem nenhuma importância.

O rapaz notou o tom de amarga tristeza que lhe transparecia da voz. Não se conteve. Avançou para ela tentando abraçá-la.

– Elise... Elise... Tudo poderia ser diferente hoje. O que aconteceu? O que fizeste das nossas vidas? Por que não foste ao nosso encontro? Não sabes o quanto te esperei e o quanto sofri ao perceber que não virias... Quase enlouqueci de dor e desespero.

Dando um passo atrás, ela levou a mão ao peito, tentando conter a emoção que a dominava e que ameaçava explodir em soluços, ante a lembrança de momentos tão dolorosos. Com firmeza e dignidade, respondeu:

– Não tive culpa. Não fui eu que decidi. Foi o destino. Minha vida está traçada agora. Tenho marido e filho. Nada mais importa. Nada...

Depois, vendo a expressão de incredulidade e estupefação no rosto dele, prosseguiu, com laivos de despeito na voz:

– Também não perdeste tempo. Pelo que vi, estás em excelente companhia. Parabéns pela escolha. É uma bela moça. Tua esposa?

– Noiva. Pretendemos nos casar em breve.

– Ótimo. Então, deixa-nos em paz. Nada mais temos para falar um ao outro.

Jean-Claude ia prosseguir, dizer que, ao contrário, havia muita coisa a ser explicada, mas nesse momento aproximou-se Bertrand, que voltava do serviço.

O visitante inclinou a cabeça levemente, num gesto de despedida, e, montando no cavalo, afastou-se.

Intrigado com a presença do estranho, Bertrand indagou à esposa o que ele queria ali.

– Perguntava pelo caminho que leva ao pavilhão de caça.

– Ah!...

..*

Mais tarde, Janot veio saber da saúde de Elise, a mando do senhor de Beauvais.

– Dize ao senhor conde que estou bem melhor e que agradeço sua atenção.

Janot suspirou.

– Folgo em ver-te recuperada. Estamos precisando de ajuda e

contamos contigo.

– Mas... é o conde que exige minha presença?

– Não. Sou eu que suplico tua cooperação, Elise. Se a festa não sair a contento, o conde não me perdoará.

Diante da atitude agora tão diferente de Janot, Elise acedeu:

– Está bem, Janot. Irei.

– Obrigado. Georgette mandará sua filha Marie tomar conta do pequeno.

Embora contrariada, não podia se recusar ao trabalho, especialmente num dia de grande movimento como aquele. Além do mais, depois de fazer uma profunda reflexão, Elise concluiu que não adiantava fugir do problema. Melhor seria enfrentá-lo.

A Reunião

Capítulo 14

Assim, logo que escureceu, Elise arrumou-se e atravessou o parque rumo à residência. Saudada com satisfação pelas serviçais da cozinha, não perdeu tempo, começando logo a trabalhar.

Recebeu ordens de dirigir-se ao salão, onde estavam reunidos os hóspedes. No meio das pessoas, sem dificuldade localizou o casal Jean-Claude e a noiva; eles pareciam discutir. Ela, elegantíssima num traje lilás com enfeites dourados, abanava-se com um leque. Parecia nervosa. O rapaz falava-lhe em tom discreto, com firmeza e severidade.

Nesse momento, Elise passava com a bandeja num grupo próximo. A jovem aristocrata, ao vê-la, chamou-a com rispidez.

A criada aproximou-se, cortesmente:

– Desejas alguma coisa, *mademoiselle*?

– Certamente, caso contrário não iria dar-me o trabalho de chamar-te. Serve-me vinho! – respondeu com arrogância e desprezo, abanando-se com o leque.

– Sim, *mademoiselle*.

Elise apresentou-lhe um copo com a bebida. Nesse momento, com expressão enigmática, Hélène bate o braço na bandeja, que foi ao chão.

Imediatamente, a noiva de Jean-Claude pulou da cadeira, despejando sobre Elise toda a sua ira:

– Estouvada! Vê o que fizeste! Como pode o senhor de Beauvais ter criados tão incapazes? É a segunda vez que derrubas uma bandeja sobre mim!

– Perdoa-me, *mademoiselle*. Não tive culpa... – gaguejou Elise, rubra de vergonha.

Jean-Claude, que acompanhava a cena, ficou estupefato:

– Hélène, com efeito! Foste tu que bateste o braço na bandeja. A moça não teve culpa!

Lançando ao noivo um olhar furibundo, ela respondeu, em tom mais baixo, mas ainda assim audível:

– Sempre defendendo essa criadinha. Nega agora que ela te atrai. Ontem pela manhã foi a mesma coisa!

Irritado com a atitude da noiva, de Mornay ordenou:

– Cala-te! Já foste longe demais!

Janot, a quem nada escapava, percebera a ocorrência e rapidamente, com sinal quase imperceptível, tinha providenciado alguém para limpar o tapete. Depois, correu para junto do casal, fazendo uma reverência.

– *Mademoiselle*, queira perdoar esse desagradável incidente. Aqui está outro copo de vinho. Espero que o aprecies. É de excelente safra.

E, virando-se para Elise, que permanecia como que chumbada ao solo, recomendou em voz baixa:

– Vai para a cozinha.

Nesse momento, enquanto a criada se retirava do salão e Hélène se recompunha, os homens foram chamados para palestrar em outra sala, mais íntima, que fazia as vezes de biblioteca e escritório do anfitrião.

Jean-Claude, irritado e descontente, gostaria de prosseguir no entendimento com a noiva, mas se viu obrigado a se retirar na companhia dos cavalheiros. No salão permaneceram apenas as damas, entregues aos jogos, às conversas fúteis e às intrigas sobre as últimas novidades da corte. Não passara despercebido às demais senhoras a altercação entre os noivos, nem a perplexidade da criada.

– Ela me paga! – dizia Hélène numa roda de amigas. – Desde que aqui chegamos, Jean-Claude só tem olhos para essa criadinha.

Uma dama bem-posta, de cabelos brancos e sorriso afável,

ponderou:

– Acalma-te, *ma chèrie*. Não será impressão tua? Pelo que conheço do senhor de Mornay, ele não trocaria uma jovem, pertencente a uma das melhores famílias do reino, por uma reles criada. Não estarás vendo perigo onde não existe?

Contendo a raiva, Hélène respondeu:

– Não creio, cara condessa. Aprendi a conhecer as reações de meu noivo e, acredita-me, neste caso elas são bem suspeitas.

Uma jovem, intrigante e zombeteira, acrescentou com sorriso malicioso:

– Ignoro se as suspeitas de Hélène têm fundamento; contudo, a bela criadinha atraiu as atenções de muitos homens, segundo pude notar.

– Ora, Beatrice, ela é apenas uma pobre rapariga do povo! – contestou outra dama.

– Encantadora, por sinal. Não concordais comigo?

A noiva de Jean-Claude virou-se para aquela que falara, sentindo o sangue agitar-se nas veias.

– Achas mesmo isso, Beatrice?

– Sem dúvida. É uma bela moça.

– Curioso... Tenho a impressão de que dizes isso apenas para me aborrecer.

– Claro que não! Por que faria tal coisa, querida Hélène?

– Porque tens prazer em alfinetar as pessoas – acrescentou uma senhora de cabelos negros, pele excessivamente branca, olhos pequenos e apertados, com ar displicente.

– Apenas digo a verdade, produto pouco utilizado na corte, minha senhora... – defendeu-se a outra.

– És uma víbora!

– Talvez, querida duquesa, mas conservo os olhos bem abertos. Por que será que estás tão irritada? Talvez por ter percebido que teu marido, o duque, também não tirou os olhos da rapariga?

– Ora, cala-te! Não sabes o que dizes. Tenho absoluta confiança em meu marido.

Aborrecida, a duquesa levantou-se e foi para outro grupo. As demais mudaram de assunto, agora conversando sobre uma nova intriga amorosa que se espalhava pelos corredores do Louvre.

Calada, remoendo-se de ciúme, Hélène sentia a dúvida crescer em seu íntimo.

– Ela me paga. Ninguém desafia impunemente a família de Vancour! – resmungou entre dentes.

No ambiente familiar da cozinha, entre o calor do fogo e o cheiro penetrante das comidas, Elise se recompunha do desagradável episódio. Deixou que lágrimas amargas lhe rolassem pela face sem se preocupar em contê-las. Sentira-se morrer de vergonha perante os convidados; mais ainda, diante do ex-namorado. Aquela mulher fizera de propósito. Desejara humilhá-la e o conseguira.

A cena voltava-lhe à mente repetidas vezes. Revia o olhar perplexo de Jean-Claude, que, entre ela e a noiva, tomara seu partido. Elise tinha percebido, observando discretamente, um pouco antes do lamentável incidente, o olhar de despeito que Hélène lhe lançara enquanto transitava entre os hóspedes. Ela estava enciumada! Mas, por quê? Acaso teria ele confessado à atual noiva o antigo relacionamento com ela, Elise? Se ele fizera isso, jamais lha perdoaria. O que houve entre eles, algo de muito secreto, muito íntimo, só interessava a ambos.

Janot entrou na cozinha e, interrompendo seus pensamentos, pediu:

– Lamento, Elise, mas precisamos de ti.

– Ainda confias em mim, apesar de tudo?

– Sem dúvida. Vi quando aquela víbora provocou o incidente. Foi de propósito! Não tiveste culpa. Fica tranqüila. Vai servir na biblioteca. Lá, provavelmente, não terás problemas.

Enxugando os olhos, Elise levantou a cabeça:

– Tens razão, Janot. Não tenho motivos para ficar escondida aqui. Se aquela mulher pensa que me abateu, está muito enganada. Dá-me a bandeja, Georgette.

Ajeitou a roupa, passou a mão pelos cabelos e, de fronte erguida, deixou a cozinha, sob os aplausos das serviçais. Atravessou o salão onde estavam as senhoras e parou defronte da porta da biblioteca. Ao ver a rival diante da porta onde estavam reunidos os cavalheiros, Hélène remoeu-se de cólera, amarfanhando o lencinho perfumado, porém nada podia fazer.

Elise bateu de leve na porta e entrou. Os cavalheiros traziam a expressão carregada, como se estivessem no meio de uma discussão de suma importância. Ela não os conhecia, mas, pelo luxo e pelo aprumo, julgou que ali estariam as pessoas mais expressivas do reino.

Tirando o charuto da boca e soltando uma baforada, um cavalheiro muito bem-posto considerou:

– Como pudestes perceber, o momento é extremamente grave e esta é a ocasião certa para impormos nossas idéias. O partido cresce sem cessar e, a cada hora, nos fortalecemos ainda mais. O almirante Coligny poderá nos explicar melhor a situação.

Interessada, Elise passou a prestar atenção na conversa enquanto servia os hóspedes. Aquele que fora nomeado e de quem ela nunca ouvira falar, tomou a palavra. Era um senhor magro, de olhos vivos e perscrutadores, barbicha bem tratada terminando em ponta e fisionomia enérgica.

– Sim, meus amigos, é necessário tomarmos posição. Os líderes do partido católico nos hostilizam a cada passo, discretamente, pois sabem que o rei é favorável à nossa causa.

– O rei?!... – A surpresa dominou a todos e a exclamação surgiu, espontânea.

– Sim. Por Sua Majestade respondo eu. Como não ignorais, fui preceptor do rei e exerço grande ascendência sobre nosso soberano, Carlos IX. Considera-me como a um pai.

– Todavia – aduziu alguém –, não podemos subestimar o poderio dos de Guise. A rainha-mãe está decididamente ao lado do duque de Guise, e sabeis como ela é perigosa... – concluiu baixando a voz, como se temesse ser ouvido.

– Ora, o que Catarina de Médicis poderá fazer? Seu poder se acha em pleno declínio e, com ele, todo o partido católico! – acentuou Coligny.

– Pois eu não teria tanta certeza... – considerou outro. – Estás sendo excessivamente otimista, caro almirante. Eles ainda são muito poderosos e a Igreja trabalha nas sombras, como tem feito há séculos. Não temos exemplos de sobejo que nos sirvam de lição?

Nesse ponto, tomando a palavra, o anfitrião acrescentou:

– Ânimo, meus caros amigos! Os tempos são outros e nada devemos temer. O casamento de Margarida de Valois com o príncipe de Navarra, um protestante, cujo contrato acaba de ser selado, resolverá todos os problemas. Esse é um acontecimento histórico que bem demonstra a benevolência de Carlos IX e seu desejo de conciliação.

Elise estava estupefata. Realizava-se ali, naquele momento, uma reunião dos huguenotes, e ela percebia que a situação era de temor e insegurança.

Após uma pausa, de Beauvais prosseguiu:

– Entretanto, se apelarem para a força, seremos obrigados a nos defender. Urge conseguirmos recursos para a plena concretização de nossos planos.

– Isso não será problema. Tudo está resolvido. Henrique de Navarra se dispõe a colaborar conosco e se compromete a nos remeter expressiva soma – acrescentou o senhor de Condé, arrematando: – desde que seu nome não seja revelado, naturalmente.

– Exato! – confirmou o almirante de Coligny. – Todavia, antes de tomarmos qualquer decisão, é preciso saber com quem podemos contar. Necessário obtermos, neste momento, o compromisso de adesão de todos. Compreendei, cavalheiros: precisamos saber em que terreno estamos pisando.

O silêncio se fez por alguns segundos. Todos estavam pensativos. Coligny passou um olhar pela sala, fitando cada um em particular, e depois concluiu:

– Aqueles dentre vós que não quiserem se comprometer com a nossa causa serão respeitados. Poderão sair desta sala do mesmo jeito que entraram. E agora um pedido a todos: mantende absoluto segredo sobre o que aqui foi tratado. Confiamos plenamente na vossa palavra de nobres cavalheiros e na vossa honra de fidalgos.

Respirando fundo, o primeiro a falar foi o conde de Vancour:

– Bem, do jeito como estão as coisas, não vejo alternativa senão aderir ao movimento. Mesmo porque meu relacionamento com Catarina não é dos melhores, como sabeis. Por ser parente do príncipe de Condé, aqui presente, um dos líderes do partido protestante, já estou sendo visado pela nossa soberana, que não me perdoa, mesmo sem saber que já faço parte do movimento. Além disso, tenho esperanças de que, com a mudança do poder para outras mãos, minha situação financeira, um tanto abalada, melhore. Assim, definitivamente, coloco-me ao dispor do partido protestante, e que Deus nos ajude!

Os demais concordaram com um gesto de cabeça. O barão de Mornay, pai de Jean-Claude, pigarreou e, por sua vez, começou a falar:

– Sempre tive uma certa atração pelo protestantismo, por isso, creio que é chegada a hora de tomar posição. Basta de maldades. O tempo de Catarina acabou. Precisamos de mudanças. Pela minha honra, selo o meu compromisso de adesão e coloco meus bens e a família de Mornay a serviço da causa.

Nesse instante, Elise levantou a cabeça, assustada, ao perceber que aquele senhor que acabara de falar era o pai de Jean-Claude, e seus olhos se encontraram com os do anfitrião. Com delicadeza, o conde de Beauvais ordenou-lhe que deixasse a bandeja e se retirasse. Eles mesmos se serviriam.

Inclinando-se numa mesura, ela saiu fechando a porta atrás de si. Estava curiosa para ouvir o resto da conversa, mas agora era impossível.

Voltou à cozinha e ali permaneceu, aguardando novas ordens. Após algum tempo, as senhoras se recolheram e, como o movimento tivesse diminuído, Georgette dispensou-a.

Cansada, física e emocionalmente, Elise retornou à sua casinha no fundo do parque. Estava aliviada. Na manhã seguinte, os hóspedes iriam embora e tudo voltaria ao ritmo normal.

O Cerco se Fecha

Capítulo 15

Recolhida ao leito, apesar do cansaço Elise não conseguia conciliar o sono. As imagens do dia desfilavam em sua mente sem conceder-lhe a paz desejada.

Revia os dois encontros que tivera com Jean-Claude e Hélène, ambos de conseqüências sumamente desagradáveis. Uma mágoa doída instalou-se em seu íntimo. Reconhecia que *mademoiselle* de Vancour lhe era em tudo superior, e um misto de raiva e de ciúme passou a dominá-la. O antigo namorado, num confronto, certamente preferiria a aristocrática noiva. De descendência nobre, elegante, bem-educada, sabendo comportar-se em qualquer salão da corte, Hélène só poderia levar a melhor.

No entanto, apesar dos íntimos e tumultuados sentimentos, Jean-Claude e a noiva não representavam sua maior preocupação. Revolvendo-se no leito, insone, Elise via passar pela tela da memória a reunião a portas fechadas na biblioteca.

Sem saber o porquê, aquela conversa, as figuras masculinas ali presentes não lhe saíam da cabeça. Experimentava intenso mal-estar, sentia-se angustiada e tensa, com a sensação de perigo, como se algo de extrema gravidade fosse acontecer.

Revia a imagem de Jean-Claude, circunspecto. Durante o tempo em que estivera na sala, ele permanecera calado, acompanhando os diálogos com cenho carregado, a denotar grande apreensão.

"Então, ele também é huguenote? Todos os presentes são huguenotes?", pensava ela, inquieta. "O conde de Beauvais se referiu muito claramente ao perigo de uma luta armada".

Seu coração estava apertado e dolorido. Parecia-lhe que sombras se adensavam em torno de todos e vagas sensações de uma desgraça iminente continuavam a dominá-la, aumentando-lhe a angústia e o mal-estar. A contragosto, teve que admitir que temia por aquele a quem nunca deixara de amar. Ao revê-lo, depois de tanto tempo, percebeu que aquele sentimento, que julgara sepultado nas cinzas, ressurgira com força total, atingindo-lhe as fibras mais profundas.

Na manhã seguinte, Elise acordou indisposta e cansada. O corpo todo lhe doía e a cabeça parecia-lhe apertada por tenazes em brasa.

Levantou-se com dificuldade e foi cuidar dos afazeres. À distância, viu os hóspedes que partiam. Respirou aliviada. Dentro em pouco, tudo voltaria ao normal e os pensamentos negativos que tivera durante a noite desapareceriam como a bruma que se dilui ao cálido sol da manhã.

.. *

Três dias depois, após o trabalho, Bertrand chegou em casa, eufórico.

– Imagina, *ma chèrie*, que fui convidado pelo conde para ir à vila hoje à noite. Essa é uma honra que não posso declinar.

– Por que razão o senhor de Beauvais te faria esse convite? – indagou, intrigada.

– Ignoro. Mas logo ficarei sabendo. Tira minha melhor roupa do baú. Tenho que estar apresentável.

Elise sentiu um aperto no coração. No entanto, em vista da satisfação do marido, calou-se.

Bertrand arrumou-se o melhor que pôde. Na hora aprazada, dirigiu-se à vila. Na sala em que Janot o introduziu, alguns outros serviçais também se faziam presentes. Sete cadeiras tinham sido colocadas em círculo e quase todas já estavam ocupadas. Ele sentou-se, algo decepcionado. Na verdade, não contava deparar com outros convidados. Ninguém comentara o assunto e, muito cheio de si, acreditara que a honra seria só dele. Agora via que, infelizmente, era apenas mais um.

Não teve tempo, porém, para amargar sua decepção. O conde entrou na sala. Vinha eufórico e bastante animado. Dirigiu-se aos criados com familiaridade:

– Todos vós aqui presentes fazeis parte da nossa casa; há longo tempo prestais serviços à família. Em virtude disso, sois credores da nossa total confiança. Considero-vos fiéis e dedicados. Com exceção de Bertrand, chegado há pouco, mas que aprendi a conhecer e admirar pelo seu trabalho, os demais são nossos velhos conhecidos.

Os criados sorriram, satisfeitos e honrados com as palavras do patrão. Beauvais pigarreou e, cofiando o bigode, prosseguiu:

– Estamos para entrar numa fase difícil, em que se exigirá muito de cada um de nós. Contudo, grande será a recompensa, se vencermos.

Um homem alto e forte, aparência grosseira, fisionomia séria, barba cerrada e olhos de fogo, falou com a aprovação dos demais:

– Podes contar conosco, senhor conde. Estamos à tua disposição.

Abrindo o rosto num sorriso leve e satisfeito, Beauvais continuou:

– Muito bem, Emil. Sempre soube que podia contar convosco. Então, vamos direto ao assunto. Vou explicar-vos como está a situação. Na atualidade, existem dois partidos cujas idéias são absolutamente opostas. Um, o partido católico, que tem muita força e cujo poder tem causado danos terríveis às populações, através do tempo. O outro, o partido protestante, que busca conter os abusos da Igreja. No momento, está em ligeira desvantagem, mas cresce a olhos vistos.

Fez uma pausa, observando a reação dos presentes. Notando a estranheza de alguns, prosseguiu:

– Mais do que grupos religiosos, constituem partidos políticos. Se nos fortalecermos e ganharmos a luta, nada nos deterá. Expulsaremos os católicos e teremos todo o poder nas mãos. Todos vós sereis ricos e ocupareis boas posições na corte. Nossos chefes saberão ser generosos com aqueles que cooperarem, asseguro-vos.

Os camponeses, que tradicionalmente não tinham perspectivas

de melhoria de vida, exultaram. Bertrand, que era católico, ainda hesitava. Ele nada sabia sobre os huguenotes e, como católico, o era apenas por tradição, sem jamais ter analisado as questões religiosas. Contudo, o apelo ao poder e ao dinheiro fez com que aderisse ao movimento.

Beauvais continuou, explicando as bases do pensamento protestante e respondendo às perguntas e dúvidas dos presentes.

Ao término da reunião, o conde observou:

– Naturalmente, deveis compreender que o sucesso do movimento está no segredo das nossas operações. Então, nada comenteis com ninguém a respeito do que aqui foi tratado. Com ninguém, entendestes? Caso contrário, vossas cabeças – e a minha – correm perigo.

Para finalizar, o conde mandou que Janot servisse vinho, acompanhado de carne fria, queijos, salsichas e pães.

Era tarde quando se separaram, retornando para suas casas.

Elise, apesar do adiantado da hora, esperava, acordada, o marido. Estava curiosa para saber o motivo do convite. Retirando as botas, Bertrand respondeu, indiferente:

– Apenas ordens de serviço. O senhor conde deseja implantar algumas mudanças na propriedade. Nada mais.

– No entanto, andaste bebendo.

– É verdade. No final, o conde serviu vinho. Ah, que licor dos deuses! Jamais provei algo semelhante. Mas, vamos dormir, mulher. Já é tarde e temos que levantar cedo amanhã.

Elise tinha sérias dúvidas sobre a veracidade do que ele tinha dito, mas não fez nenhum comentário. Sem saber o porquê, vinha-lhe à mente a reunião que tinha presenciado alguns dias antes na biblioteca. Novamente o coração se lhe confrangeu.

Dois dias depois, enquanto Bertrand estava trabalhando, Beauvais foi até a casinha no fundo do parque. Elise estava varrendo o chão da sala quando ele chegou. Foi entrando, sem cerimônias, a dizer:

– Ah, que lindo dia este! Saí para caminhar e, no meio do trajeto, senti sede. Poderias servir-me um copo d'água, por gentileza?

Elise curvou-se ligeiramente e dirigiu-se à cozinha, voltando em seguida com um jarro de água límpida e uma caneca.

O conde sentou e ficou brincando com Maurice. Elise apresentou-lhe a caneca cheia, que ele ingeriu com prazer. Depois, ele retirou um lencinho perfumado da algibeira e enxugou o suor da fronte.

– A temperatura está elevada hoje. Se não te for incômodo, gostaria de repousar por alguns minutos nesta agradável sala.

– É uma honra, *monsieur*, tua presença em nossa casa. Fica à vontade.

Elise afastou-se um pouco e manteve-se de pé, aguardando.

O conde calou-se por alguns instantes, como que escolhendo as palavras. Depois, ajeitando-se melhor na cadeira, indagou:

– Fala-me de tua vida, Elise. Nada sei a teu respeito.

– Nada há de interessante para contar, senhor.

– Ah! As mulheres... sempre misteriosas! Julgo que é nisso que reside parte dos seus encantos. Mas, vamos lá! Satisfaze-me a curiosidade. Como chegaste a te casar com Bertrand? Sois tão diferentes um do outro!

A pergunta fez com que Elise recuasse no tempo, lembrando-se do passado. Os fatos que haviam antecedido seu casamento vieram à tona com força total, e com eles o sofrimento. Esforçou-se para manter a emoção sob controle.

– Foi uma escolha de meus pais, senhor – respondeu com certa amargura.

– Ah!... então não o amavas?

– Não, senhor, mas aprendi a conhecê-lo e estimá-lo.

Olhando-a dos pés à cabeça, Beauvais considerou:

– Agora entendo.

– O quê, senhor?

– Porque uma jovem rapariga tão bela está unida a um homem

que lhe é visivelmente inferior.

Ante essas palavras, Elise mostrou-se aborrecida:

– Apesar de seres o dono de tudo por aqui, senhor conde, isso não te dá o direito de tecer comentários sobre minha vida particular.

Beauvais ergueu-se, com expressão compungida, mudando de comportamento:

– Lamento muito, Elise, não tive a intenção de ofender-te. Todavia, tua beleza, tua elegância e tua delicadeza de gestos denotam alguém de categoria. Nos salões da corte, farias enorme sucesso.

Ele falava com tamanha convicção e aparente sinceridade que Elise levantou a cabeça, olhando-o com mais atenção.

– O conde acha mesmo isso?

– Sem dúvida. Conheço as damas da nobreza e, afirmo-te, nenhuma delas chega-te aos pés.

A dona da casa sorriu, lisonjeada.

– Mesmo não sendo verdade, agradeço-te as gentis palavras. Sou apenas uma camponesa, senhor, mas, como toda mulher, sensível a elogios.

Beauvais tomou-lhe a mão, depositando um ósculo respeitoso.

– Acredita, minha bela Elise, o que te disse é a mais pura verdade.

Embora contra a vontade, ela deixou-se envolver pelo fascínio do experimentado sedutor, que soubera lhe despertar a vaidade.

E, antes de sair, ele completou:

– Coloco-me a teus pés, Elise, com admiração e respeito. Nada mais desejo que ser um humilde escravo à tua disposição.

Com essas palavras despediu-se, deixando Elise nas nuvens.

Cai a Máscara

Capítulo 16

As visitas do conde de Beauvais à casa do ferreiro Bertrand tornaram-se mais freqüentes. Raramente, porém, o senhor chegava num horário em que o chefe da pequena família estivesse presente. Quando isso acontecia, Bertrand desmanchava-se em gentilezas e, após servir um refresco ou um copo de vinho acompanhado de frutas, ficavam até altas horas da noite conversando.

Elise notava que existia um elo maior entre eles, uma certa cumplicidade que ela não conseguia decifrar. Inúmeras vezes, o esposo saía à noite para reuniões, das quais ela não participava e sobre as quais ele mantinha segredo.

Quando não, Beauvais surgia inesperadamente durante a tarde, trazendo-lhe presentes: roupas, óleos aromáticos, enfeites e toda a série de mimos que sempre agradam às mulheres de todas as épocas. Elise relutava em recebê-los, mas o conde fazia ares de ofendido e ela acabava concordando em aceitá-los.

Como essa situação a incomodasse, constrangendo-a, resolveu levar o problema ao conhecimento do marido. Para sua surpresa, a atitude de Bertrand foi absolutamente diferente daquela que esperava de um marido cioso. Ele apenas ouviu e depois respondeu, com displicência:

– Ora, minha querida Elise, o conde é nosso amigo e entre as pessoas da nobreza esse procedimento é encarado com naturalidade. Ele tenta ser gentil e agradável. Apenas isso.

Elise suspirou e calou-se, abstendo-se, em outras oportunidades, de incomodar o esposo com essas "bobagens".

Certa ocasião, Beauvais chegou de repente. Elise acabara de

voltar de um passeio pelo campo e começava a ajeitar num vaso as flores recém-colhidas. Rosto corado, alegre, ela virou-se ao ouvir passos, deparando com o conde, já bem próximo. Com expressão alterada, admoestou-o:

– Assustaste-me, senhor conde.

Sem parecer notar seu ar agastado, ele exclamou:

– Ah, como és bela, *ma chèrie*! Assim, com os cabelos soltos, sobraçando esse tufo de flores, pareces a imagem de uma deusa.

Assim dizendo, afoito, ele agarrou-a, tentando beijá-la.

– Não sabes como tenho me controlado, Elise. Eu te amo. Quero-te para mim.

Perplexa, arfando, a jovem senhora afinal conseguiu ensaiar uma reação:

– Contém-te, senhor! Nunca te dei o direito de...

– Minha Elise, não me rejeites! Aceita o meu amor. Sinto-me abrasado pela paixão.

Reunindo suas forças, ela conseguiu soltar-se daquele abraço, empurrando o conde, que caiu estatelado no chão. Se a situação não fosse tão séria, Elise teria dado uma gargalhada. Ele estava ridículo: os olhos injetados de sangue, ar de fauno, a cabeleira despenteada e numa posição extremamente desajeitada. Em vez disso, ordenou, enérgica:

– Sai, senhor, da minha casa! Não tens o direito de conspurcar minha honra! E não voltes mais aqui! Meu marido ficará sabendo que tipo de pessoa é o senhor, capaz de abusar de uma mulher indefesa!

Com os olhos a lançar faíscas de ódio, a respiração ainda ofegante, Beauvais levantou-se, ameaçador:

– Com quem pensas que estás falando? Primeiro, aceitaste meu jogo de sedução e agora me repeles? Esqueces quem manda aqui? Eu sou o dono de tudo isto e vós estais nas minhas mãos. Portanto, não te atrevas a contar a ninguém o que aconteceu aqui hoje, ou te arrependerás amargamente. Será minha palavra contra a tua, não te esqueças.

Assim dizendo, ajeitou a cabeleira, apanhou o chapéu e se retirou, de cabeça erguida.

Ao ficar só, Elise entregou-se ao desespero. Apoiou-se na mesa para não cair, em soluços convulsivos. Em terrível crise nervosa, tremia dos pés à cabeça. Escorregou numa cadeira e ali ficou, largada, por horas. Só saiu do torpor ao ouvir o choro do filho, que acabava de acordar. Em sua mente, porém, as cenas se repetiam ininterruptamente. Precisava colocar em ordem os pensamentos, resolver o que fazer, mas não conseguia concatenar as idéias.

A situação, dali em diante, ficaria insustentável. Como cruzar novamente com o conde? Qual seria a reação dele? E quanto ao marido? O coração lhe dizia que deveria colocar Bertrand a par do problema que estava vivendo, entretanto a razão segredava-lhe que era melhor se calar. Beauvais deixara uma clara ameaça no ar. Afirmara, com todas as letras, que ela e Bertrand estavam nas mãos dele. E, ainda mais, dissera que seria a palavra dela contra a dele. Em qualquer confronto, com toda a certeza ela levaria sempre a pior. Afinal, ele era um homem poderoso, e ela, apenas uma criada.

Passando as mãos pelos cabelos em desalinho, ela pensava: "O que fazer? Como agir? Não tenho dúvidas de que o conde será capaz de qualquer coisa. Ao ser rejeitado, caiu-lhe a máscara de gentil-homem, deixando à mostra uma criatura que eu não conhecia: cruel, arrogante e vingativa. Não, por certo não aceitará ver assim frustradas suas intenções".

Intimamente Elise se culpava. Ficara lisonjeada, sim, com as atenções do conde; fora ingênua – lamentava-se. "Por que deixei que ele fosse tão longe? Se tivesse, logo no início, cortado suas gentilezas, repelindo seus agrados, tudo seria mais fácil. Mas agora..."

Ao chegar, no final da tarde, Bertrand encontrou-a estirada no leito, com terrível dor de cabeça.

– Perdoa-me, Bertrand, não preparei o jantar.

– Não tem importância. Há leite, pão, mel, queijo e frutas. É o suficiente. Vem com o papai, Jean, deixa a mamãe descansar.

– Obrigada, Bertrand. Algumas horas de sono é tudo o que preciso. Amanhã estarei bem.

Elise, todavia, revirou-se na cama a noite toda. Na manhã seguinte, ao levantar-se, febril e indisposta, novo golpe. Bertrand, eufórico, disse-lhe:

– Vamos realizar tudo o que sonhamos, Elise. Nossa vida vai melhorar ainda mais.

– O que houve?

– O conde precisa voltar para Paris e exige nossa presença. Iremos juntos.

– Mas, Bertrand...

– E tenho mais uma novidade: o conde vai precisar de servidores fiéis e dedicados, e autorizou-me a escrever a teu pai para que venha ter conosco.

Elise caiu numa cadeira, desalentada e perplexa. Julgando que era de satisfação, Bertrand afirmou, com largo sorriso:

– Não disse que a surpresa era boa? Sabia que ficarias feliz em ter teus pais morando por perto. Agora mesmo vou redigir a carta, que mandarei o quanto antes.

Incapaz de dizer uma palavra que fosse, Elise sentiu os olhos rasos d'água. Aquele homem, astuto como uma raposa, agira antes dela.

– Quando foi que tu e o conde conversastes?

– Ontem, de tardezinha. Pouco antes de deixar o serviço.

– Ah!...

– Vim ansioso para te informar das últimas decisões, mas estavas com dor de cabeça...

– É verdade.

– Não é uma boa notícia?

– Sem dúvida... – respondeu ela, sem grande entusiasmo.

– Sei, *chèrie*, que gostas daqui, da nossa casinha, dos nossos amigos. Contudo, lá em Paris, também encontraremos boas pessoas e instalações adequadas. Além disso, não te alegra viver na corte?

– Certamente.

– Bem, agora preciso ir trabalhar.

Antes que ele saísse, ela perguntou, com um nó na garganta:

– Quando partiremos?

– Não sei, mas o senhor de Beauvais tem certa pressa.

Bertrand se despediu, beijou o filho e já estava no jardim quando Elise o alcançou:

– Bertrand, achas mesmo que será bom irmos para Paris?

A princípio, ele pareceu não ter entendido. Depois, apertando os olhos, como sempre fazia quando estava irritado, demonstrou surpresa e uma certa contrariedade:

– Como? Ainda tens dúvidas? Mas se é tudo com que sempre sonhamos!

Percebendo que não adiantava discutir com ele, Elise murmurou:

– Tens razão.

– O que está havendo contigo, Elise? Noto-te estranha, abatida...

– Nada. Estou bem. Vai trabalhar tranqüilo.

Entrando em casa, Elise não conseguiu mais conter as lágrimas. Sentia-se perdida, desnorteada, confusa. Talvez a presença dos pais lhe fizesse bem. Pelo menos inibiria futuros avanços do senhor de Beauvais.

Passou o dia todo tensa, preocupada, esperando ver o conde entrar pela porta a qualquer momento. Todavia, ele não apareceu. Nem no dia seguinte, nem no outro.

Aos poucos, Elise foi se tranqüilizando. Quem sabe sua enérgica postura tivesse convencido o conde da inutilidade de tentar conquistá-la!

Uma semana depois, no final da tarde, Beauvais chegou com Bertrand!

– Elise, o senhor conde nos dará a honra de cear conosco. Coloca mais um prato à mesa.

O coração de Elise disparou. No entanto, o senhor de Beauvais agiu naturalmente, como se nada tivesse acontecido.

Sentaram-se à mesa e o convidado portou-se com galanteria e delicadeza, elogiando os pratos.

– Este guisado de carneiro está uma delícia, Elise. Dou-te os parabéns.

Ela inclinou a cabeça levemente, em agradecimento, sem dizer uma palavra.

Terminaram a refeição e, enquanto Elise se dirigia para a cozinha, os homens ficaram conversando e bebericando vinho, sentados na pequena varanda na frente da casa. O céu coloria-se de tons avermelhados, prenunciando a noite. A temperatura era amena e uma brisa suave trazia o perfume das flores.

De onde estava, Elise não conseguia ouvir o que eles diziam. O coração batia-lhe forte no peito, sentia-se angustiada e insegura. A presença daquele homem ali, no seu lar, parecia-lhe uma provocação. Mais do que isso: uma ameaça.

Era bem tarde quando o conde se despediu. Elise já tinha se recolhido.

* * *

Dez dias depois, ultimavam os preparativos para a mudança. Necessitando falar com o marido, Elise dirigiu-se até seu local de trabalho. Entrou e parou, estarrecida, ao ver o serviço que ele executava.

– Para que tantas armas?

O grande barracão achava-se repleto de vários tipos de armas. O calor era intenso. Na fornalha, o fogo lançava chamas, na bigorna, o barulho do malho sobre o metal vermelho propagava-se ininterruptamente. Bertrand, com o peito inflado de orgulho, pegou nas mãos uma das espadas, admirando seu trabalho:

– Não é bela? Foi feita com o melhor metal. Não existem outras que se possam comparar a estas em resistência e durabilidade, e me orgulho disso.

Nesse momento, Elise olhou para o marido e deu um grito. Não ouvia mais o que ele dizia, nem via seu rosto. No lugar dele, via um homem sem cabeça, todo coberto de sangue.

Ficou extremamente assustada. Quando Bertrand perguntou a razão do seu grito e do pavor que ela demonstrara, já tinha sumido a visão e tudo estava normal.

– Não foi nada – disse ela. – Assustei-me porque não gosto de armas. Por que nunca me contaste?

Ele deu de ombros:

– Não havia motivo para contar. É um serviço como qualquer outro.

– Pensei que passasses o dia cuidando dos cavalos ou consertando as carruagens... – afirmou ela, com amargura.

– Ora, *ma chèrie*, se assim fosse, não teria o que fazer a maior parte do tempo! Enfim, sou empregado e cumpro ordens do senhor.

Ela permaneceu calada e Bertrand aproveitou para mudar de assunto:

– Mas, o que te trouxe aqui?

Elise retirou um envelope do bolso da saia, entregando-o ao esposo:

– Chegou um portador trazendo carta de meu pai.

Ansioso, Bertrand quebrou o lacre e seu rosto abriu-se num sorriso:

– Henri aceitou a oferta de trabalho e eles irão se encontrar conosco em Paris. Ótima notícia!

Apesar de tudo, Elise ficou feliz com a oportunidade de rever os pais, e voltou para casa. A cena que presenciara, porém, não lhe saía da mente. O homem que vira sem cabeça era Bertrand, disso não tinha dúvida. O que eles estariam tramando? O que tencionavam fazer com tantas armas?

A tranqüilidade do marido, entretanto, acalmou-a um pouco. Logo estariam em Paris, onde seus genitores iriam se juntar a eles. O que poderia sair errado? Tudo estava bem!

Dois dias depois, partiram com destino à capital. Levaram apenas as roupas e os objetos de uso pessoal, conforme as ordens recebidas. Em Paris, encontrariam tudo o que iriam precisar.

Na Corte
Capítulo 17

Anoitecia quando chegaram à capital. Elise estava encantada. A febricitante cidade era diferente de tudo o que ela tinha visto até aquele dia. Paris, já naquela época, era uma grande cidade, com intenso movimento de pessoas e carruagens por todos os lados. As grandes construções, os monumentos, os palácios, com seus jardins bem cuidados, tudo era belo e inusitado.

Não demorou muito e as carruagens pararam diante de um grande portão de ferro. O guarda o abriu e rodaram por uma alameda calçada de pedras e que contornava um jardim. Logo elas estacionaram à porta de entrada.

Elise ficou abismada com o tamanho da construção, residência oficial do conde de Beauvais.

A uma ordem do senhor, um serviçal os encaminhou para os fundos, onde se localizavam as instalações dos criados.

No dia seguinte, chamados à presença do conde, para lá se dirigiram acompanhando um servo.

Na sala, magnificamente decorada, aguardava-os o senhor de Beauvais. Junto dele, uma senhora ainda jovem, elegante e bem-vestida. Sua esposa.

A dama estava sentada numa cadeira estofada com cetim verde-malva, acabamento em ouro, enquanto ele, de pé, inclinava-se sobre ela, galante, murmurando algumas palavras. Mostrando desagrado a esse contato, a senhora esquivou-se. Só então notou o criado e um casal estranho parado a pequena distância.

O conde informou à esposa:

– São os recém-chegados de quem te falei.

– Ah, sim!... Espero que vos adapteis bem aqui. Viestes de longe, não é verdade?

Florence de Beauvais dirigia-se a eles com indiferença. Todavia, observando-os, interessou-se particularmente por Bertrand, o que não passou despercebido a Elise. A senhora examinou o novo criado cuidadosamente, sem muita discrição, e em seguida sorriu.

Conquanto não amasse o marido, Elise se ressentiu de tamanha desfaçatez. Mal sabia ela o que teria de enfrentar em contato com a nobreza.

A verdade é que os aristocratas levavam em sociedade uma existência dissoluta e desregrada, sem maiores preocupações com a moral e os bons costumes. As licenciosidades espraiavam-se como epidemia, não poupando nem mesmo os homens da Igreja. Certos prelados, sacerdotes e bispos, portavam-se da maneira mais indecente, não sendo segredo para ninguém o fato de que mantinham amantes e davam festas orgíacas em suas residências, onde tudo era permitido. Uma das razões desse comportamento eram os acordos existentes entre o soberano francês e o papado, pelos quais a distribuição de cargos e funções da Igreja era indiscriminada. Privilegiava os favoritos do rei, que não eram religiosos e, sim, fidalgos desejosos de aumentar suas rendas, os quais poderiam conseguir altos postos na hierarquia eclesiástica.

Por essas razões é que a condessa de Beauvais, que nascera e crescera nesse ambiente, contaminada pelos costumes da época, não agia de forma diferente. A exemplo do esposo – cujas relações extraconjugais eram sobejamente conhecidas na corte –, também ela se dava à liberdade de conviver com rapazes escolhidos cuidadosamente para o seu prazer. Em sociedade, o casal mantinha as aparências, conforme exigia o protocolo, conservando o relacionamento conjugal em bases cordiais.

Naturalmente, Elise jamais poderia imaginar tal situação. Entre as pessoas com as quais convivera até o momento, esses hábitos eram desconhecidos.

Quando os senhores deram por terminada a breve entrevista, Elise deixou a sala um tanto agastada, experimentando certa impressão de perigo.

Bertrand dirigiu-se a seu local de trabalho, enquanto ela foi para a cozinha, onde exerceria suas funções. Jean-Maurice ficaria aos cuidados de uma jovenzinha, juntamente com as outras crianças, filhos de criados.

Aos poucos, Elise foi se acostumando aos hábitos da casa. Alguns dias depois, ela notou que o esposo estava bem diferente. Distante, Bertrand mal falava com ela ou com o menino. Não raro, a condessa mandava chamá-lo, encarregando-o de tarefas estranhas às suas obrigações.

O conde não parava em casa, deixando o campo livre. Na ausência do esposo, a condessa Florence dava as ordens, humilhando Elise e incumbindo-a das mais rudes tarefas. Desgostosa, ela desabafava com o marido, mas Bertrand mantinha-se indiferente às suas queixas.

– Somos criados agora. Só nos resta obedecer... – afirmava ele.

Sem condições de se defender e apesar do temor que o conde despertava nela, Elise chegava a lamentar-lhe a ausência, porque pelo menos ele a protegeria dos desmandos da mulher.

Nessa conjuntura, ela foi ficando cada vez mais triste e amargurada. Nos momentos de folga, que eram raros, lembrava-se da sua vida no campo, quando era jovem e livre. Suspirava, com o pranto a umedecer-lhe o rosto na calada da noite quando fitava o céu estrelado, arrependida de ter deixado sua terra natal.

Certo dia, incumbida de arrumar os quartos da ala leste – reservados a hóspedes e, por isso, raramente usados –, para lá se dirigiu. Quando atravessava um enorme corredor e passava diante de um cômodo, ouviu cochichos e risadinhas. Estranhou. A porta estava entreaberta, e ela, sob grande espanto, reconheceu uma das vozes.

Era de Bertrand!

Sem hesitar, com o coração aos saltos, invadiu o quarto. Num grande leito, viu a condessa Florence e Bertrand aos beijos e abraços.

Em estado de choque, saiu, sem que os personagens da revoltante e lasciva cena a tivessem percebido. Atravessou os corredores em disparada, desceu as escadarias e fechou-se em seus aposentos. Comprovar a traição de seu marido com aquela mulher encheu-a de revolta e de nojo. Imensa amargura e enorme desgosto passaram a dominá-la. Em sua mente, as cenas recentes que presenciara repetiam-se sem cessar, ao mesmo tempo em que se misturavam a cenas de alguns anos atrás, quando eram noivos. Revia o empenho de Bertrand em se casar com ela, a raiva que sentia dele, uma vez que amava outro. Relembrava tudo o que tinha sofrido nas mãos dele, o ódio que se lhe assenhoreara do íntimo, a dor, a frustração de ser obrigada a unir-se a alguém que não amava. Voltou no tempo e no espaço ao momento em que aqueles fatos haviam ocorrido e, em catadupas, sentiu recrudescerem em si a mágoa, o ressentimento, o rancor.

Nessa circunstância, a imagem de Jean-Claude delineou-se em sua mente, ganhando novo colorido e fortalecendo-se cada vez mais. Não mais evitou pensar nele. Sentia-se livre, não mais presa a rígidas regras conjugais, uma vez que o próprio Bertrand se encarregara de rompê-las.

Chorou. Chorou muito. Sua mente trabalhava, buscando febrilmente uma maneira de atingir os traidores. Precisava vingar-se deles.

Após muito refletir, resolveu, de momento, nada dar a perceber. Agiria de maneira natural, como se de nada soubesse, enquanto decidia o que fazer, planejando cuidadosamente sua vingança.

Todavia, surpresa, a princípio notou um ar de satisfação na condessa, acompanhado de um sorriso, misto de desafio e de desdém; em seguida, uma certa perplexidade, como se Florence estivesse desapontada por não perceber qualquer reação na rival. De imediato, ocorreu a Elise que a depravada criatura queria que ela os encontrasse juntos.

"Sim! Por que não? Como não pensei nisso antes?", parafusava Elise. Certamente, a ordem para arrumar os quartos da ala leste, pouco usados (e que não era tarefa sua), partira de Florence. Além disso, os amantes estavam em aposentos que não eram os da condessa, em local deserto. Naturalmente, não desejava que outros criados os vissem. "Apenas eu, a esposa traída", pensava Elise. "Por isso conservou a porta descaradamente entreaberta, sem preocupar-se em manter um mínimo de discrição", concluía.

Sim, era isso mesmo! Elise congratulou-se intimamente por não ter tomado nenhuma atitude. Aquela despudorada desejava humilhá-la, e nada melhor do que mostrar seu relacionamento com o marido da rival.

"Mas, por quê?", pensou Elise em voz alta. "Desde que entrei nesta casa, a condessa não fez outra coisa senão pisar-me, ferir-me, humilhar-me. Que motivos terá ela para me detestar dessa maneira?"

Por mais que pensasse, não conseguia uma resposta para esse questionamento. De qualquer forma, deixaria o tempo passar, esperando a melhor ocasião para agir.

* .*. *

Alguns dias depois, o conde retornou. Naquela noite, os portões da residência se abriram para receber visitas. Elise sentiu o coração bater mais forte ao rever Jean-Claude entre os convidados.

Os grupos, dispersos, divertiam-se a valer. Damas e cavalheiros entretinham-se a contar as novidades da corte, trocando confidências picantes, histórias escabrosas e anedotas engraçadas.

Num círculo restrito, a condessa de Beauvais conversava com algumas amigas. Fazia parte desse grupo Hélène de Vancour. Ao notar Elise, que discretamente transitava pelo salão, servindo os convidados, franziu a testa:

– Não esperava ter o desprazer de rever essa criada, justamente aqui em tua casa, minha querida Florence.

– Pois quê! Já a conhecias? – indagou a anfitriã, interessada.

– Sem dúvida. Quando fomos à Vila de Beauvais, há alguns meses, ela já fazia parte da criadagem.

– Deveras? E o que aconteceu para te deixar tão desgostosa?

Dramatizando os fatos, Hélène relatou o ocorrido, pintando com cores fortes. Para sua indignação, a condessa Florence caiu na risada, afirmando:

– Lamento não ter presenciado esse episódio, minha querida. Deve ter sido divertidíssimo! É uma pena que estivesse impossibilitada de comparecer, uma vez que estava em Veneza, como não ignoras, em visita a uma tia enferma. Aliás, a pobrezinha faleceu logo após minha chegada! – completou, com um suspiro pesaroso.

– Pois perdeste. Deverias ter visto como teu marido defendeu a camponesa – retrucou Hélène, vingando-se da outra, que rira à sua custa.

– Isso já me contaram – murmurou Florence, esquecida já da velha tia que falecera. Sob as pálpebras descidas, apertou os olhos, onde um brilho de ódio fulgurava.

– Tão rápido? Minha amiga, nada escapa a teus ouvidos!

– Sem dúvida. Esqueces, Hélène, que tenho uma rede de informantes?

A outra, jogando a cabeça para trás, caiu numa gargalhada.

– Como Catarina...

– Caluda! Que ninguém te ouça, Hélène!

– Tens razão. Mas esses informantes são teus admiradores, por certo...

– Quem sabe? Não posso nomeá-los, pois perderiam por completo sua utilidade.

Uma das damas aproveitou para alfinetar:

– Pois dizem as más línguas que a história da tia enferma em

Veneza é diferente.

– Sim? E o que dizem, então? – perguntou Florence.

– Asseguram que viajaste na companhia de um belo mancebo!

– Ora, fala-se demais nesta cidade. Não se deve dar ouvidos a tudo o que se ouve, querida Bianca.

E, balançando a cabeça com largo sorriso, como se quisesse desviar o rumo da conversa, Florence perguntou:

– Alguém tem visto o príncipe de Condé? Ele anda sumido, não nos visita mais...

– Meu tio anda muito ocupado ultimamente – informou Hélène.

– Dizem que conspira – aduziu a duquesa de Montfort, baixando a voz.

– Ora, não sejas inocente, Eugênia.

– É verdade! Pelo menos é o que toda Paris comenta. Meteu-se na política.

– E quem não está envolvido com a política nos dias de hoje? – respondeu Florence, dando de ombros, ante a simplicidade de Eugênia.

– Cuidado! É aconselhável não comentarmos tais assuntos...

– Por que não? É notória a questão entre católicos e protestantes; por sinal, bem antiga, minha cara. Ninguém que se preze ignora esses fatos.

– Mas não assume.

– Isso é hipocrisia, querida Eugênia de Montfort. Não adianta tentarmos fugir dos problemas, fechando os olhos e agindo como se eles não existissem. Aqui está nossa amiga Bianca, aparentada com os Guises, e que seguramente poderá nos informar melhor.

A interpelada revirou os olhinhos, satisfeita por terem pedido sua opinião:

– Nada sei, minhas amigas. Não gosto de política e procuro não me meter. Porém, ouvi um comentário, outro dia, de que estão formando um terceiro partido. O daqueles que acreditam que a verdade está no meio. Nem com católicos, nem com huguenotes. Se eu tivesse que tomar uma posição, sem dúvida seria essa.

– A nossa Bianca está de ouvidos atentos! O que mais ouviste, minha querida? Quem será o chefe? – indagou Florence, interessada.

A interpelada deu de ombros:

– Não ouvi mais nada. Isso é tudo quanto sei.

Uma senhora baixa e rechonchuda, de olhos vivos e faces rosadas, acrescentou:

– Comenta-se que o chefe do novo partido será um dos filhos de Catarina de Médicis.

Ansiosas, as senhoras inclinaram o tronco para escutar melhor.

– Quem? Diz logo, Rachel!

– Francisco, o caçula.

– Ora, justamente ele? Não leva nada a sério! – afirmou Hélène.

– Quem sabe? Só se for pela vontade da mãe! Ninguém ignora que Catarina tem grande poder, especialmente sobre os filhos – prosseguiu Rachel de Beauchamps, com sua voz aguda e estridente.

– Mas ela é fervorosa partidária da Igreja! – retrucou Florence.

– Sim, isso todas nós sabemos. Todavia, poderá ter razões políticas outras... – aduziu Rachel.

– Estou sentindo que a nossa duquesa de Beauchamps sabe mais do que nos disse. Vamos lá, Rachel, conta-nos tudo o que sabes! – implorou Florence.

– Não, senhoras! Juro-vos que é tudo quanto sei! – garantiu Rachel, de forma taxativa.

– E os cavalheiros pensam que estamos aqui a falar de modas e trivialidades! – comentou a duquesa Eugênia de Montfort com um trejeito, fazendo com que as demais caíssem na risada.

– A propósito – disse a anfitriã, mudando o rumo da conversa –, dizem que o casamento de Margarida de Valois com Henrique de Navarra será um acontecimento notável. O Louvre prepara grandes festejos.

Uma algazarra se estabeleceu entre as mulheres. O assunto interessava a todas de forma especial, e cada uma delas queria contar o que sabia sobre o evento. Falaram dos trajes que tinham mandado confeccionar por modistas famosas; algumas os tinham importado diretamente de Milão e Florença, cidades que gozavam da fama de possuir excelentes costureiros.

Quando os cavalheiros vieram se juntar às damas, elas estavam ainda comentando esse assunto.

O barão de Mornay, pai de Jean-Claude, abriu os braços como se abarcasse com eles toda a roda feminina e comentou, com humor:

– Ah! As mulheres!... Felizmente para nós, suas cabecinhas só se ocupam com compras, visitas a modistas e cabeleireiros!

As senhoras, virando-se umas para as outras, trocaram um olhar de cumplicidade e caíram na risada.

Ameaças no Ar

Capítulo 18

A partir daquela noite, as hostilidades da condessa de Beauvais para com Elise aumentaram ainda mais. Durante a ceia, a anfitriã era toda sorrisos para seus convidados, mantendo-se gélida e mordaz cada vez que se dirigia ao marido. Os demais divertiam-se, rindo das tiradas picantes e bem-humoradas da condessa, menos o conde, alvo predileto delas.

Apesar de aparentemente muito entretida com os hóspedes, Florence não perdia Elise de vista, sempre atenta quando esta entrava no salão. Assim, não pôde deixar de notar os olhares melosos, os suspiros discretos e as atenções do senhor de Beauvais para com a criada.

Conquanto Elise se conservasse distante e digna, no estrito cumprimento do dever, Florence a examinava com intenso ódio. O uniforme não a favorecia especialmente, mas era difícil a alguém deixar de notar-lhe a presença. O perfil de madona, a maciez da pele, a delicadeza do nariz e o contorno da boca rosada saltavam à vista; porém, o brilho dos olhos cor de avelã, sombreados por longas pestanas, grandes e melancólicos, distantes e indevassáveis, conferia-lhe um encanto especial; tudo isso envolto numa cascata de cabelos castanhos e encaracolados, que lhe caíam sobre os ombros. Florence não pôde deixar de reconhecer – a contragosto, pois que se tratava de uma camponesa, rapariga do povo, sem berço e sem educação – a formosura do seu corpo bem-feito, a suavidade dos gestos e a elegância do caminhar. Particularmente, não perdoava a Elise o fato de estar atraindo as atenções de Jean-Claude de Mornay. Este, apesar das tentativas de sedução por parte de Florence, resistira sempre, nunca lhe correspondendo aos desejos, fingindo desconhecê-los e mantendo-se na exata condição de amigo gentil e dedicado, mas inacessível. Hélène pensou que a tivesse atingido ao falar do interesse do conde de Beauvais pela criadinha; claro que isso a incomodou, ferindo-lhe o amor-próprio. Doeu-lhe muito mais, porém, saber que ela despertava o interesse de Jean-Claude, homem que desejava acima de tudo.

A ceia finalmente terminou e Elise respirou, aliviada.

Os convidados partiram aos poucos e o salão se esvaziou. Algumas horas depois, os moradores estavam todos recolhidos. Os ruídos cessaram gradualmente e, uma a uma, as luzes se apagaram.

Em seu quarto, estendida no leito, Elise não conseguia dormir. Apesar de exausta, as imagens do dia desfilavam sem cessar por sua mente.

Bertrand ressonava havia horas, e Jean-Maurice, na cama ao lado, também dormia, tranqüilo.

Elise suspirou. A cabeça doía-lhe terrivelmente e os pensamentos fervilhavam. O que fazer? Durante toda a noite, percebera a animosidade da condessa, que acompanhava seus menores movimentos, com olhares que refletiam raiva e violência contidas. Sentiu-se mal. Intuitivamente, sabia que aquela mulher seria capaz de tudo. Até de matá-la, se preciso fosse.

Teria a condessa notado a deferência do senhor de Beauvais para com ela? Mas Florence não amava o conde, seu marido. A prova era que ela tinha flagrado a dona da casa com Bertrand – eles estavam juntos, no leito! Corou ao lembrar-se da cena, que jamais se apagaria da sua memória. Dentro de si o ressentimento, a mágoa e a revolta avolumavam-se. Precisava fazer alguma coisa. Por mais que pensasse, não conseguia, entretanto, tomar uma decisão. A dor de cabeça aumentou, atingindo um nível quase insuportável.

Enquanto monologava intimamente, sem que suspeitasse, alguém no quarto acompanhava atento suas reações e pensamentos.

Uma figura sombria, postada a um canto do aposento, aguardava. Vestia longo manto negro, cujo capuz não lhe deixava ver o semblante, e sorria misteriosamente, murmurando com voz cavernosa:

– Agora não me escapas! Encontrei um meio de atingir-te, maldita!

Elise ergueu-se dos travesseiros, apoiando-se nos cotovelos, assustada. Parecera-lhe ouvir uma voz estranha e ameaçadora. Arrepios gelados percorreram-lhe o corpo, e o coração bateu descompassado. Sentia o ambiente carregado de perigos desconhecidos, como se ameaças sutis impregnassem o ar. Uma onda de medo a envolveu.

Sentou-se no leito de um pulo, puxando as cobertas até o pescoço. Todavia, passando o olhar pelo aposento, nada notou de estranho. O quarto parecia tranqüilo. À luz da madrugada, que se escoava pela janela, viu Bertrand e seu filho, que continuavam a dormir, serenos.

Sentiu sede. Levantou-se e caminhou até a bilha, colocando um pouco d'água numa caneca. Tremia. O estranho homem, satisfeito, aproximou-se mais. Da cabeça, dos olhos e das mãos daquela criatura partiam substâncias escuras e viscosas que, atingindo Elise, passaram a envolvê-la.

– Eles não merecem tua dedicação. Estás sendo traída! Tens que tomar uma atitude. Vingança é a única solução!

Elise recebia as palavras que lhe eram sopradas nos ouvidos em forma de intuição. E, aceitando as idéias maléficas que lhe eram sugeridas – porque se casavam com seus próprios sentimentos –, lentamente sedimentava as ligações com o vingativo Espírito.

Amigos de além-túmulo, dedicados e fiéis, inclusive seu querido avô, Maurice, tentavam ajudá-la, preocupados, ao notar o abismo em que ela estava caindo. Lamentavelmente, porém, Elise não estava em condições vibratórias de perceber-lhes a amorosa presença e receber-lhes os benefícios.

* * *

Elise levantou-se sem ter conseguido repousar. A cabeça estava confusa, dolorida; sentia dificuldade em concatenar os pensamentos.

– O que houve? Estás abatida e tens os olhos inchados – perguntou-lhe Bertrand.

– Levantei-me indisposta. Apenas leve dor de cabeça. Nada mais.

O marido ouviu com indiferença, desinteressado do assunto. Logo em seguida, informou:

– Ah!... Bem, hoje não venho jantar. Tenho uma reunião.

Ela não disse nada. Sabia aonde ele iria.

O dia passou lento e arrastado. Elise sentia-se cansada e indisposta. No final da tarde, quando as primeiras sombras da noite envolviam a Terra, uma surpresa: seus pais chegaram.

Em meio às dificuldades que estava atravessando, rever os pais foi uma alegria para Elise. Os recém-chegados mostraram-se espantados com o crescimento e os progressos do pequeno Jean-Maurice.

– E Bertrand? – perguntou Henri, ansioso por se encontrar com o genro.

– Saiu, *mon père*. Não deve demorar.

Conversaram bastante, matando as saudades e trocando informações sobre o período em que haviam estado distantes, enquanto Elise improvisava uma refeição e acomodações para os genitores. No dia seguinte, seriam alojados convenientemente.

Ao regressar, tarde da noite, Bertrand ficou satisfeito por encontrar os sogros em sua casa. Cumprimentaram-se efusivamente. Apesar do adiantado da hora, contrário a seus hábitos, todos estavam acordados, com exceção do pequeno, que dormira, exausto.

– Sede bem-vindos ao nosso lar! Atrasei-me porque tive uma reunião. Vejo, porém, que Elise já cuidou de tudo. Fizestes boa viagem?

– Um tanto cansativa, mas nada que uma boa noite de sono não possa resolver – afirmou Gertrudes.

– O que fizeste com a granja, Henri? – perguntou Bertrand, interessado.

– A princípio, pensei em vender a propriedade. Todavia, analisando melhor, optei por arrendá-la, considerando que, em caso de necessidade, é sempre bom ter um lugar para onde voltar – respondeu o recém-chegado.

– Tens dúvidas quanto à decisão que tomaste de vir para o norte?

– Absolutamente, não. Gertrudes e eu deixamos o torrão natal, acalentando as melhores esperanças. Segundo me relataste por carta, tudo aqui caminha bem, estás colocado e serviço não falta. No entanto, nunca se sabe o que nos reservará o futuro. – considerou o sogro.

Bertrand concordou. Mãe e filha ouviam caladas, sem interferir no diálogo dos homens, como era de costume. Elise, porém, sentiu um aperto no coração e baixou a fronte, sob forte angústia.

Gertrudes olhou para a filha e notou-a inquieta. Logo ao chegar percebera, com preocupação, as mudanças que se tinham operado nela. Estava magra, pálida e abatida. Quando os homens se afastaram um pouco para falar de assuntos reservados, a mãe aproveitou para perguntar, em voz baixa:

– O que está acontecendo, minha filha?

– Nada, *ma mère*. Apenas um pouco de dor de cabeça. Amanhã acordarei boa.

– Pode ser. Contudo, estás triste e pareces inquieta. Tens algum problema, Elise?

– Não, minha mãe. Está tudo bem – respondeu.

Em sua voz, todavia, Gertrudes percebeu leve ar de irritação e achou melhor não insistir. Perguntaria ao genro e, se ele também se negasse a responder, tentaria saber por outros meios. Afinal, em qualquer lugar, sempre existem pessoas tagarelas e bem informadas sobre a vida alheia. Pela sua experiência, julgou que não seria difícil descobrir o que desejava saber.

No dia seguinte, passaram por limpeza e arrumação os cômodos destinados aos recém-chegados. Bertrand apresentou Henri ao conde de Beauvais, que o encarregou de mostrar ao novo servidor suas novas atribuições. Dentro em pouco, Henri estava trabalhando junto com o genro.

Bertrand não lhe explicara nada. Simplesmente escrevera-lhe dizendo que viesse, que tinha uma boa ocupação para ele. Por isso, no começo, Henri experimentou um certo abalo ao saber que estariam do lado dos huguenotes. Sempre fora católico convicto e cumpridor de suas obrigações religiosas. Assistia à missa todas as semanas, confessava-se e comungava regularmente. Todavia, Bertrand explicou-lhe que tudo fazia crer que os protestantes assumiriam o poder, e, nesse caso, não valeria a pena permanecer do lado da Igreja.

– Tens certeza disso? – perguntou Henri.

– Absoluta. E digo mais: o próprio rei, Carlos IX, está do nosso lado. Que mais podemos desejar? Se formos vitoriosos, o conde de Beauvais estará altamente situado e prometeu não esquecer aqueles que o tenham apoiado – respondeu Bertrand com orgulho.

Apresentadas as coisas dessa maneira, Henri suspirou, calando intimamente seus escrúpulos. Abafou suas convicções e dispôs-se a assumir a parte que lhe caberia naquele processo. O importante é que lhe acenavam com dinheiro, muito dinheiro.

Quem mais apreciou a chegada dos avós foi o pequeno Jean-Maurice, que agora contava com mais duas pessoas para lhe conceder atenções e agrados.

Embora contente com a chegada dos pais, Elise começou a desenvolver certa animosidade contra eles. Vieram à tona os velhos ressentimentos, com toda a carga de mágoa represada. Os pensamentos surgiam-lhe na mente, ininterruptamente, sem que pudesse evitar. Culpava os genitores, especialmente o pai, por suas desditas. Lembrava-se, com profunda amargura, de que fora ele que a obrigara a se casar com Bertrand, afastando-a de Jean-Claude e tornando-a infeliz. Em sua memória, evocava as vésperas do casamento e os acontecimentos que lhe haviam marcado indelevelmente o destino.

Revia a ansiedade com que aguardara o término da chuva torrencial que desabara durante todo aquele dia, sem saber o que fazer. Depois, a fuga na calada da noite por estradas enlameadas; o encontro com o carroceiro e o inaudito pavor ao reconhecer nele seu noivo, Bertrand.

Com o peito arfante e lágrimas amargas, recordava-se da violência do noivo e de como ele a arrastara até a sala de sua casa, jogando-a aos pés dos pais e do avô, atônitos. Jamais conseguira esquecer, e ainda continuava a ver a fisionomia do pai, colérico e ameaçador, lançando-se sobre ela, e a covardia da mãe, que só sabia chorar e que nem por um momento saíra em sua defesa. Somente seu velho avô, Maurice, sentira compaixão ao vê-la naquele estado e arriscara-se a socorrê-la.Querido e saudoso avô!...

A humilhação daquela hora jamais se apagaria de sua lembrança, e, como num caleidoscópio, as cenas que naqueles anos julgara definitivamente sepultadas passaram a se repetir com irritante constância. Assim, quando encontrava os pais, tratava-os com animosidade e frieza, agasalhando dentro de si sentimentos que muito iria lamentar no futuro.

Henri passou a acompanhar Bertrand nas reuniões, enquanto as mulheres ficavam em casa, entretidas em remendar roupas e conversar.

Gertrudes descobrira – o que já não era segredo para ninguém – o interesse da condessa Florence por Bertrand. Falava-se também, à boca pequena, dos olhares do conde dirigidos a Elise.

Gertrudes tentou direcionar o assunto para esse tema, mas Elise desconversou. Assim, não ficou sabendo até que ponto sua filha estava informada dos falatórios que corriam de boca em boca.

Dez dias depois, Jean-Claude e a noiva vieram visitar o conde e a condessa de Beauvais. Era uma das noites em que eles costumavam abrir as portas de seu palácio para recepcionar os amigos.

A certa altura da festa, Hélène percebeu que o noivo desaparecera. Esquadrinhou o salão com o olhar, mas não o viu. Aproximou-se da mãe do rapaz, perguntando discretamente:

– Baronesa, sabes onde está Jean-Claude?

– Não, minha cara, não sei. Estávamos a conversar sobre um assunto tão palpitante...

– Faze um esforço, senhora. É importante!

– Bem, pensando melhor, se não me engano, querida, meu filho saiu por aquela porta.

– Há quanto tempo?

– Talvez uns dez ou quinze minutos. Mas, como eu ia dizendo...

Sem escutar mais nada, Hélène colocou a taça de vinho sobre uma mesa e encaminhou-se na direção que a baronesa de Mornay indicara.

Atravessou algumas salas desertas sem descobrir o paradeiro do noivo. Estava quase desistindo, acreditando que se enganara, quando, afinal, o viu. Postado de costas, conversava com alguém. Aproximou-se mais e chamou-o:

– Jean-Claude!

O rapaz virou-se bruscamente, deixando à vista sua interlocutora: Elise, a criada.

Cheia de ódio, Hélène sentiu o sangue subir-lhe à cabeça. Lançou-se para cima dela, gritando:

– Mulherzinha atrevida! Como ousas seduzir meu noivo, esgueirando-se com ele pelos corredores em atitudes inconfessáveis?

Ambos permaneceram parados, incapazes de falar. Ela continuou:

– E o senhor? – dirigiu-se ao noivo com desprezo. – Como tens coragem de trair-me diante de meus olhos com essa... rameira?

Hélène estava completamente descontrolada, espumando de raiva. Indignado, Jean-Claude reagiu diante dessa ofensa.

– Cala-te, infeliz! Não sabes o que dizes. Esta mulher é digna e respeitável e tu lhe deves desculpas.

– Desculpas? A esta aqui? Jamais! – respondeu a noiva.

Recompondo-se, Elise suplicou:

– *Monsieur*, por favor, nada de brigas. Não quero confusão. Deixa-me explicar.

E, virando-se para Hélène, justificou-se:

– Estás equivocada, *mademoisellé*. Este senhor procurava ajuda para limpar sua camisa, na qual respingara vinho, quando o encontrei. Informada da sua dificuldade, pedi que me esperasse e corri até a cozinha, onde peguei um pano úmido e voltei para limpar a mancha. Foi isso o que aconteceu. Deus é testemunha de que esta é a mais pura verdade!

Terminou de falar e olhou para Jean-Claude, esperando a confirmação de suas palavras.

– Sim. Foi exatamente isso o que aconteceu. Nem mais nem menos – afirmou ele.

Diante da serena dignidade de Elise, mas notando o olhar trocado entre eles, Hélène contra-atacou:

– Por que é que sempre que nos encontramos tenho a sensação exata de que existe algo entre ambos? Qual é o mistério que me escondeis?

Elise baixou a cabeça. Jean-Claude continuou olhando fixamente para a noiva sem responder, desgostoso.

Hélène já estava arrependida da cena que fizera diante de uma camponesa, criatura em tudo inferior a ela. Percebendo que nada mais tinha a fazer ali, Elise pediu licença e afastou-se.

Notando, pela expressão carregada do noivo, que nada de bom pressagiava, Hélène acercou-se dele, conciliadora, e sugeriu:

– Voltemos ao salão.

O cavalheiro ofereceu-lhe o braço, calado. Logo após adentrarem o enorme recinto onde estavam os demais convidados, Jean-Claude virou-se para a jovem acompanhante e indagou, indiferente:

– Onde preferes que te deixe?

– Deixar-me? Como assim?

– Retiro-me.

– Mas... a recepção está apenas começando. Mal acabamos de chegar!

– Lamento. Não posso ficar. Apresenta, por obséquio, minhas desculpas à condessa. Dize-lhe que estou indisposto.

A dama colocou a mão delicada sobre o braço do noivo, com leve pressão, falando em voz terna e adocicada:

– Perdoa-me, querido. Compreendo que estejas zangado comigo. Sei que detestas cenas, mas me descontrolei. Não acontecerá mais. Amo-te muito e o ciúme deixa-me cega. – E, lançando-lhe um olhar cheio de sedução, completou: – Porém, deverias estar orgulhoso, querido! Afinal, humilhei-me publicamente, dando-te uma prova do meu amor e mostrando o quanto temo perder-te!

Ele suspirou, impaciente.

– Sempre consegues ser desagradável, Hélène. Teu ciúme doentio não é prova de amor. É insegurança. Para mim, basta!

– O que queres dizer com isso? – retrucou ela, assustada.

– Amanhã terás notícias minhas. Agora não é a hora nem o local mais adequados.

Virou-se nos calcanhares e partiu, sem dar a Hélène tempo de responder.

Procurando recompor-se emocionalmente para que os demais não percebessem a tempestade que lhe rugia na alma, ela afivelou um sorriso nos lábios e encaminhou-se a um grupo de amigos, remoendo seu ódio.

"Tu me pagarás caro, Jean-Claude de Mornay, a afronta deste momento. A criadinha não levará a melhor. Hei de destruí-la! Destruirei a ambos!", pensava Hélène.

Compromisso Desfeito

Capítulo 19

Na penumbra de seus aposentos, Hélène repousava. Recostada numa marquesa, com uma bolsa d'água na cabeça, gemia dolorosamente. A distância regular, a criada de quarto – mocinha espevitada e de grandes olhos arregalados – aguardava as ordens da ama.

– Ai!... Ai!... Minha cabeça parece que vai explodir! Faze alguma coisa, imprestável!

Aproximando-se humildemente, a criada sugeriu:

– Senhora, sei de uma erva que é excelente para acalmar a dor.

– Então o que estás esperando, sua inútil? Providencia imediatamente!

– Sim, senhora.

Inclinando-se numa mesura, a criadinha deixou o quarto, aliviada por livrar-se de semelhante presença. Um quarto de hora depois, retornou, portando numa bandeja uma xícara com um líquido fumegante.

– Aqui está, senhora.

Hélène sentou-se. Pálida e abatida, tomou a xícara nas mãos e sorveu um gole da bebida. Imediatamente fez uma careta e cuspiu no chão, atirando a xícara. O líquido todo entornou sobre o tapete persa. Vermelha de cólera, explodiu num gesto teatral:

– Que coisa detestável! Excessivamente quente, e amargo como fel. O que pretendes com isso? Envenenar-me?!

A tremer de medo ante a reação intempestiva da ama, a criada justificou-se:

– É remédio, senhora. Erva amarga faz bem.

– Bah!... Queres matar-me, isto sim! Fora daqui! Desaparece!

E, ao mesmo tempo em que falava, arremessava sobre a infeliz um vaso de porcelana caríssimo, que estava sobre a mesinha ao lado. Apavorada ante a explosão que já esperava, a mocinha desapareceu, enquanto a preciosa peça decorativa espatifava-se de encontro à porta, com estrondo.

Entregue a si mesma, Hélène deixou a marquesa e deitou-se no amplo leito de dossel, lamentando-se, queixando-se da vida e da indiferença dos outros. Como a cefaléia tornara-se ainda mais aguda, depois do seu descontrole, espremia as têmporas, como se esse gesto pudesse aliviar-lhe a dor insuportável.

Acabou adormecendo. Eram cerca de dezessete horas quando alguém se atreveu a entrar no quarto. A criada – a mesma que fora expulsa horas antes – espiou pela porta. Notando que o ambiente estava calmo, arriscou-se a entrar.

Hélène acordava naquele instante. Abriu os olhos e, na penumbra, viu a cara da criadinha, que a fitava, assustada.

– Como estás, senhora?

– Melhor. O sono fez-me bem, mas a cabeça ainda está dolorida. O que desejas? – perguntou, mais branda, a espreguiçar-se.

– Senhora, chegou um portador trazendo uma carta.

Sentando-se no leito, indagou, ansiosa:

– De quem é?

– De *monsieur* de Mornay. Apesar de estares repousando, a mãe da senhora achou que seria importante entregar-te imediatamente a missiva, que talvez – arriscou-se ela a comentar – acabe com a dor de cabeça que tanto te aflige.

Assim dizendo, a criada entregou-lhe a correspondência.

Hélène quebrou o lacre e a desenrolou, sentindo leve odor do perfume que seu noivo sempre usava, e que ficara impregnado no papel. Reconheceu o brasão dos barões de Mornay e a letra longa e firme do noivo, enquanto pensava que Jean-Claude certamente escrevera para lhe pedir desculpas, arrependido já do arrufo da noite anterior. Sem dúvida ela lhe perdoaria, pois o amava e não pretendia perdê-lo. Mas somente depois de fazê-lo sofrer um pouco. Afinal, era justo, pela humilhação que lhe fizera passar. Felizmente, ninguém, a não ser os envolvidos, presenciara a cena. Quanto à criada, ah!... essa não teria perdão! Levaria o fato ao conhecimento de Florence de Beauvais e exigiria que a mandasse embora. A amiga com certeza não deixaria de ajudá-la, dando-lhe razão.

Sorriu mais tranqüila e, fixando a atenção na carta, começou a ler:

Cara Hélène.

Tendo em vista que já não nos entendemos como antes, rogo-te, encarecidamente, o desligamento do compromisso assumido. Considera, pois, a partir desta data, rompido o nosso noivado.

Desejo que encontres alguém mais digno de ti e que te ame como mereces.

Informo-te de que enviei, ao mesmo tempo, correspondência ao senhor teu pai, comunicando-lhe minha decisão, para que considere oficialmente desfeito nosso acordo matrimonial.

Estou de viagem marcada e parto dentro de poucos minutos. Não me procures, porque não me encontrarás.

Confiando em que aceites minha decisão, que também deve ser a tua, desejo-te felicidades, na certeza de que continuarás a contar-me entre teus mais devotados amigos.

Despeço-me, apresentando-te cordiais saudações.

Do teu eternamente dedicado servidor,

Jean-Claude de Mornay.

Rubra de cólera, completamente descontrolada, Hélène começou a quebrar os objetos de toucador, atirando-os para todo lado, nas paredes, nas janelas, no chão. A criada, pela segunda vez naquela tarde, bateu em retirada. Aplacada a ira, depois de ter destruído tudo, o quarto mais parecia uma praça de guerra.

Quando o silêncio se fez no recinto, sua mãe entrou, aproximando-se da jovem, que chorava convulsivamente.

– O que houve, minha filha?

– Aquele miserável rompeu nosso compromisso. E nem se deu ao trabalho de vir pessoalmente! – gritou, entre um soluço e outro.

– Isso eu já sei. Acabo de ler a correspondência endereçada a teu pai. Quero saber o que aconteceu para levar teu noivo a tomar tal atitude.

– Nada... e tudo. Não sei.

Como Hélène continuasse a chorar desconsolada, a mãe sentou-se a seu lado.

– Foram os teus ciúmes, não é assim?

– *Ma mère*, aquele miserável me traía com uma reles criada!

– Não posso crer! Não Jean-Claude, que é o mais sério e mais compenetrado dos rapazes da corte.

– Ainda o defendes? Pois é verdade! Eu os surpreendi ontem, durante a recepção – disse, com ar vitorioso.

– Como assim? O que viste? – perguntou a senhora, incrédula.

– Ele e a criadinha estavam em atitudes suspeitas, numa sala deserta.

Conhecendo a filha, a mãe considerou:

– Ora, Hélène, nem sempre as coisas são como as supomos. Conheço-te muito bem e sei que tens tendência para dramatizar tudo. Nem sempre o que julgamos ver corresponde à realidade. Mesmo presumindo que exista algum relacionamento com essa criada, teu noivo não seria tão despudorado a ponto de deixar-se flagrar de modo tão ingênuo. Ele faria como qualquer outro homem da nossa classe social: manteria encontros furtivos em alguma *garçonière*.

– Achas mesmo isso, minha mãe?

– Sem dúvida. Além disso, minha filha, nós, mulheres, temos que ser sábias. O que adiantou brigares com teu noivo? Tudo o que conseguiste foi isso: o rompimento. Não é assim que se conquista um homem! É preciso ter sutileza, astúcia. Mais tarde, depois de casados, quando o tivesses fisgado definitivamente, poderias até fazer cobranças, se fosse do teu agrado. Antes não.

Fez uma pausa, suspirou e, em seguida, concluiu:

– E, ainda assim, filha, nós mulheres temos que ser mais tolerantes. Aprendemos isso com o tempo. Os homens – todos eles – levam uma vida mais livre, e suas escapadelas conjugais são aceitas pela sociedade. Até lhes conferem maior valor e respeitabilidade. Desde que a esposa tenha tudo o que deseja, que nada lhe falte, é o que importa.

Hélène não pensava da mesma forma, mas evitou discutir. Tinha conhecimento, havia anos, das relações extraconjugais do pai. Compadecia-se da mãe, que fingia ignorá-las, porém não tinha condições de ajudá-la.

– Mas agora está tudo acabado, minha mãe...

A dama sorriu, tranqüilizando-a:

– Não, querida, não creio. Tudo passa. Deixa que Jean-Claude parta, que se divirta à vontade. Tem paciência. Quando retornar, estará mais calmo e com a cabeça no lugar. Seus pensamentos serão outros e, certamente, estará sentindo tua falta. Com a experiência de vida que tenho, asseguro-te que ele voltará a procurar-te. Nada é definitivo.

– E o que farei nesse período? – indagou a jovem, desolada.

– Ora, vive tua vida e te diverte também!

Hélène compreendeu que a mãe estava coberta de razão. Agradeceu-lhe os conselhos e concordou em descer para cear com a família. Não se alimentara durante todo o dia e sentia-se faminta. Apenas pediu um tempo para se vestir. Que sua mãe fosse na frente; ela desceria tão logo acabasse de se arrumar.

Enquanto a criada lhe penteava os longos cabelos, Hélène refletia sobre os últimos acontecimentos e pensava: "Finjo que aceito a decisão de Jean-Claude, mas não deixarei de tomar minhas providências. Tanto ele como ela pagarão caro a humilhação e o sofrimento que sinto. Todas as lágrimas que eu verter recairão sobre eles".

Em voz baixa, como se falasse apenas para si mesma, murmurou:

– Ela também deve ter seu "calcanhar-de-aquiles", como meu pai costuma dizer. O que fazer para descobrir segredos de seu passado, de sua vida?

– Perdão, o que disseste, senhora?

– Nala, se quisesses saber sobre o passado de alguém, o que farias?

A criada respondeu, sem titubear:

– É simples. Perguntaria a alguém que tivesse conhecido a pessoa antes.

Hélène pareceu meditar sobre o que a criada dissera e, olhando-a através do espelho, concordou:

– Sabes que tens razão? Como não pensei nisso? Florence certamente poderá ajudar-me a obter informações.

Satisfeita por ter agradado à ama, a criada prosseguiu:

– Entre as amigas dela, não será difícil encontrar pessoas dispostas a falar sobre o assunto. Tem gente tão tagarela!

– Tu és uma preciosidade, Nala. Como não descobri isso antes?

A criada, que terminara seu serviço, inclinou-se, reverente:

– Estou aqui para servir-te, minha senhora. Desejas mais alguma coisa?

– Não, podes ir. Estás dispensada.

Hélène desceu as amplas escadarias, adentrando o salão onde a família, junto de alguns parentes e amigos, aguardava fosse servida a ceia. A jovem mostrou-se alegre e cordial, conversando com todos e rindo à vontade, para espanto dos pais.

Determinado momento, o pai aproximou-se dela.

– Minha filha, precisamos conversar. Quando os convidados tiverem se retirado, falaremos. Agora, vai! Estão aguardando-te ali naquela mesa para o jogo.

A noite transcorreu tranqüila, sem maiores incidentes. Quando o último convidado deixou a casa, e antes de se recolherem, o pai chamou a filha.

– Como foi que isso aconteceu, Hélène?

– Isso o quê?

– Ora, não te faças de tola. Refiro-me ao término do teu noivado, é evidente!

Desejando parecer superior, ela retrucou:

– Ah, isso! Não te aflijas, meu pai. Jean-Claude de Mornay não merece meu amor.

– Mas não podemos aceitar essa ofensa! Ele terá que pagar por isso!

– Não te preocupes, papai. Deixa por minha conta. Sei como resolver essa questão. Além disso, quero meu noivo de volta. Não desisto tão facilmente daquilo que desejo.

A mãe, que ouvia calada, interferiu:

– Já conversei com Hélène, querido, e mostrei-lhe que, muitas vezes, temos que saber recuar. Faz parte do jogo.

– Então está bem, minha filha. Se precisares de algo, conta comigo!

Despediram-se e a jovem recolheu-se a seus aposentos. Sozinha, viu cair a máscara de serenidade que mantivera no rosto.

– Os malditos me pagarão! Amanhã mesmo começarei a tomar providências. Veremos quem vence!

Aquela noite, Hélène não conseguiu conciliar o sono. Passou as horas pensando em como agir e maquinando contra seus inimigos. A princípio, direcionaria seu poder de fogo contra Elise. A criadinha era o alvo mais frágil e, portanto, o mais fácil de ser atingido. Faria uma visita a Florence – por quem, diga-se de passagem, não morria de amores –, estreitando os "laços de amizade", para poder circular mais livremente pela residência dos Beauvais.

Quanto a Jean-Claude, o ex-noivo, que aguardasse. Enquanto ele estivesse na província, teria tempo de planejar tudo muito bem. Usaria todo o seu poder de sedução para atraí-lo novamente aos seus braços. Para conseguir isso, precisaria de tempo e, especialmente, da ausência de Elise.

O dia estava amanhecendo quando Hélène conseguiu dormir. Teve sono agitado e cheio de pesadelos.

Investigando o Passado

Capítulo 20

Ao despertar, Hélène conservava na memória a resolução que tomara. Assim, abrindo os olhos, perguntou à criada:

– Que horas são?

– Falta um quarto para as treze, senhora.

– Muito bem. Traze-me material de escrita.

Nala apressou-se em cumprir a ordem da senhora e, em seguida, Hélène pôs-se a escrever um bilhete endereçado a Florence, no qual afirmava ter urgência em falar-lhe e indagava, caso a condessa de Beauvais não tivesse compromisso, se poderia recebê-la naquela mesma tarde. Terminando com as frases de praxe, assinou, e, após colocar seu selo, entregou a correspondência à criada.

– Envia imediatamente um mensageiro à residência da condessa de Beauvais. Que ele aguarde a resposta. Depois, traze-me o chá. Agora, avia-te! Não há tempo a perder.

Nala obedeceu, saindo apressada. Um quarto de hora depois, voltou trazendo uma bandeja com um bule de chá, torradas, manteiga, geléia de *abricot* e biscoitos amanteigados, que depositou sobre uma mesinha auxiliar. Em seguida, pôs-se a ajeitar os travesseiros às costas da ama.

– Fizeste o que te ordenei?

– Sim, senhora. O portador já está a caminho.

– Ótimo. Agora passa-me a bandeja. Estou faminta.

Estava quase terminando de fazer o desjejum, quando bateram na porta. A criada foi abrir. Era o mensageiro, que lhe trazia a resposta da condessa. Ela dispensou o rapaz com um gesto, enquanto abria o bilhete. Seu rosto se iluminou. Pulou da cama, eufórica:

– Nala, capricha na minha toalete. Hoje vou tomar chá com a condessa. Traze-me o vestido rosa, aquele guarnecido com rendas de Bruxelas.

A criada vestiu-a e penteou-lhe os cabelos cuidadosamente. Mirando-se no espelho, Hélène teve que reconhecer que era uma bela jovem.

– Estás linda, senhora! Homem nenhum deixará de admirar-te.

Hélène suspirou, melancólica, afirmando:

– Considerar-me-ia feliz se um único homem me notasse a presença. Todavia, isso é impossível. Ele nem ao menos está na cidade!

Mademoiselle desceu e, enquanto aguardava a hora do encontro, gastou o tempo passeando pelo jardim e pensando na maneira como iria abordar o assunto que tanto a incomodava.

Um pouco antes das dezessete horas, tomou a carruagem que a levaria à residência dos Beauvais. Foi recebida com satisfação pela dona da casa. Florence estava radiante:

– Acertaste vindo visitar-me hoje, querida Hélène. Estava entediada! Sem ter o que fazer ou com quem conversar, sentia-me abandonada por todos! Meu marido encontra-se em serviço e, assim, agradeço-te a feliz lembrança.

Florence conduziu a recém-chegada a uma pequena sala íntima, onde poderiam estar a sós e conversar à vontade.

Após os cumprimentos de praxe e algumas frases gentis, num momento em que a conversa arrefecera, Florence fitou a amiga, aguardando. Afinal, ela havia solicitado a entrevista.

Hélène percebeu que era chegado o momento e teria que ir direto ao assunto. Observava a dona da casa sem saber direito que atitude tomar. Assim, achou que seria mais conveniente demonstrar tristeza e, delicadamente, levou o lencinho perfumado aos olhos para enxugar uma lágrima inexistente. Depois, suspirou, exclamando com inflexão ressentida:

– Ah! Minha cara amiga Florence... Não sabes como fui ofendida dentro de tua própria casa!

A outra demonstrou surpresa:

– Aqui? Na minha casa? Impossível!

– Sim, *ma chèrie*. Mas, bem sei que ignoras o acontecido e que não tens culpa de nada.

E Hélène contou a Florence o sucedido naquela noite, pintando o quadro com cores fortes e vibrantes.

– Estou pasma! Como não fiquei sabendo? – estranhou a anfitriã.

– Porque, felizmente, ninguém viu a cena. – disse Hélène, com novo suspiro. – Caso contrário, teria sido um grande escândalo! E o pior, minha amiga, é que, em virtude desse desentendimento, Jean-Claude e eu rompemos o noivado.

Hélène ia dizer que a decisão de romper o compromisso fora de Jean-Claude, mas achou que isso era apenas um detalhe. Para preservar sua imagem diante da outra, deu a entender que a decisão tivesse sido mútua.

A condessa de Beauvais estava atônita. Intimamente, exultava, mas não poderia demonstrar seus sentimentos diante da chorosa visita.

– Não posso crer! Formavas com ele um par tão encantador! E Jean-Claude parecia tão apaixonado por ti!

– Pois é como te digo. Estou sofrendo muito, minha amiga.

Fez uma pausa, enxugou os olhos e prosseguiu:

– Essa criadinha merece uma lição, não achas?

Florence considerou mentalmente que tudo vinha ao encontro de seus desejos. Dessa forma, resolveria dois problemas de uma só vez. Afinal, também sonhava em livrar-se da rival – que o era duplamente, por ser esposa de Bertrand, seu entretenimento atual, e pelo interesse que o senhor de Beauvais, seu marido, demonstrava por ela. Todavia, procurando conter-se, respondeu, indignada:

– Sem dúvida! Mereces um desagravo diante de tal injúria. Mas, o que pretendes fazer?

– Ainda não sei. Entretanto, tenho um pedido especial a fazer-te.

– Fala sem receio, minha cara Hélène.

Mais fortalecida e animada com o apoio da outra, sugeriu:

– Parece-me que o caso está a exigir uma atitude drástica. Por isso, Florence, ficaria grata se expulsasses Elise desta casa, de forma que nunca mais ouvíssemos falar dela.

A outra pareceu meditar por alguns segundos. Depois considerou, com suavidade:

– Poderia fazê-lo sem problemas, querida Hélène, especialmente sendo uma solicitação tua, por quem tenho profunda consideração. Contudo...

– Contudo...?

– Achas que seria conveniente?

– Não sei. Mas foi a única idéia que me ocorreu. – respondeu a interpelada, com franqueza.

– Bem, pelo que entendi, Hélène, queres te vingar dela.

– Sim.

– Não te parece que, se tivermos a criadinha por perto, controlaremos melhor seus passos?

– É verdade! Como não pensei nisso? – concordou Hélène, candidamente.

– Desse modo, poderemos planejar cuidadosamente o que fazer. Mesmo porque, minha amiga, parece-me que não basta que Elise esteja longe para que o problema se resolva definitivamente.

– Não?

– Não! Para tirar a criadinha do pensamento de... de qualquer homem é preciso desacreditá-la. Urdir-lhe uma cilada de tal forma que o único sentimento que ela desperte seja o desprezo.

– Tens razão.

Num relance de lucidez, Hélène sentiu-se intrigada. Florence parecia mais ansiosa até do que ela mesma para destruir a criadinha. Teria a condessa algum motivo de queixa contra Elise?

Notando que a visitante a fixava intensamente, estranhando seu excessivo entusiasmo, a dona da casa justificou-se, tentando demonstrar uma expressão de tranqüila indiferença:

– Bem... mas... não sei, Hélène. Disse-te o que penso e o que eu faria se estivesse no teu lugar. A decisão, entretanto, é tua. Na verdade, nada tenho com isso e estou a imiscuir-me em assuntos que absolutamente não me dizem respeito.

Temendo que a outra se desinteressasse, Hélène apressou-se a afirmar:

– Não, não, Florence! Agradeço-te o interesse por mim. E tens toda a razão. Eu estava agindo sem pensar, ingenuamente. A amiga me abriu os olhos e por isso te agradeço muito.

A outra, colocando a mão sobre a de Hélène, arrematou:

– Não importa. Se pensas realmente assim, sou tua amiga e coloco-me à tua disposição. Agora, deixemos esses assuntos sérios e enervantes. Vamos ao nosso chá?

Sentadas diante de uma mesa arrumada magnificamente com porcelana de Sèvres, continuaram a conversar sobre trivialidades. As guloseimas eram tentadoras: tortas, bolos, biscoitos açucarados e pãezinhos; geléias, patês, manteiga e queijos completavam as iguarias.

– Está tudo uma delícia! – elogiou Hélène, descansando a xícara após sorver um gole de chá e levando o guardanapo delicadamente aos lábios. – Tens sorte em contar com uma cozinheira tão prendada.

– É verdade! Está há pouco tempo conosco.

– Sim? E de onde veio essa preciosidade?

– Do sul – informou Florence. Depois, baixando a voz, completou: – Trata-se da mãe de Elise!

– O quê?

– Isso mesmo que ouviste. Minha cozinheira Gertrudes é mãe da tua rival.

– Ah!... É mesmo? Gostaria de conhecê-la.

– Nada mais fácil.

Tocando a sineta, a condessa chamou um criado, que aguardava postado a discreta distância, e deu-lhe ordem de trazer Gertrudes à sua presença.

Poucos minutos depois, a cozinheira adentrou a sala, ajeitando a touca na cabeça, de onde se escapavam algumas mechas de cabelos castanhos. A recém-chegada, gorda e rosada, inclinou-se diante de Florence.

– Mandaste chamar-me, senhora condessa?

– Sim, Gertrudes. Nossa amiga Hélène, aqui presente, de tal forma se encantou com teus quitutes que fez questão absoluta de conhecer a mão que os preparou.

Torcendo o avental, a camponesa, corada de prazer, inclinou-se novamente diante da elegante jovem.

– Estás de parabéns, Gertrudes. Tens mãos divinas. Onde aprendeste receitas tão saborosas?

– Na minha terra, senhora.

– Ah, sim? E de onde vieste?

– Do sul. Eu e meu esposo viemos de Saint-Étienne.

– Fizestes um longo percurso. Mas como foi que viestes parar aqui, tão longe?

Gertrudes contou como seu genro, Bertrand, esposo de sua filha, Elise, conhecera o conde de Beauvais e a proposta que este lhe fizera. Depois, como o conde estivesse precisando de mais empregados, encarregara Bertrand de chamá-los.

– Excelente! E daí vieste trabalhar aqui, para nossa satisfação.

Fez uma pausa e seus olhos brilharam, como se naquele momento lhe passasse uma idéia pela cabeça. Virou-se para a anfitriã:

– Florence, querida amiga, se não fosse abusar da tua hospitalidade, desejaria pedir-te um favor.

– Pois fala, Hélène. Teus desejos são ordens para mim.

– É simples. Poderias ceder-me Gertrudes por algumas horas? O suficiente para que ela instrua as cozinheiras lá de casa, que – diga-se de passagem – cozinham pessimamente? Mamãe ficaria feliz. Tem passado maus bocados com as camponesas que trouxe da nossa propriedade rural e que nada entendem de cozinha. Enfim, são um verdadeiro horror.

– Claro! Quando quiseres, eu mesma me encarregarei de mandar levar Gertrudes à tua residência. Tendo chegado há pouco da província e não conhecendo nossa cidade, temo que se perca em Paris.

– Ótimo. Então, está combinado.

Gertrudes agradeceu a deferência e saiu, inflada de orgulho. Jamais se sentira tão valorizada.

Ficando novamente a sós, Hélène confidenciou à amiga:

– Perdoa-me, Florence, e não fiques zangada comigo pela ousadia. Pretendo apenas ter a oportunidade de arrancar algumas informações dessa mulher.

– E pensas, por acaso, que não entendi teu propósito? Tranqüiliza-te, *ma chèrie*. Achei excelente a idéia!

Ambas caíram na gargalhada. Estava selado o acordo que tantos malefícios acarretariam para todos os envolvidos.

Parando de rir, Hélène ficou pensativa por alguns segundos.

– Ela afirmou que veio das proximidades de Saint-Étienne... Não é naquela região que Albert de Troulon tem uma propriedade?

– Sim, exatamente!

– E não foi lá que Jean-Claude passou uma temporada, como hóspede de Albert, há algum tempo?

– Por certo.

– Não te parece muita coincidência, Florence?

– Sem dúvida. Creio que será bom investigares isso, minha cara. A propósito, fui informada de que Albert está na cidade. Voltou há dois dias da província, onde esteve a negócios.

Hélène arregalou os olhos, satisfeita:

– Ótimo. Encontrarei um jeito de falar com ele.

Achando que era hora de se retirar, Hélène levantou-se. Despediram-se entre promessas de novos encontros, ratificando mútua ajuda.

A jovem aristocrata retornou para casa e, imediatamente, mandou um bilhete para Albert de Troulon:

Caro Albert.

Fui informada, há poucas horas, que estás de retorno a Paris e nem sequer nos avisaste! Perdôo-te, desde que venhas visitar-nos. Tua presença nos faz muita falta, e estamos desejosos de saber as novidades. Se ainda não tiveres assumido compromisso, vem cear conosco hoje. Caso não seja possível, exigimos tua presença amanhã, para o chá. De acordo?

Papai e mamãe mandam-te lembranças.

Da tua amiga,

Hélène de Vancour

A resposta não se fez esperar. Albert agradecia o convite; também estava ansioso por reencontrar os amigos. Não, felizmente não tinha compromisso, e iria ter com ela naquela mesma noite.

A jovem arrumou-se cuidadosamente. Mais do que de costume. Desejava apresentar-se com a melhor aparência possível diante dele. Afinal, ele e seu amado eram amigos e, muito provavelmente, Albert saberia o paradeiro de Jean-Claude. Queria que, ao se reencontrarem, ele pudesse dizer ao amigo o quanto sua ex-noiva estava bela; que não estava abatida, nem entregue ao desânimo por ter sido abandonada por ele; ao contrário, mostrava-se mais encantadora, alegre e bem-disposta do que nunca.

Assim, quando o mordomo anunciou a presença do seu convidado, Hélène desceu as escadarias com o melhor dos sorrisos. Seus pais trocaram um olhar surpreso, sem entender aquela mudança brusca e radical.

– Meu caro Albert! Que prazer rever-te!

O rapaz, elegante e bem vestido, caminhou ao seu encontro

sorrindo.

– Querida Hélène! Há meses não nos vemos! Mas confesso que valeu a pena esperar para encontrar-te esta noite. Estás com aparência magnífica! Nunca te vi tão bela! – disse ele, inclinando-se e beijando-lhe a pequena mão estendida.

Com expressão satisfeita e sorriso estonteante, a jovem retorqüiu:

– Lisonjeiro! Estás sendo gentil, mas aposto que nem sentiste minha falta! Afinal, retornas a Paris e nem procuras os amigos! Porém, não pretendo atormentar-te com queixas. Vem, senta-te aqui a meu lado. Desejo que me coloques a par das últimas novidades da província.

Com sorriso divertido, ele retrucou:

– Querida Hélène, creio que poderás ter muito mais novidades para me contar do que eu a ti. No campo, tudo é tédio e monotonia, ao inverso de Paris, onde as coisas acontecem a todo instante. Mas, permite-me antes cumprimentar teus pais.

Encaminharam-se para junto dos donos da casa e, após as saudações de estilo e as trocas de amabilidades com Hervé e Antonieta, condes de Vancour, Hélène pediu licença aos genitores e arrastou Albert para um canto tranqüilo, onde se acomodaram.

– Agora que estamos a sós, conta-me o que tens feito de interessante, meu amigo.

– Como já te afirmei, nada tenho para contar, a não ser falar sobre animais, pastagens e plantações. Na província nada acontece. Tu, minha amiga, que não saíste da corte, deves ter muitas novidades para me contar.

Ela resolveu aproveitar a deixa. Saberia ele dos últimos acontecimentos? Não importava. Se não fora informado, agora o seria.

– Então, vá lá! Não sei se as bisbilhoteiras da corte já te contaram a última novidade.

– Novidade? Qual delas? – indagou ele, com inflexão irônica e interessada.

– Que teu amigo Jean-Claude e eu desfizemos o noivado.

– Deveras? E qual foi o motivo? – perguntou ele, com expressão indecifrável, não permitindo que sua interlocutora percebesse se ele ignorava ou não o fato. E concluiu: – Sinto imensamente, Hélène.

Com gesto vago e indiferente, ela respondeu:

– Ora, isso não importa, meu caro. São águas passadas. E... Jean-Claude, como vai?

– Lamento informar-te de que ignoro seu paradeiro.

– Verdade? Um passarinho me contou que talvez ele estivesse em tua propriedade em Saint-Étienne!

– Pois te asseguro que, se alguém disse isso, se enganou. Jean-Claude realmente esteve hospedado em nossa casa, há uns dois anos, passando lá uma temporada. Nunca mais retornou.

– Interessante... Acho que aquela região deve ser linda. Estimaria conhecê-la algum dia...

Percebendo a intenção, Albert antecipou-se:

– Não seja por isso. Teria a maior satisfação em receber-te como nossa hóspede. Desde já, considera-te minha convidada, e também o conde Hervé e a condessa Antonieta, naturalmente. Meus pais ficarão radiantes!

– Que bom! Olha que vou cobrar tua promessa!

– A qualquer hora que desejares. Fica a teu critério. E permanecerás o tempo que te aprouver. Afianço-te, porém, conhecendo-te como te conheço, que não suportarás um período longo. És demasiadamente citadina, amante do movimento, das festas e das intrigas da corte, para suportar os "prazeres" do campo.

Ela riu, deitando a cabeça para trás e abanando-se com o leque.

– Vejo que me conheces muito bem. Curiosamente, Albert, hoje é a segunda vez que ouço falar de Saint-Étienne. Estava na casa da condessa de Beauvais e fiquei conhecendo sua cozinheira, que veio daquela região. Não é uma coincidência interessante?

– Sem dúvida. Sei a quem te referes. Henri tem um sítio que faz divisa com nossa propriedade.

– Que curioso! E parece que esse casal tem uma filha, não é? Também criada dos Beauvais?

– Exatamente. Elise.

– Ah! E Jean-Claude conheceu essa família quando esteve por lá?

O rapaz, que até aquele momento não entendera a razão do interrogatório de Hélène, com essa pergunta compreendeu aonde ela queria chegar. Corando ligeiramente, respondeu:

– Não. Não que eu saiba.

– Mas... haveria a possibilidade de Jean-Claude ter conhecido essa jovem... Elise?

Gaguejando, Albert disse:

– Possibilidade haveria, mas confesso ignorar que ele a tenha conhecido.

– Tens certeza? – insistiu ela.

– Não... mas, não entendo em que isso te interesse, Hélène... – retrucou ele, um tanto desconcertado.

– Bobagem, meu caro. Sabes que sou muito ciumenta, porém tens razão. Em que isso pode me interessar? Já não tenho nenhum vínculo com o senhor de Mornay!

Deu um lindo sorriso, tentando desanuviar o ambiente, e em seguida convidou:

– Vê, estão nos chamando para a ceia. Vamos?

Aliviado, ele ofereceu-lhe o braço e, conversando alegremente, encaminharam-se para o salão de refeições.

O Chá

Capítulo 21

Tudo caminhava bem. Florence de Beauvais e Hélène estreitaram relações de amizade, visitando-se mutuamente. Cada uma delas cultivava interesses próprios, mas, a bem do objetivo comum, uniram-se contra a criada Elise, que nem de longe imaginava-se sob a mira atenta das aristocratas.

A condessa de Beauvais tinha ainda outro tipo de interesse, inconfessável. Na verdade, detestava Jean-Claude de Mornay porque fora o único homem que tivera a petulância de rejeitá-la. E sentir-se não desejada, não amada por algum homem – fosse ele quem fosse –, a quem ela tivesse distinguido com suas atenções, era algo que a volúvel condessa não perdoaria jamais. E o despeito, habilmente disfarçado com sorrisos, camuflava seu ressentimento. No fundo, considerava-se mortalmente ofendida.

Dessa forma, dois dias depois, Florence dirigiu-se à residência de Hélène, levando consigo a cozinheira Gertrudes em seu melhor traje domingueiro.

Recebidas com a atenção devida, Gertrudes foi encaminhada para a cozinha, para entender-se com as demais cozinheiras. Enquanto isso, Florence e Hélène distraíam-se em companhia do conde Hervé e de Antonieta, os donos da casa. Logo, porém, o senhor de Vancour teve de sair, e sua esposa o seguiu, desculpando-se perante a visita:

– Devo repousar um pouco agora. Minha saúde, um tanto abalada, o exige. Deixo-vos a sós para que possais conversar mais à vontade. Sei que os jovens têm segredinhos, dos quais uma velha como eu não deve participar. Acredita, querida Florence, tua visita é sempre um prazer e uma honra para nossa casa.

– Obrigada, querida amiga. Não concordo contigo, porém, quanto à idade. És nova o suficiente para atrair a atenção dos cavalheiros e tens o fascínio da madureza. Teríamos imenso prazer de que partilhasses da nossa conversa, condessa, mesmo porque não temos segredinhos que não possam ser ouvidos. A propósito, ignorava que estivesses com problemas de saúde.

– Nada sério, minha cara. Todavia, o médico recomendou-me repouso, e eu obedeço-lhe cegamente.

– Tens toda razão. Contudo, não te preocupes por deixar-nos. Também estou de saída. Vim apenas trazer Gertrudes, como havia combinado com tua filha. Espero-vos breve em minha casa. Meu marido aprecia muito a companhia do conde de Vancour.

– Qualquer dia desses nos reuniremos num bate-papo informal.

– Ótimo. Assim espero.

Após a saída da senhora, ambas passaram a colocar em dia as últimas descobertas. Dizia Florence:

– Não podes perder a oportunidade de conversar com a camponesa. Fiquei sabendo alguma coisa lá em casa, mas nada tenho de concreto.

– O que descobriste? – indagou Hélène, ansiosa.

– Algo interessante. Imagina que o casamento de Bertrand e Elise foi tumultuado por problemas.

– Problemas? Que problemas?

– Ignoro. Bertrand, meu informante, não quis me dizer. Mas ele conserva muita mágoa no coração contra a esposa. Isso ficou claro em suas palavras.

– Ah!... Então, vou ver se Gertrudes destrava a língua. Essas camponesas ficam felizes quando alguém lhes dá alguma atenção – comentou Hélène com uma risada irônica.

– Tens razão. Procura descobrir o máximo. Revira-a de ponta-cabeça, se preciso for.

– Deixa por minha conta. Sei como fazer isso.

– Ótimo. Assim, despeço-me. Não desejo atrapalhar o relacionamento de ambas. Ficarei esperando ansiosa pelas novidades, está bem?

Despediram-se com um abraço, ficando Hélène de mandar levar a cozinheira tão logo tivesse terminado o que ali fora fazer.

Depois da saída de Florence, Hélène dirigiu-se à cozinha, encontrando suas criadas e Gertrudes em animada palestra sobre culinária. A mãe de Elise, empolgada e cheia de orgulho, passava algumas dicas e receitas para as demais. Hélène deixou que se entendessem à vontade.

Algumas horas depois, quando achou que o tempo tinha sido suficiente, retornou:

– Creio que Gertrudes já vos ensinou tudo o que precisava. Agora a levo comigo. Também desejo algumas orientações.

E, para surpresa das criadas, ordenou à copeira:

– Serve-nos o chá. Afinal, é preciso provar os quitutes que foram preparados durante toda a tarde.

A criadagem trocou um olhar de espanto. Jamais nenhuma delas havia presenciado tal intimidade com uma serva, especialmente vinda de Hélène, que mantinha os subordinados a distância, mostrando-se sempre arrogante e superior. Onde já se vira aquilo? Criada sentar-se à mesa e tomar chá junto com a senhora, como se fosse uma visitante ilustre? Mas, como tinha sido ordenado, assim foi feito.

Gertrudes, cheia de empáfia, não cabia em si de satisfação. Arrancou o avental, estufou o peito, alisou as vestes e depois, ajeitando os cabelos com as mãos, ergueu o queixo com um sorriso vitorioso. Em seguida, acompanhando a condessinha para uma outra sala, mais íntima, onde se tomava chá em família ou com poucos convidados, sentou-se defronte da dona da casa, procurando portar-se com dignidade e correção.

Sabiamente, Hélène direcionou o assunto para o que lhe interessava. Provando uma das iguarias, comentou com ares admirativos:

– Realmente, és exímia cozinheira, Gertrudes. Que delícia!

Delicadamente, levou o guardanapo aos lábios, enquanto observava a convidada.

– Sabes que simpatizo muito contigo, Gertrudes? É verdade! Desde outro dia, quando nos conhecemos, fiquei curiosa para saber mais a teu respeito. Não tens o aspecto de uma criada. De onde mesmo que vieste? Do sul, se bem me lembro...

A interpelada, que havia acabado de colocar na boca um pedaço de torta grande demais, tentou engoli-lo rapidamente, respondendo, quase sufocada:

– Sim, senhora. Louvo a tua perspicácia. Na verdade, nunca exerci funções de serviçal. Sou descendente de uma boa família da região de Saint-Étienne, conquanto sem posses. Meu marido e eu temos uma granja nos arredores da vila e...

A dona da casa foi dando corda, e Gertrudes, encantada com as atenções e a gentileza da anfitriã, foi desfiando toda a sua vida.

Assim, Hélène ficou sabendo do noivado de Elise e Bertrand e dos fatos que antecederam o casamento deles.

– Como deves ter sofrido, minha amiga. Posso chamar-te assim, não é? Afinal, sinto como se nos conhecêssemos de longa data. E Elise, tua filha, como pôde ter causado tal desgosto aos próprios pais? E ao noivo, que, pelo visto, deveria ser excelente rapaz? É inconcebível!

– Pois é! Graças ao bom Deus, Bertrand perdoou a minha filha e aceitou-a assim mesmo. – suspirou, completando com um sorriso: – Hoje, eles são felizes e têm um lindo garoto.

– Ah! Graças ao bom Deus, disseste muito bem. Mas... o que teria levado Elise a tentar fugir, minha boa Gertrudes? Teria ela algum outro interesse?

– Interesse?

– Sim! Ninguém foge, às vésperas do casamento, sem algum motivo, não te parece? Estaria ela apaixonada por algum outro rapaz? Alguém das vizinhanças, talvez...

– Não! – respondeu Gertrudes, peremptória. – Minha filha ficava sempre em casa. Quando saía, era sempre conosco, seus pais e seu avô Maurice – que Deus o tenha! Jamais deixava o sítio desacompanhada.

– Pobre Gertrudes, como deves ter sofrido! Aceitas mais um pouco de chá? Olha, com uma pequena dose de conhaque, fica excelente. Tenho certeza de que vais apreciar. Prova!

Hélène colocou um pouco de conhaque na xícara de Gertrudes, para facilitar a conversa. Com a língua destravada pela bebida, a camponesa pôs-se a rir e a falar sem peias, perdendo o aprumo que conservara até então.

– És realmente muito simpática, Gertrudes, e interesso-me pelo teu futuro. Gostaria de poder ajudar-te. Conta-me: como é a vida na residência dos condes de Beauvais? És bem tratada?

– Não sei se devo, senhora...

– Por que não? Afinal, não somos amigas?

– É verdade. Estás sendo muito generosa comigo, senhora, e demonstrando real amizade. Vá lá!

Gertrudes relatou tudo quanto lá acontecia, inclusive as conversas que corriam entre a criadagem. Assim, intimamente satisfeita, Hélène ficou sabendo do interesse do conde de Beauvais por Elise e do relacionamento que existia – dizia-se à boca pequena – entre a condessa Florence e Bertrand.

– Teu genro?!...

– Esse mesmo, senhora. Que parecia um santo, diga-se de passagem, quando estávamos na província. Agora, está bastante mudado. Já nem o reconheço mais!

– Quem diria, heim? – espantou-se Hélène dando uma boa gargalhada. – A orgulhosa Florence de Beauvais envolvida com um criado! Esta notícia vale ouro...

Percebendo que falara demais, a mulher ficou assustada. Pondo-se a choramingar, suplicou, de mãos postas:

– Senhora, não digas a ninguém o que te contei aqui hoje. Se essa história cair nos ouvidos da condessa de Beauvais, ela me mata! Preciso muito desse serviço. Não tenho para onde ir! E meu marido Henri, se ficar sabendo, não me perdoará nunca! Ah, *Mon Dieu*!...

– Acalma-te, minha boa Gertrudes. Quem pensas que sou? Uma alcoviteira? Não te preocupes, pois ninguém saberá de nada. Podes confiar em mim. Esta é uma conversa que ficará entre nós, apenas. Será segredo nosso, entendes? – tranqüilizou-a Hélène, com voz untuosa.

Agradecida, Gertrudes levantou-se e, inclinando-se perante a moça, beijou-lhe a mão. Com ar vitorioso, a jovem aristocrata afirmou:

– Precisamos nos encontrar outras vezes, Gertrudes. Tu me foste de grande utilidade hoje. Agradeço-te. Agora, precisas regressar. Mandarei alguém te levar.

Antes, Hélène tirou um pequeno anel do dedo, entregando-o à serva.

– Como penhor da minha gratidão. Espero poder contar com teus serviços em outras ocasiões.

Com uma reverência, a mãe de Elise agradeceu a generosidade da condessinha e deixou a residência dos Vancour, satisfeita por ter sido útil e por ter feito amizade com tão grande dama. Mas, ao chegar à residência dos Beauvais, já não estava tão segura disso. Os vapores do álcool dissipavam-se lentamente e ela, retomando a consciência, temia ter falado demais e se comprometido.

Um grande temor agitou-a toda. Resolveu que nada contaria a ninguém sobre o que se passara naquela tarde. Nem ao marido, nem à filha, e muito menos à condessa de Beauvais.

* * *

Assim, foi inútil que Florence tentasse arrancar-lhe alguma informação. Afirmava que tudo correra bem, que deixara algumas orientações para as cozinheiras da condessa de Vancour, que realmente eram péssimas, nada conhecendo do seu ofício.

Todavia, mostrava-se estranha e evasiva. Naquele resto de dia fugiu de Elise, não se permitindo ficar a sós com ela. Na manhã seguinte, entretanto, não escapou do interrogatório da filha.

– Muito bem, *ma mère*. Sabes que estou aflita para saber o que aconteceu na casa daquela víbora. Conta-me tudo.

Fazendo-se de desinteressada, Gertrudes respondeu:

– Nada de extraordinário. Apenas fiquei horas na cozinha dos Vancour ensinando às criadas, que são de uma incompetência e de uma ignorância inacreditáveis. Além disso, creio que te enganas. A senhora Hélène não é uma víbora. É gentil e atenciosa. Tratou-me como a uma igual. Considera-me sua amiga! Senti-me parte da nobreza, uma dama! – concluiu, com orgulho.

Olhos arregalados, Elise fitou-a, perplexa:

– Foi "gentil e atenciosa" contigo, minha mãe? Tratou-te como "a uma igual"? Considera-te "amiga"? Será que estamos falando da mesma pessoa?

– Pois é como te digo, minha filha. E a casa é belíssima! Ah, que luxo! Tomamos chá na sala...

– Chá?!

– Sim! Com o serviço completo e do mais puro bom gosto. Jamais vi mesa tão bem posta...

Elise, atônita, de boca aberta, caiu sentada numa cadeira. Algo se avolumava dentro dela. Um sentimento de angústia, de medo, como se um perigo desconhecido a ameaçasse. Engoliu em seco e, tomando as mãos da mãe nas suas, falou com gravidade:

– Minha mãe. Conheço essa mulher, e não se pode esperar nada de bom vindo dela. É uma raposa! Se agiu contigo dessa forma, é porque desejava algo de ti. Hélène de Vancour tem um plano, disso não tenho dúvida. Sempre que teve ocasião, procurou me prejudicar.

Elise fez uma pausa, olhou firme para Gertrudes e prosseguiu:

– Então, conta-me, minha mãe. Preciso saber. O que conversastes? O que lhe disseste?

Fitando a filha à sua frente, séria e compenetrada, notou que ela não estava brincando. O medo de Elise era real. Estava realmente assustada com alguma coisa. E, o que quer que fosse, era muito grave. Nesse momento, lembrou-se das perguntas de Hélène, do seu interesse por Elise, do conhaque que adicionara ao chá e de como ela, Gertrudes, se comportara, falando como uma rameira. Meu Deus, o que tinha feito?

Desviando os olhos de Elise, tentou levantar-se, apavorada.

– Responde, minha mãe. Que perguntas ela te fez? É importante que eu saiba, para poder me defender melhor.

Gertrudes, porém, não teve coragem de contar a verdade. Desvencilhou-se dos braços da filha e fugiu.

– Ouves? Estão a me chamar. Preciso ir.

– Nada ouvi, minha mãe.

– Estão a chamar-me. Preciso ir. – insistiu, desesperada.

E saiu apressada, quase a correr. Elise, todavia, não precisava de mais nada para confirmar suas suspeitas. Sua mãe falara demais e agora não tinha coragem de enfrentar a realidade. Suspirou, melancólica. Algo se tramava às suas costas. Precisava descobrir o que era, a qualquer custo. Mas como?

Nisso, ouviu uma gargalhada que soou no ar, próxima a seus ouvidos, como se trazida por uma lufada de vento. Sentiu até o hálito quente de alguém e uma presença ameaçadora, que a deixou aterrorizada.

Um calafrio percorreu-lhe o corpo da cabeça aos pés, enquanto o coração disparava. A vista se lhe embaralhou e uma vertigem a envolveu, fazendo com que tudo rodasse à sua volta.

Sentindo que o chão lhe faltava, caiu desamparada, completamente inconsciente.

A Correspondência
Capítulo 22

Elise abriu os olhos e deu com a fisionomia dos criados, que se inclinavam sobre ela, curiosos para saber o que estava acontecendo.

De pronto, não reconheceu o lugar. Depois, lembrou-se do que ocorrera. Novamente um arrepio gelado percorreu-lhe o corpo. Perguntou com voz sumida para uma criadinha que estava mais próxima:

– Tu o viste?

– Quem? – indagou ela, sem entender.

– Ouviste a gargalhada?

– Não. Não ouvi nada. Mas o que está acontecendo contigo, Elise?

– Não te preocupes. Estou bem. Foi um mal-estar passageiro.

Henri, que chegara naquele instante, foi abrindo caminho entre a criadagem. Chegando perto da filha, afastou os curiosos com autoridade:

– Está tudo bem, pessoal. Agora, voltai às vossas ocupações. A senhora pode aparecer e certamente não gostará de vos encontrar parados.

Em instantes, os criados se dispersaram, permanecendo apenas pai e filha no local.

– Como te sentes, Elise?

– Melhor, meu pai.

– Conseguirás andar? Não convém que fiques aqui à mercê de curiosos.

– Tens razão, meu pai. Melhor sairmos daqui.

Henri ajudou-a a levantar-se e, amparando-a com os braços, levou-a até o quarto dela, depositando-a no leito.

Elise tornou a perguntar, intrigada:

– Tu o viste, pai?

– Quem, minha filha?

– "Ele". O homem estranho que deu aquela gargalhada.

– Que homem? Não havia ninguém estranho, Elise. Só os criados da casa estavam no pátio, e eu os afastei. Além disso, quando acordaste, eu tinha acabado de chegar.

– Tenho certeza, *mon père*. Havia mais alguém ali.

– Esquece isso. Procura descansar um pouco. Logo a condessa poderá precisar de teus serviços, e é bom que estejas em condição de atendê-la.

Elise calou-se e fechou os olhos, fingindo estar com sono. Queria ficar só. Henri deixou o quarto, fechando a porta atrás de si, preocupado com a filha. Ela não lhe parecia bem. Falava coisas estranhas e sem nexo.

Sozinha, Elise tentava entender o que havia acontecido. Tinha certeza de ter ouvido uma gargalhada. Sentira até o hálito quente e desagradável de alguém bem próximo, no seu pescoço. Era uma presença ameaçadora, e ela ficara muito assustada. Era a mesma sensação que experimentara naquela madrugada. Poderia até afirmar que era a mesma voz, a mesma pessoa, se é que isso era possível!

Agora mesmo, não estava bem. Arrepios gelados percorriam-lhe o corpo, o coração batia acelerado e uma sensação de perigo a dominava.

Lágrimas quentes brotaram-lhe dos olhos. Não tinha ninguém que pudesse defendê-la, ajudá-la. Sentia-se só e desamparada. Não por falta de gente ao seu redor, pois isso havia de sobra. Não! Carecia – isto sim – de alguém para conversar, trocar idéias, fazer confidências. Se pelo menos seu avô Maurice estivesse vivo, não estaria tão só. Ele sempre a ajudava, fazia-lhe companhia, conversava com ela, entendia seus problemas e a aconselhava.

"Ah!... Que falta tu me fazes, vovô!", pensou, suspirando.

A esse pensamento, sentiu que leve aragem tocava-lhe o íntimo. O coração serenou, os calafrios cessaram e brando torpor a dominou, produzindo-lhe sono benéfico e reparador.

A lembrança do querido avô fez com que as ligações se restabelecessem, criando elos vibratórios entre eles e facilitando que Maurice, ali presente, pudesse ajudá-la, melhorando suas condições orgânicas e emocionais.

Envolvendo-a em fluidos balsamizantes, o Espírito amigo conseguiu afastar, pelo menos provisoriamente, o inimigo desencarnado, o que lhe permitiu prestar assistência à neta querida.

Despertando no mundo espiritual, Elise viu o avô ao lado do seu leito e sorriu aliviada e satisfeita, sem se dar conta do fenômeno que estava ocorrendo, uma vez que ele já havia desencarnado.

– Querido vovô, como tenho sentido tua falta!

E, como a criança carente que procura o colo do adulto, ela começou a chorar, aconchegando-se a ele.

– Sinto-me tão só, vovô!

Envolvendo-a num abraço carinhoso, ele a repreendeu:

– O que dizes? Como estás só, minha neta? Não sejas ingrata! Tens pai e mãe, um esposo e o nosso querido Jean-Maurice, que é uma luz em tua vida!

Os olhos dela brilharam por entre as lágrimas ao lembrar-se do filhinho.

– Tens razão quanto a Jean, meu avô. Ele é o maior tesouro de minha vida, mas ainda é tão pequeno e frágil! Quanto aos outros...

Fitando-a com severidade, ele redargüiu:

– Não menosprezes as oportunidades que o Criador te confiou, minha neta. Estamos sempre colocados ao lado das pessoas certas para o nosso aprimoramento. Deus não erra nunca. A verdade é que tens débitos para com aqueles que te compartilham a existência. Aceita com resignação e coragem a oportunidade de servir e não rejeites o sofrimento depurador que te for imposto. No passado, magoamos, ferimos, prejudicamos criaturas que ora surgem como algozes ou como companheiros de jornada. Evita de te comprometeres ainda mais perante a lei divina, porque se a semeadura é amarga, a colheita no futuro será de fel. Reajusta as próprias emoções e procura fazer o melhor, certa de que não estás desamparada. Amigos generosos preocupam-se contigo e estão sempre prontos a ajudar-te. Eleva teu pensamento pela oração, e nossas ligações tornar-se-ão mais fáceis. Confia em Deus e não te desesperes.

A essa altura, Elise chorava convulsivamente, ouvindo as exortações do avozinho querido.

– Fica comigo, vovô! Não me abandones...

– Estou sempre junto a ti, minha querida, mas, por força das circunstâncias, estamos em mundos diferentes agora. Para o teu crescimento, é necessário que exercites o livre-arbítrio, escolhendo espontaneamente os caminhos que desejas trilhar. Porém, tanto quanto possível, estarei a teu lado sugerindo-te bons pensamentos e amparando-te nas horas mais difíceis. As decisões, no entanto, deverão ser da tua inteira responsabilidade.

A nobre entidade fez uma pausa, acariciou os cabelos da neta e concluiu:

– Aproxima-se o tempo em que serás submetida a terríveis atribulações. Aceita com resignação, não te rebeles e sairás vitoriosa. Estaremos juntos. Nada temas. O Senhor é pai amoroso e saberá recompensar-nos pelos sofrimentos experimentados. Agora, devo partir. É necessário que teu Espírito retome o veículo corpóreo abandonado temporariamente. Nada temas, repito. Confia. Estaremos sempre juntos. Adeus.

Em meio às lágrimas, Elise ainda tentou detê-lo, mas o avô diluiu-se lentamente diante de seus olhos, como se fosse apenas uma fumaça.

Despertando no corpo físico, ela ainda estava sob os eflúvios da presença do avô. Experimentava a vaga sensação de ter sonhado com o querido velhinho, mas não se lembrava do que ele lhe dissera.

Contudo, permaneciam em forma de intuição as idéias superiores e os conselhos que ele tentara lhe incutir na mente.

Levantou-se bem-disposta e tranqüila. Sentia a cabeça lúcida como há muito não acontecia, e pensamentos de paz, de compreensão, de entendimento a dominavam.

Reconhecia-se tão bem que tinha a sensação de que nada, nem ninguém, poderia tirá-la daquele estado de bem-estar íntimo. Esquecera-se por completo da gargalhada que ouvira e que lhe provocara tanto mal-estar. Também já não dava a mesma importância à conversa da mãe com Hélène, que até algumas horas atrás a deixara tão preocupada.

Quando Bertrand chegou e ficou sabendo do que lhe acontecera, comentou, maldoso:

– Com certeza quiseste apenas chamar a atenção das pessoas, não é?

Elise olhou para o marido e não disse nada. Para quê? Era inútil se aborrecer por tão pouco. Pensasse ele o que quisesse.

Não percebeu que, a seu lado, o avô procurava sustentá-la para que não se perturbasse com as insinuações maldosas de Bertrand.

O velhinho sorriu, satisfeito, ao ver que ela aceitava-lhe docilmente os alvitres, mantendo o equilíbrio.

O resto do dia transcorreu tranqüilo, conservando Elise seu bom ânimo, otimismo e confiança.

* * *

Ao entardecer, Florence foi visitar a amiga Hélène. Queria saber o resultado do encontro com Gertrudes.

– E então? – perguntou Florence, ansiosa.

– Tínhamos razão em suspeitar de que existia algo misterioso na vida dessa sonsa. Ouve.

E, ajeitando-se melhor na poltrona, Hélène pôs-se a relatar tudo o que tinha ouvido de Gertrudes. Naturalmente, omitiu a parte que dizia respeito à amiga:

– Acreditas, Florence, que a cozinheira me contou que Elise tentou fugir na véspera do casamento?

– Fugir? Como assim?

– Isso mesmo que ouviste. Por sorte – ou por azar, não sei! – o noivo encontrou-a caminhando na estrada e levou-a de volta. Foi um escândalo!

– Deveras? Mas ela merecia uma boa surra!

– Pois foi exatamente o que aconteceu. Levou uma boa sova e ficou toda machucada. No dia seguinte, certamente para evitar nova fuga, o casamento foi realizado na própria herdade.

– *Mon Dieu!* – exclamou Florence, caindo na gargalhada.

Rindo também, a outra completou:

– Justificaram o estado da noiva, diante dos convidados e do padre, dizendo que ela tinha caído do cavalo no dia anterior.

Novas gargalhadas, acompanhadas de pilhérias e ironias. Quando pararam de rir, Hélène considerou:

– Mais do que nunca, acho que existe algo entre Elise e Jean-Claude. A tentativa de fuga na véspera do casamento coincide com a época em que meu noivo estava na propriedade de Albert, em Saint-Étienne, que, por sinal, faz divisa com o sítio de propriedade do pai da criadinha. Não é estranho?

– Sem dúvida! Creio que mataste a charada, Hélène.

– Mas ela me pagará! Não ficará impune!

Levando o lencinho aos olhos, ela inquiriu:

– Florence, o que podemos fazer para acabar com essa miserável?

– Deixa-me pensar.

Ficaram ambas alguns minutos caladas, até que Florence levantou o dedo indicador e afirmou:

– Já sei o que fazer. Tenho um plano.

– Conta-me! Estou curiosa!

– Confias em mim?

– Claro! Considero-te minha melhor amiga!

– Pois então prefiro manter segredo, minha bela. Só ficarás sabendo quando tudo estiver arranjado. Aceitas?

– Sim, mas... não podes contar nada mesmo? Nem um pouquinho?

– Melhor que não saibas. Será uma surpresa também para ti. Não te arrependerás, garanto.

Resignada, Hélène anuiu:

– Está bem. Se assim desejas, concordo.

As cúmplices separaram-se satisfeitas.

Uma vez sozinha, Florence imediatamente passou a projetar os detalhes do seu plano.

* * *

Três dias depois, em torno de quatro horas da tarde, Florence estava na sala quando Elise entrou. Inclinou-se numa reverência:

– Mandaste chamar-me, senhora condessa?

– Sim, Elise. Preciso que leves uma correspondência até o Louvre.

– Ao Louvre?!

– Sim. Algum problema?

– Não, mas...

– Sei o que estás pensando. Que essa não é tua função. Todavia, preciso de alguém de minha inteira confiança, Elise. É assunto confidencial, entendes? Fiquei temerosa de confiar o envio da mensagem por um portador qualquer.

– Compreendo, senhora, e agradeço-te a confiança. A quem devo entregar?

– Ao senhor Gianfrancesco Molina.

E, tirando do dedo um anel com o brasão dos Beauvais, entregou-o à criada, afirmando: – Com este anel não terás dificuldades em entrar no palácio real. Agora, avia-te! Tenho urgência em que esta carta chegue a seu destinatário.

– Sim, senhora. Imediatamente.

Deixando a sala, Elise apressou-se em se arrumar. Trocou de roupa, colocando seu melhor vestido, e penteou os longos cabelos. Afinal, não poderia apresentar-se no Louvre com os velhos trajes costumeiros.

Um quarto de hora depois, caminhava apressada pelas ruas da cidade. Para ela tudo era novidade, uma vez que estava sempre trabalhando e nunca tinha tempo de sair de casa.

O movimento era intenso e, de início, sentiu-se atordoada. Como não soubesse o endereço do palácio real, parou muitas vezes para se informar com os transeuntes.

Desacostumada de caminhar, com os pés doendo em sapatos apertados, estava exausta quando viu ao longe o palácio.

Seu coração batia apressado. Sempre tivera o desejo de conhecer o Louvre, saber como viviam seus nobres moradores, mas jamais julgara que isso um dia iria acontecer.

Agora, estava prestes a realizar seu sonho. Ansiosa, estugou o passo, esquecendo o cansaço e a dor nos pés. Em poucos minutos, estava nos portões do palácio.

No Louvre

Capítulo 23

Timidamente, Elise aproximou-se da guarda e disse a que viera. Conforme a condessa de Beauvais afirmara, mostrando o anel não teve nenhuma dificuldade em ser admitida no palácio real.

Atravessou os jardins, encantada com tudo o que via. O trânsito de pessoas que entravam ou saíam – todas luxuosamente vestidas – era intenso.

Subiu as escadarias e entrou no palácio. De início, ficou perplexa e sem fôlego. O luxo dos móveis, os vasos, as estátuas, as pinturas nas paredes, o teto trabalhado, os lustres de cristais, o chão que pisava – tudo era encantamento e novidade. Um sem-número de cortesãos ali se encontrava e uma mescla de conversas, risadas, perfumes e tilintar de metais envolveu-a.

O impacto fez com que, sentindo leve vertigem, se apoiasse em pequena mesa a um canto.

Estava assustada e insegura. Ao contrário das demais pessoas que ali se aglomeravam, às quais tudo parecia familiar, Elise não sabia o que fazer nem que rumo tomar. Vendo um pajem que guardava uma porta, animou-se a perguntar:

– Por obséquio, sabes me dizer onde posso encontrar o senhor Gianfrancesco Molina?

Gentilmente, o rapaz indicou-lhe o rumo que deveria tomar. Assim, Elise atravessou galerias, salas e corredores. Perguntando ora a um, ora a outro, acabou chegando defronte de uma porta.

Bateu delicadamente. Um criado veio abrir. Ela perguntou pelo destinatário da carta e o rapaz mandou que aguardasse. Logo, um senhor veio atendê-la.

– O que desejas, senhora?

– *Monsieur* Gianfrancesco Molina?

– Sim.

– Vim a mando da condessa Florence de Beauvais. Trago-te uma correspondência urgente. Aqui está.

Ato contínuo, Elise tirou a missiva, que trazia numa bolsinha a tiracolo, e entregou-a ao cavalheiro.

O homem, sem qualquer discrição, fitou-a de alto a baixo, com ar crítico e debochado. Era bem apessoado, de porte elegante, cabelos grisalhos nas têmporas, pele clara e emaciada, denotando uma vida de excessos. Bem vestido e penteado, os gestos eram delicados e as mãos finas e bem tratadas. Sorriu com displicência, quebrando o lacre e abrindo a correspondência.

Enquanto lia o que estava escrito no papel, observava disfarçadamente a mulher à sua frente. Elise não estava gostando nada daquilo.

Molina acabou de ler e dobrou a carta, continuando calado. Afinal, olhou-a de forma lasciva e sem esconder suas intenções:

– Qual o teu nome?

– Elise, *monsieur*.

– És muito bela, Elise.

Irritada ante o comportamento libertino e deselegante daquele homem, Elise levantou a cabeça:

– E então? Devo aguardar uma resposta? – perguntou, mal contendo a impaciência e procurando mostrar-se tranqüila e altaneira, uma vez que não queria criar problemas, especialmente com um cavalheiro tão bem situado.

– Calma, minha bela! Por que tanta pressa? – disse ele. E, tocando-lhe de leve no queixo, fez com que se virasse para poder examiná-la melhor, continuando: – És realmente uma preciosidade! Onde te escondeste até agora? Tua beleza não é para servir a criados, mas a senhores...

Erguendo ainda mais a fronte, cheia de dignidade e bastante irritada com o tratamento que ele lhe dispensava, Elise respondeu:

– *Monsieur*, creio que estás equivocado. Não sou quem estás pensando. Sou uma mulher casada, de respeito, e vim atendendo a uma ordem da senhora condessa de Beauvais. Já cumpri minha missão. Se não tens resposta, devo ir-me. Passa bem.

Dando um passo atrás, resoluta, fez menção de retirar-se. Rápido, com sorriso desdenhoso, o italiano agarrou-a pelo braço, impedindo-lhe a saída. Depois, mudou a expressão do rosto, tornando-se mais amável e cordial. Com ar súplice, considerou:

– Perdoa-me, senhora. Enganei-me a teu respeito e peço-te desculpas. Mas, vamos, o que é isso? Apressada, por quê? Justamente agora que vamos dar início a uma festa? Calma. Apreciaria muito que ficasses. Além do mais, necessito de tempo para preparar uma resposta à correspondência. Se quiseres, justificarei para a condessa o teu atraso.

Depois, homem fascinante e experiente, como se já fosse coisa resolvida, e sem dar-lhe tempo para pensar, passou uma vista de olhos por seus trajes, com ar crítico:

– Vestida de acordo, farás sucesso na corte. Vamos tirar essa roupa que não te faz justiça à beleza. Afinal, estarás diante das pessoas mais influentes do reino!

Antes que Elise pudesse esboçar uma reação, ele chamou uma criada, ordenando:

– Vê se consegues arrumar algo que lhe sirva. Não será difícil. Seu talhe é perfeito.

A criada pegou Elise pelo braço e praticamente a arrastou até um outro cômodo. Tratava-se de um quarto grande, decorado com requinte.

– Tira essas roupas.

Atordoada com tudo o que estava acontecendo, incapaz de reagir, Elise estranhou a nota de desprezo e arrogância que percebeu na voz da criada. Todavia, automaticamente obedeceu.

– Aguarda aqui. Trarei outro traje completo. Quanto a estas roupas, o lugar delas é o lixo. Para nada mais servem.

Elise quis impedi-la, dizer que ela não tinha o direito de fazer isso, mas não conseguiu. A atrevida criada já apanhara as peças que Elise tirara e, antes de deixar o quarto rapidamente, alertou:

– Não saias daqui. Volto logo.

"Ordem desnecessária", pensou Elise. "Aonde poderia ir, completamente sem roupas?".

Ela ficou ali, atônita e confusa. Não entendia como tinha chegado àquela situação, nem como se deixara dominar por uma criada que não era melhor do que ela. A única diferença é que trabalhava no Louvre. No entanto, agora tinha que aguardar.

Sem ter o que fazer, pôs-se a examinar o aposento. Enrolou-se numa colcha e sentou-se no leito, a pensar. Na verdade, por que não aceitar o gentil oferecimento do senhor Molina? Sempre quisera conhecer ambientes mais requintados, conviver com aristocratas, conversar com eles. É certo que vivia na residência de uma família nobre, mas era diferente. Ali era criada, não hóspede ou convidada.

Elise suspirou. No fundo, estava satisfeita. Por que perder a oportunidade que a vida estava a lhe oferecer? Não seria uma porta que Deus lhe abria, talvez com reflexos em toda a sua existência? Lembrou-se do italiano. "Não gostei da maneira como ele agiu comigo nem como me olhou, mas é só não aceitar suas insinuações, manter uma distância adequada e tudo estará bem. Saberei me defender, caso seja necessário".

Após um quarto de hora, Elise começou a se preocupar. A criada não retornava trazendo novos trajes. O trajeto fora longo, Elise caminhara muito e sentia-se exausta. A ligeira penumbra do ambiente, iluminado apenas por uma lâmpada colocada numa pequena mesa a um canto do aposento, o colchão macio e convidativo, o cansaço – tudo isso fez com que se recostasse no leito e cochilasse.

Acordou atônita, sem saber onde estava. Quanto tempo teria se passado? Olhou para o relógio na parede e assustou-se. Uma hora já havia transcorrido e nada da criada!

Decidida, caminhou até a porta por onde tinham entrado, esperando encontrar alguém que pudesse ajudá-la. Estava trancada. Forçou-a, mas não cedeu. Aflita, tentou abrir outra porta. Também estava trancada. Tentou outra. Nada.

Somente agora, ela começava a se dar conta de que, provavelmente, caíra numa armadilha. Como fora ingênua!

Angustiada, procurou nos móveis, abriu gavetas, tentando encontrar as chaves. Nada.

Em pânico, sem saber mais o que fazer, Elise acabou descobrindo uma outra porta escondida atrás dos reposteiros, e que até aquele momento não vira. Cheia de esperança, forçou a maçaneta. Abriu!

Agradecendo a Deus, Elise apressou-se a transpô-la. Encontrou-se num lugar escuro e sem janelas, que lhe pareceu um corredor. Nesse momento, lembrou-se daquele livro que seu pai encontrara e que ela tanto gostava de folhear, quando ainda solteira. Recordou-se que ele continha informações sobre velhos castelos e palácios, onde havia saídas secretas, não raro para calabouços. A vítima nunca seria encontrada, morrendo sem ver novamente a luz do sol. Um frêmito de pavor percorreu seu corpo ao pensar nessa possibilidade. No entanto, pesando tudo, compreendeu que não tinha alternativa. Assim, resoluta, caminhou pelo corredor até deparar com outra porta no final. Prendendo a respiração, encheu-se de coragem. Para sua satisfação, verificou que ela não opôs resistência. Estava destrancada.

Elise respirou, aliviada. Abrindo a porta, entrou.

Sentiu-se cegar por intensa luminosidade. Levou uma das mãos aos olhos, enquanto com a outra segurava a colcha em que estava enrolada.

Nesse momento, com os olhos mais acostumados à luz, pôde ver alguém que caminhava em sua direção. Era o italiano. Gianfrancesco Molina.

– Aqui está nossa convidada de honra! Sê bem-vinda, minha querida Elise. Repousaste bastante? – perguntou, com voz melíflua, colocando o braço em torno de seus ombros, numa atitude de flagrante intimidade.

Elise recuou, indignada.

– O que pensas, senhor? Sou uma mulher casada! Jamais dei liberdade ao senhor ou a qualquer outra pessoa para me tratar com tamanho desrespeito.

– Ora, Elise, o que queres que todos pensem?

E, olhando para os lados, exclamou:

– Vede como é bela! Por acaso vos enganei ao elogiar-lhe os dotes? Nesse nosso jogo, ela demorou um pouco para encontrar a saída. Perdi a aposta. Mas, valeu a pena, não é verdade? Passamos horas muito agradáveis – concluiu ele, apontando-a aos demais, como se ela estivesse numa vitrine.

Somente então, cheia de pavor, Elise ouviu gargalhadas e percebeu que o local estava cheio de gente que ela não notara ao entrar. A sala era iluminada por um grande lustre de cristal no centro, as pessoas estavam postadas ao fundo, em meia penumbra, e ela tinha demorado a se acostumar à luz, pois viera da mais completa escuridão. Olhou em torno e sentiu-se morrer de vergonha e de humilhação.

Sentadas ao redor da sala, pessoas bem vestidas a examinavam com atenção. Mulheres olhavam-na com inveja e admiração, mas com imenso desprezo. Os homens conversavam e riam, dizendo-lhe pilhérias, fazendo-lhe propostas e despindo-a ainda mais com o olhar.

E, no meio daquele povo, com inaudito horror, ela percebeu a presença de Hélène e de pé, atrás dela, Jean-Claude de Mornay, que a fitava, surpreso, e ao mesmo tempo com infinita tristeza.

Elise queria morrer naquela hora. Desejou que o chão se abrisse e a tragasse, que um raio a consumisse... mas nada disso aconteceu. Queria explicar a Jean-Claude o que estava acontecendo, mas não podia. Só conseguiu murmurar:

– Não é verdade! Não é verdade!

Enquanto lágrimas corriam-lhe pelo rosto pálido e desfeito, Elise notou que Jean-Claude, enojado, deixava a sala.

Era demais. Sentiu que tudo rodava à sua volta e que o chão lhe faltava. Nesse momento, alguém a amparou com braços fortes.

– Basta! Já não vos divertistes bastante por hoje? – indagou seu defensor.

– Ora, meu caro Albert, foi somente uma brincadeira – justificou-se, rindo, o aristocrata italiano.

– Poupa-me de tuas ironias. A senhora não merece isso.

– Ah, pois o senhor defende a dama em questão? Ou se dará o caso de que estejas com inveja por não teres sido tu o escolhido?

Enquanto Albert de Troulon e Gianfrancesco Molina discutiam acaloradamente, reunindo as parcas forças, Elise conseguiu fugir. Ganhando o corredor, deslocou-se o mais rápido que pôde, escondendo-se e procurando os lugares desertos. Estava num local onde o trânsito era pequeno. Ficou abaixada atrás de um enorme vaso, tentando recuperar o fôlego e acalmar o coração. Precisava achar um meio de sair daquela situação.

Nesse instante, viu um grupo de três pessoas que caminhavam em sua direção. Pensando rápido, abriu a porta mais próxima e entrou, rezando para que ninguém a tivesse visto.

Para sua sorte, os aposentos estavam vazios. Olhando em torno, percebeu que eram de muito bom gosto, decorados em tons de azul e ouro. Respirou aliviada. Por enquanto, estava segura.

Alguns minutos depois, mais refeita, encaminhou-se para o quarto, em busca de algum traje que lhe servisse. Afinal, não poderia caminhar pelo Louvre sem roupas, apenas enrolada numa colcha. Seria facilmente descoberta.

Assim que o adentrou, ouviu vozes abafadas. Assustada, tentou saber de onde vinha o ruído e deparou com um reposteiro de veludo carmesim, atrás do qual havia uma porta entreaberta que alguém, certamente, se esquecera de fechar.

Aproximou-se. Olhando pela fresta, acobertada pela escuridão, viu diversas pessoas reunidas. Ouviu alguém dizer, com voz autoritária:

– É agora, ou nunca mais!

– Mas, e o rei? Sua Majestade não concordará com isso!

– De Carlos, cuido eu! – falou uma voz áspera e desagradável. – Meu filho acabará aceitando minhas ponderações e as razões de Estado que determinam essa providência.

Elise prendeu a respiração. Com um misto de admiração e terror, percebeu que estava diante da rainha-mãe, a todo-poderosa Catarina de Médicis, a quem todos no reino temiam. Ficou assustada. Algo de muito importante estava acontecendo naquele momento, ali, naquela sala. O diálogo prosseguia.

– Ele tem que morrer! Não há outro jeito! – afirmava uma outra senhora, com convicção. – Para o bem da França e da Santa Liga, é necessário que esse demônio desapareça.

Suas pernas tremiam. Quem seria essa pessoa que deveria morrer e a que se referiam? Cuidadosos, evitavam dar nomes.

Nisso, ouviu um barulho, e, temendo que alguém a descobrisse bisbilhotando, o que seria morte certa, resolveu deixar aquele local. Afinal, não tinha encontrado nada para vestir. Aqueles eram aposentos masculinos, e os trajes eram imensos. Deveriam pertencer a alguém alto e bastante robusto. Além disso, temia que qualquer ruído a denunciasse, tornando sua situação ainda pior.

Abriu a porta e voltou para o corredor. De súbito, sentiu que alguém lhe segurava o braço. Com o coração aos pulos, virou-se, em pânico.

– Ainda bem que te encontrei. Procuram-te por todo o palácio.

Era Albert.

– Vem comigo. Não poderás sair do palácio nessas condições. Conheço alguém que nos ajudará. Seus aposentos não ficam longe daqui.

Escondendo-se para não serem vistos, evitando encontros inoportunos, chegaram diante de uma porta. Albert bateu delicadamente. Uma criada veio abrir.

– A condessa Olívia está?

– Sim, senhor. Vou avisá-la da tua chegada.

Eles entraram e aguardaram. Logo, uma dama de rosto belo, tranqüilo e sorridente surgiu:

– Albert! Que prazer rever-te. Ignorava que tivesses retornado! Mas, a que devo a honra? – perguntou, olhando disfarçadamente para Elise, ali, quase nua, mas sem demonstrar qualquer admiração.

– Olívia, minha amiga! Preciso da tua ajuda. Esta senhora está passando por momentos difíceis. Em hora mais oportuna explicar-te-ei tudo. Enfim, poderás arranjar-lhe um traje? Como vês, ela não poderá sair assim do palácio real.

Olívia olhou para Elise. Seu aspecto desamparado, os olhos assustados, a palidez do semblante – tudo isso a encheu de compaixão. A mulher que tinha à sua frente não lhe parecia uma pessoa desclassificada. Por certo, teria caído numa cilada, tão comum no Louvre.

– Compreendo. Vou ver o que posso arranjar. Não será difícil, visto que temos mais ou menos o mesmo corpo. Vem comigo – convidou gentilmente.

Elise acompanhou-a sem dizer uma só palavra.

– Como te chamas?

– Elise, senhora.

– Muito bem, Elise. Experimenta este traje. Acho que te servirá perfeitamente.

Docilmente, ela vestiu a roupa.

– Caiu-te como uma luva, Elise. Olha no espelho. Vê como estás bela.

– Agradeço-te, senhora – balbuciou finalmente, com esforço.

– Ah! Ainda falta uma coisa... – lembrou a condessa.

Foi até o armário e, escolhendo um chapéu que combinava com

o traje, entregou-o a Elise:

– Vais precisar dele, se, como penso, não queres ser reconhecida.

Assim pronta, voltaram para a sala, onde Albert as esperava. O rapaz não conteve um gesto de admiração ao ver Elise.

– Fizeste um verdadeiro milagre, Olívia. Obrigado. Agora precisamos sair. O tempo urge. Devo-te uma explicação. Outro dia conversaremos com mais vagar.

– Não te preocupes, meu amigo. Tem cuidado.

Elise agradeceu-lhe ainda uma vez e saíram. Albert lhe ofereceu o braço e puseram-se a caminhar. Ela conservava a cabeça baixa, meio escondida pela aba do chapéu. Procurando aparentar naturalidade, conversava com seu acompanhante como se fossem apenas mais um casal, como tantos outros que circulavam pelo Louvre.

Ao deixarem o paço real, Elise suspirou, aliviada, despedindo-se do cavalheiro.

– Obrigada, *monsieur*. Jamais te poderei pagar tamanha generosidade.

– Como? Queres voltar sozinha para casa, senhora? Estás tão abalada que mal consegues andar! Não, de forma alguma. Faço questão que venhas comigo. Levar-te-ei na minha carruagem.

Elise aceitou o gentil oferecimento. Mesmo porque suas forças estavam se esgotando. Sentia-se exausta e sem ânimo para dar um passo sequer.

Fizeram o trajeto em silêncio. Albert olhava discretamente para sua companheira, admirando-lhe o talhe, o perfil delicado, a curvatura da boca, as mechas de cabelos que se lhe escapavam do chapéu. Elise era muito bela, e ele, pela primeira vez, sentia-se realmente atraído por uma mulher.

A carruagem parou. Lamentando que o percurso tivesse sido tão curto, Albert desceu e, galantemente, ofereceu o braço à companheira.

A mão dela apoiou-se na dele com leve pressão, fazendo com que um frêmito de emoção o agitasse.

Elise virou-se e agradeceu mais uma vez o favor que lhe prestara.

– Obrigada, senhor. És verdadeiramente um cavalheiro.

Depois, como se um pensamento passasse repentinamente por sua cabeça, completou mais para si mesma, enquanto uma névoa de tristeza toldava o brilho de seus olhos:

– Lamento não poder dizer o mesmo de outras pessoas...

Albert inclinou-se, beijando-lhe a destra, enquanto dizia:

– Senhora, podes contar comigo. Estou à tua disposição.

Ela sorriu melancolicamente e virou-se, afastando-se em direção a casa. O rapaz ficou parado, vendo-a entrar. Depois, deu uma ordem ao cocheiro:

– Para o Louvre! Rápido!

Recostou-se nas almofadas, pondo-se a pensar. Entendera perfeitamente o que Elise quisera dizer com "lamento não poder dizer o mesmo de outras pessoas". Era evidente que ela se referira a Jean-Claude. Precisava ter uma conversa com o amigo.

Chegando ao palácio real, procurou saber se Jean-Claude de Mornay ainda estaria nas suas dependências, mas ninguém soube informar. Depois que saíra da "festa", não fora mais visto. Um amigo que participara da trama reprovou-o:

– Como te atreves, Albert, a discutir com Molina? Não sabes que é homem perigoso e que melhor é tê-lo como amigo do que como inimigo?

– Pouco se me dá! Esse italiano, amante de Catarina de Médicis, pensa que pode tudo...

– Psiu! Fala baixo, Albert! Queres que alguém te ouça? Não sabes do que esse homem é capaz!

– Esse homem, que mostra em seu nome uma descendência dúbia, que é espanhol e italiano ao mesmo tempo, que veio não se sabe de onde, para fazer não se sabe o quê, é recebido com todas as honras pela família real. Melhor dizendo, pela rainha-mãe. Não te parece estranho?

– Sem dúvida, meu caro. Justamente por isso é preciso ter cuidado! Quanto à sua origem, ouvi dizer que é filho de uma italiana com um nobre espanhol. Nasceu em Veneza e por isso é italiano.

– Não me importa o que ele seja. Não gostei do que fez com aquela mulher hoje. Por quê? Que interesse teria ele em humilhá-la? Estará a serviço de alguém? Tu, que andas sempre de olhos e de ouvidos atentos, André, sabes alguma coisa?

– Bem, não ignoras que o senhor Molina é um homem muito prestativo...

– Certamente. "Servil" seria o termo mais apropriado.

– Como queiras. Corre, à boca pequena, que o serviço foi encomendado pela condessinha de Vancour... – falou, baixando mais ainda o tom de voz.

– Ah!... compreendo. Mas Hélène não tem inteligência suficiente para engendrar um plano desses. Quem a teria ajudado?

– Quem sabe uma amiga...

Albert de Troulon manteve-se pensativo por alguns instantes, depois murmurou:

– Tens razão, André. Uma amiga. Hélène não faria isso sozinha. Entretanto, se a condessa de Beauvais, sua amiga, estiver por detrás de tudo, começa a fazer sentido. Conheço aquela víbora. E até entendo por que não compareceu. Para não despertar suspeitas. Mandou, porém, Hélène, sua amiga íntima, para conferir a humilhação e a vergonha da outra.

– Certo, Albert. E temos até o motivo: ciúmes. Dizem que o conde, que é muito mulherengo, anda caidinho pela bela criada.

– Isso mesmo. As peças começam a se encaixar. Bem, vou retirar-me. Se porventura encontrares Jean-Claude, dize-lhe que preciso lhe falar.

Albert saiu, denotando uma certa pressa.

– Para a residência do barão de Mornay! – ordenou ao cocheiro.

Vergonha e Humilhação

Capítulo 24

Chegando à residência senhorial dos barões de Mornay, imediatamente Albert foi introduzido pelo criado. Encontrou Jean-Claude com uma taça de vinho na mão.

– Faz-me companhia? – perguntou ele com voz empastada, oferecendo a bebida ao recém-chegado.

– Não, obrigado. Pelo que vejo, já bebeste demais.

– Vieste até aqui para me recriminar, Albert?

– Absolutamente. Vim para conversar contigo.

– Pois então, conversemos.

O visitante examinou o outro por alguns instantes, depois considerou:

– Ignorava que tivesses retornado à capital.

– Cheguei hoje, infelizmente. Para presenciar um espetáculo deplorável...

– Ah, sim!... E o que fez com que deixasses o salão daquela maneira intempestiva?

– Achas que deveria permanecer ali? Acreditas realmente que tenho estômago para ver uma cena daquela? Quero esquecer, Albert. Preciso tirar da cabeça o que presenciei.

Enchendo novamente a taça de vinho, ficou parado com os olhos fitando o vazio.

– E o que presenciaste? – indagou Albert, sereno.

– Então não viste? Jamais pensei que Elise, que conheci tão pura e ingênua na tranqüilidade do campo, se prestasse a um papel daqueles.

Lentamente, medindo bem as palavras, Albert ponderou:

– Jean, não raro as aparências enganam. Não percebes que o

que pensas ter presenciado foi forjado por mentes sórdidas? Que a tua Elise foi enganada e que caiu numa armadilha, tão comum entre os cortesãos do Louvre?

Todavia, Jean-Claude sentia-se amargurado e ferido demais para aceitar qualquer análise. Aos gritos, atirou a taça de vinho no chão, estilhaçando-a. Parecia enlouquecido.

– Não quero mais falar sobre isso! Basta! Para mim, Elise está morta. Desprezo-a! Odeio-a!

Percebendo que não adiantava falar sobre o assunto, Albert, com a mesma tranqüilidade, mudou o rumo da conversa:

– Está bem, se assim o desejas. Mas, acalma-te, Jean-Claude, senta-te! Falemos de outras coisas. A propósito, por que regressaste a Paris, justamente hoje?

Mal se sustendo nas pernas, o dono da casa levantou-se para pegar a garrafa de vinho, deixando-a a seu lado. Após encher a taça, com muita dificuldade, respondeu:

– Pois não é uma infelicidade? Recebi uma correspondência convocando-me para uma reunião no palácio real.

– Sim? Ora, que interessante! E, se não for confidencial, posso saber o objetivo da reunião? – indagou Albert, sumamente surpreso.

– A missiva não especificava. Só exigia minha presença nessa reunião para tratar de assunto importante. Como tivesse o lacre de Catarina de Médicis, não hesitei em comparecer. Sabes como é, não se desobedece a uma ordem de Catarina...

– Ah!... o lacre de Catarina! Curioso. E foste à reunião? Deveria ser deveras urgente para que te convocassem dessa forma.

– Assim também pensei. Entretanto, não houve reunião. Molina justificou-se dizendo que a rainha-mãe estava indisposta, sem condições de receber ninguém, e que marcaria audiência para outro dia.

– É mesmo? Incrível!... E ainda assim duvidas de que, também tu, caíste numa esparrela?

– Lá estás tu voltando de novo para o mesmo assunto! Não

penso como tu e não acredito nisso. Catarina deve ter tido suas razões para não me receber nesta tarde.

– Ah, sim... certamente. Tens razão. Mas... e como foste parar naquela sala?

– Com a audiência real frustrada, Gianfranscesco Molina, para que não perdesse a viagem, convidou-me a participar daquela reunião.

Albert estava pasmado. A cegueira de seu amigo era inacreditável, ou a bebida subira-lhe tanto à cabeça que lhe tirara a capacidade de pensar.

– Não percebes, Jean, como tudo está tão claro? Alguém quis prejudicar Elise!

– Ora, Albert! Com que finalidade defendes tanto essa mulher? Por que alguém desejaria prejudicar Elise, uma simples criada? Mas, vamos lá. Mesmo que alguém quisesse prejudicá-la, o que estava ela fazendo no Louvre, àquela hora?

– Vamos por partes. Primeiro, conheço, sim, pessoas que teriam muito prazer em desacreditar Elise, apesar de ser apenas uma criada, como afirmas. E tu também conheces. Falo de Hélène de Vancour, tua ex-noiva, e de sua dileta amiga Florence de Beauvais.

– Ora, divagas!

– Achas mesmo? Hélène odeia Elise, e sabes perfeitamente bem disso. Em várias oportunidades demonstrou esse rancor. Quanto a Florence, não desconheces – e ninguém na corte ignora – que ela é apaixonada por ti e que ainda não desistiu de seduzir-te. Além disso, o conde François de Beauvais anda interessado na bela criada.

Albert fez uma pausa, olhou fixamente para o amigo e concluiu:

– Não julgas que são motivos suficientes para desejarem destruir alguém?

– Não sei e não me interessa. Deixa-me em paz! – resmungou de Mornay.

Bastante irritado por ver que não conseguia convencer Jean-Claude, Albert levantou-se:

– Retiro-me. Hoje não adianta tentar conversar contigo! – afirmou, impaciente.

– Não ceias conosco?

– Não. Voltarei outra hora, quando estiveres sóbrio e em teu juízo perfeito. Recomendações a teus pais.

Com ligeira mesura, Albert despediu-se.

O ar fresco da noite fez-lhe bem, recuperando em parte sua serenidade. O cocheiro abriu a porta da carruagem, e o rapaz jogou-se no banco, desanimado. Seu amigo estava absolutamente incapaz de compreender qualquer coisa naquela noite. Albert condoía-se da situação dele. Compreendera perfeitamente que Jean-Claude estava desesperado, que seu sofrimento era intenso, insuportável, e que, na bebida, tentava apagar da mente as cenas tristes que presenciara.

Enquanto a carruagem rodava, decidiu que, no dia seguinte, iria fazer uma visita à condessa de Beauvais, com quem mantinha relações bastante amigáveis. Desejava saber notícias de Elise, quem sabe até vê-la, conversar com ela.

A essa idéia, um frêmito de emoção o agitou. Deu-se conta de que era a segunda vez que isso acontecia num mesmo dia. O que era extraordinário.

A verdade é que o semblante pálido e os olhos tristes de Elise não lhe saíam do pensamento.

Em sua casa, deitado no leito, na escuridão do quarto, só conseguia pensar na criada. Revia-lhe o talhe esbelto, o colo ofegante, o pescoço esguio, os cabelos cor de mel, os traços de madona, o nariz delicado, a maciez da pele, os lábios rosados...

Teve desejos de abraçá-la e beijar-lhe a boca bem-feita.

"*Mon Dieu*! O que está acontecendo comigo?", pensou, assustado. Afinal, Jean-Claude era seu melhor amigo e amava Elise havia muito tempo. Só não se casara com ela por obra do destino.

Tivera ocasião de ver Elise, ainda uma menina magricela e desajeitada, várias vezes. Tanto na igreja, na missa dominical, quanto a distância, trabalhando no campo, enquanto ele cavalgava por suas terras, que confinavam, ao sul, com a granja de Henri. No entanto, jamais ela atraíra sua atenção. Agora a reencontrara em outras condições. Crescera, amadurecera, tornando-se mulher encantadora. Com Jean-Claude fora diferente. Sentira-se atraído pela bela camponesa desde a primeira vez que a vira. Discreto, nada comentara, mas a Albert não haviam passado despercebidos os olhares do amigo dirigidos à camponesa. Depois, quando Claude chamara-o aos aposentos que ocupava, em sua casa de Saint-Étienne, comunicando-lhe que precisava partir, Albert estranhara, achando que era problema relacionado com alguma mulher. Todavia, seu amigo não se interessava por ninguém, até onde sabia, exceto pela camponesa, filha de Henri. Ao ser informado das histórias e boatos que corriam em torno dos fatos que antecederam o casamento de Elise, desconfiara que Jean-Claude poderia estar envolvido. Lamentara pelo amigo e entendera sua fuga tão precipitada. Entretanto, como não lhe fizera confidências, Albert evitara comentar o assunto com ele, respeitando-lhe a dor.

Albert não conseguiu dormir naquela noite. As imagens de Elise surgiam-lhe na mente, relembrando os acontecimentos do dia: a humilhação e a vergonha que se lhe estampavam no semblante atônito quando percebera a assistência e os risos cruéis, os sedutores ombros nus, que a colcha de cetim não conseguira esconder. Revia-se correndo em seu socorro, incapaz de omitir-se por mais tempo diante de cena tão deplorável. Quando ela fugira, aproveitando um momento de descuido do seu algoz, correra em seu encalço, sabendo que estava sozinha, que era uma mulher indefesa e que, sem ajuda, jamais conseguiria sair do Louvre incólume. Aqueles belos olhos, que expressavam aflição e dor, angústia e surpresa, não podiam estar mentindo. Ela era inocente.

Depois, ao encontrá-la perdida num corredor do Louvre, o coração agitara-se, contente. Sentia ainda o delicado peso do braço dela sobre o seu, confiante. Lembrou-se do momento em que, já vestida convenientemente pela condessa Olívia de Bergerac, surgira na sala onde ele a aguardava. Estava encantadora! Em seguida, haviam saído ambos pelos corredores do palácio, aconchegados. Apesar de tudo, aqueles tinham sido momentos de grande enlevo para Albert, pois eles haviam caminhado de braços dados, bem juntinhos, fingindo que eram dois namorados. Tinham trocado algumas palavras, mas o contato daquele corpo tão próximo do seu fizera-lhe o sangue ferver nas veias.

Tudo isso, porém, tinha que ser olvidado. Ela era a mulher amada de seu melhor amigo, que jamais a esquecera, e que, em hipótese alguma, poderia sequer desconfiar do seu interesse repentino por Elise.

O dia estava claro quando Albert conseguiu cochilar um pouco. Ainda assim, teve sonhos em que Jean-Claude e Elise tomavam parte, mas o cenário era diferente e eles eram outras pessoas.

Acordou irritado e nervoso. Angustiado, sentia medo de alguma coisa; todavia, por mais que se esforçasse, não conseguia descobrir de quê.

Pelo meio da tarde, fez-se anunciar na residência dos Beauvais.

– O senhor conde não está – informou o criado que atendera à porta, depois de uma mesura.

– Ótimo. Desejo mesmo falar com a condessa Florence – respondeu, sem hesitação.

Introduzido numa pequena sala, aguardou alguns minutos. Pouco depois, Florence surgiu, alegre e sedutora. Recebeu o visitante com seu melhor sorriso:

– Caro Albert! Que bons ventos te trazem a esta casa? Estava mesmo precisando de companhia. Não sabia mais o que fazer para passar o tempo!

Inclinando-se e beijando a pequena mão que ela lhe estendera, desculpou-se:

– Perdoa-me, cara condessa, aparecer assim sem avisar-te, quebrando o protocolo. No entanto, fico contente de saber que acertei vindo te procurar. Confesso que também estava à cata de distração quando me lembrei da senhora, que, diga-se de passagem, é sempre excelente companhia. Além disso, a tarde está excepcionalmente quente e não suportei mais ficar em casa. Tive que sair! E meus pés conduziram-me até aqui!

– Pois fizeste muito bem, conde de Troulon. E já que estás tão acalorado, procuremos local mais aprazível.

Com uma risada, tomou-o pela mão e arrastou-o para um jardim interno, onde, em bancos de mármore, cercados de rosas, arbustos e folhagens, ficariam à vontade.

– Excelente idéia, condessa. Que lugar fresco e encantador!

A anfitriã mandou que servissem suco refrescante, vinho, frutas e guloseimas. Depois, com uma taça de bebida nas mãos, puseram-se a conversar sobre amenidades. A certa altura, Florence comentou que passara o dia anterior em casa, não saindo para nada, alegando estar indisposta.

– Imagina! Nem sequer fui ao Louvre, e olha que tinha combinado encontrar-me com um seleto grupo de amigas para jogar gamão.

Albert aproveitou a deixa, comentando:

– No que fizeste muito bem. Só não lamentei ter ido ao paço real porque tive ocasião de ser útil a alguém.

– Sim? Conta-me como foi isso! – perguntou a hipócrita mulher, que já tinha conversado com Hélène e estava a par dos acontecimentos do dia anterior.

Abrindo o jogo, Albert relatou os fatos como haviam ocorrido, e concluiu:

– Mas já deves ter conhecimento deles porque, dizem, a moça é tua criada...

– Minha criada?! – Florence demonstrou surpresa e incredulidade.

– Sim. Os cortesãos estranharam a presença dela no Louvre. O que teria ido fazer uma criada no palácio, àquela hora?

– Quem?

– Parece-me que seu nome é Elise.

Um tanto constrangida, porém tentando aparentar tranqüilidade, a condessa explicou:

– Ah, sim! É verdade! A criada Elise foi exatamente levar um recado meu às senhoras, avisando-as de que estava indisposta e não poderia comparecer, conquanto isso me causasse vivo desagrado.

– Ah, agora entendo. Isso explica a presença dela no Louvre. Mas, vamos falar de outras coisas mais interessantes. Afinal, tudo já passou e, acredito, sem maiores conseqüências. A criada está bem, presumo?

– Certamente. Entretanto, nada comentou sobre o incidente no paço real. Mas... o que aconteceu, afinal?

Albert relatou-lhe o ocorrido de forma superficial, como se não estivesse dando grande valor ao fato, e concluiu:

– Foi isso o que aconteceu.

Florence, que fingiu ter ficado horrorizada com o relato dele, comentou, indignada:

– *Mon Dieu!* Tiveram a coragem de expor dessa forma a pobre moça? Todavia, caro Albert, já que tocaste no assunto...e se, como afirmas, todos tomaram conhecimento, talvez deva livrar-me dela. Um escândalo desse tipo compromete toda a nossa reputação. Julgo que a criada não poderá mais permanecer aqui, em nossa casa, não achas?

Albert mordeu os lábios. Desejaria jogar no rosto daquela mulher tudo o que pensava realmente dela, do seu jogo sujo, mas se conteve, limitando-se a dizer:

– O que seria uma injustiça, querida Florence. A moça em questão não teve culpa de nada. Foi uma vítima de pessoas inescrupulosas. A senhora sabe como os cortesãos do Louvre gostam de entretenimentos e como sabem ser cruéis quando querem, sem medir as conseqüências de seus atos.

– Achas mesmo? Pensando melhor, talvez deva repensar o assunto...

– Faze isso. E, já que estou aqui, gostaria de falar com a criada

Elise, se me permitires. Sinto-me um pouco responsável por ela.

– É claro, Albert. Sempre um cavalheiro! Vou mandar chamá-la.

Florence tocou uma sineta e, imediatamente, um criado surgiu. Deu-lhe uma ordem em voz baixa e, em poucos instantes, Elise entrou na sala. Nesse exato momento, o criado veio avisar a senhora de que o conde acabava de chegar e solicitava sua presença na biblioteca.

Assim, Albert e Elise ficaram sozinhos. A moça, abatida e tristonha, trazia manchas roxas sob os olhos. O rapaz condoeu-se do seu ar desamparado.

– Como estás, Elise?

– Bem, tanto quanto possível.

– Ontem não pudemos conversar. E não temos muito tempo agora. Gostaria de falar contigo, a sós. Entender o que aconteceu para poder ajudar-te. Descobrir o culpado, ou os culpados. Onde podemos nos encontrar?

Elise pensou um pouco e informou:

– Nos fundos da casa, no terreno que dá para a outra rua, há um pequeno portão. Espera-me lá, à meia-noite.

Bem a tempo. Florence retornava e nada mais podia ser dito.

– Mais alguma coisa, *monsieur*?

– Não, Elise. Só queria saber notícias tuas.

– Estou bem, senhor, como já afirmei. Mais uma vez, agradeço-te a ajuda.

Depois, virando-se para a condessa, indagou, servil:

– Desejas alguma coisa, senhora?

– Sim. Por que não me contaste o episódio no Louvre?

– Perdoa-me, senhora; foi por vergonha.

– Está bem, Elise. Podes ir agora. E, da próxima vez, não te metas em confusão. Onde já se viu? Foi a primeira vez que te mandei ao Louvre e já te meteste em encrenca?

– Sim, senhora.

A criada saiu de cabeça baixa. Seus olhos, porém, destilavam um ódio tão profundo que teriam assustado Florence, se ela os tivesse visto. As últimas palavras da condessa haviam piorado ainda mais a revolta que Elise estava sentindo. Dentro de seu peito, rugia uma tempestade. Sentiu vontade de matá-la ali mesmo, naquela hora. Controlara-se para não avançar no pescoço da condessa. Ela lhe pagaria, sim, mas teria que ser tudo planejado.

Florence de Beauvais e quem mais estivesse envolvido com a trama de que fora vítima pagariam bem caro.

Sob a influência da sombria entidade que não a deixava um momento sequer, trazia o peito em brasas. Envolvia a todos no seu rancor. Todos os que a tinham prejudicado sofreriam sua vingança, repetia intimamente, sem cessar.

Foi assim que, naquela noite, esperou Bertrand adormecer para poder sair. O filhinho dormia há horas.

Esperou que os movimentos da casa terminassem, que as luzes fossem apagadas e, quando se convenceu de que estavam todos dormindo, embrulhou-se numa longa capa, cujo capuz lhe cobria boa parte do rosto, e saiu com cautela, tentando não fazer nenhum ruído. Dirigiu-se cuidadosamente ao portão, nos fundos da propriedade, de modo a não ser vista pelas sentinelas. Correu o ferrolho e o portão se abriu, com lúgubre ruído. Encontrou-se na rua. Uma sombra saiu da escuridão. Era Albert.

– Tudo bem?

– Sim.

– Teu marido?

– Dorme. Não há perigo de que acorde. Tem sono muito pesado.

– Então, vamos. Minha carruagem espera a poucos passos daqui. Lá estaremos seguros. Não quero correr o risco de que alguém te reconheça.

Tomando-a pelo braço, o rapaz conduziu Elise até a carruagem. Depois que se acomodaram nas macias almofadas, o cocheiro colocou a condução em movimento. Parecia saber o destino, pois nada perguntou.

– Para onde vamos? – indagou Elise, temerosa.

– Para local tranqüilo. Acalma-te. Infelizmente, a cidade regurgita de gente. Uma multidão de protestantes já chegou para as bodas de Henrique de Navarra e Margarida de Valois. Festejam nas ruas, cantam, dançam e bebem. Por isso, precisamos evitar os locais mais movimentados.

Poucos minutos depois, entraram por um grande portão, e o cocheiro parou a carruagem num pequeno pátio.

– Onde estamos?

– Em minha residência. Aqui, ninguém irá nos incomodar. Meu cocheiro é discreto.

Ajeitando-se melhor nas almofadas, virou-se para a acompanhante:

– Então, conversemos. Conta-me, Elise. Por que foste ao Louvre ontem? Preciso saber de tudo para poder ajudar-te. Não omitas nada.

Respirando fundo, ela começou a falar. Contou como recebera ordem da condessa para levar correspondência sigilosa e urgente para *monsieur* Gianfrancesco Molina.

– Entendo. Ela te mandou para a toca do leão.

– O que disseste?

– Esquece. Quem Florence tem recebido ultimamente?

– Muitas pessoas. A casa é movimentada, senhor.

– Há alguém que aparece com mais freqüência? Ou que ela visita com mais freqüência? Procura lembrar-te. É importante.

– Sim. *Mademoiselle* Hélène de Vancour.

– Exatamente o que pensei. Conta-me, Elise. Recebeste ordem de levar uma correspondência ao senhor Gianfrancesco Molina. E depois?

Elise narrou em detalhes os acontecimentos, suas dificuldades para chegar até o Louvre, uma vez que não sabia o caminho, como fora recebida nos aposentos do senhor Molina, e por que vestia apenas uma colcha. Descreveu o cansaço que sentira naquela hora, quando estava completamente sem roupas e em aposentos com pouca claridade. Por isso, acabara adormecendo, ainda mais porque a criada estava demorando muito para voltar. Falou do desespero de que se sentira possuída ao perceber que as portas estavam trancadas. Narrou o momento em que chegara à conclusão de que caíra numa armadilha. Descreveu seu alívio quando, afinal, uma porta se abrira e ela desembocara num longo corredor.

– Depois... O resto já conheces, *monsieur*. Entrei naquela sala muito iluminada e, como viesse da escuridão, a princípio nada enxerguei. Que vergonha, *mon Dieu*!

Ela nada comentou sobre Jean-Claude, mas Albert percebeu que a dor maior era aquela. Vendo que Elise se punha a chorar, ele tirou da algibeira um pequeno lenço, que lhe entregou, enquanto lhe segurava a mão com carinho:

– Acalma-te, Elise. Descobriremos todos os culpados.

– Só posso agradecer-te, senhor. Tens demonstrado ser um verdadeiro amigo. Aliás, o único que possuo.

– Pois quero que realmente assim me consideres, Elise. Agora, convém que retornes. É tarde e temo que alguém perceba tua ausência. Quando for preciso comunicar-me contigo, mandarei meu cocheiro, que é de confiança. Chama-se Bruno.

Retornaram rapidamente. Elise fez o mesmo caminho de volta. Entrou em seus aposentos e, como previra, o marido e o filho dormiam serenos.

Deitou-se sem fazer barulho. Agora, mais do que nunca, queria vingar-se. Sabia quem eram os culpados. Pelo menos três: Florence de Beauvais, Hélène de Vancour e o italiano, Gianfrancesco Molina. Quanto a Jean-Claude, ele não mais merecia seu amor. Vira sua expressão de desprezo, de asco, de desgosto. Acreditara-a capaz de uma infâmia, apesar de conhecê-la melhor do que qualquer outra pessoa naquela sala. Ela também não lhe perdoaria jamais por isso.

Nas Sombras

Capítulo 25

Bertrand ressonava. Deitada a seu lado, Elise não conseguia repousar. Agitavam-lhe o íntimo sentimentos de revolta, de ódio e de vingança. Em sua mente, as imagens do dia anterior – a humilhação e a vergonha que passara – misturavam-se com outras, supostas e mais antigas, mas que haviam gerado o mesmo tipo de dor, e que diziam respeito aos fatos que haviam antecedido o seu casamento. Aqueles trágicos acontecimentos, ainda não digeridos e que a tinham marcado profundamente, surgiam agora, revigorados, como que a exigir uma reparação.

Seus pensamentos, sob a interferência da sombria entidade desencarnada que a acompanhava, estavam confusos. Um ressentimento feroz contra tudo e contra todos endurecia suas feições e colocava um brilho metálico em seus olhos. Desejava vingar-se. Precisava vingar-se de todos eles, mas não sabia como.

Nesse estado emocional, cultivando monoideísmo destruidor, acabou adormecendo.

De repente, Elise acordou, sem saber onde estava ou como fora parar lá. Via-se numa região inóspita, escura e enfumaçada; o ambiente era tétrico e apavorante. Vegetação rala e rasteira cobria o solo; nas raras árvores, de galhos desnudos e retorcidos, aves agoureiras crocitavam nas sombras, fazendo-a estremecer. Notou seres animalescos que passavam, escondendo-se na escuridão, enquanto gritos e lamentos soavam ao longe, produzindo impressão aterradora. Que lugar seria aquele? Tentando sair daquele local horrível e desconhecido, caminhou sem destino, sem saber que rumo tomar. Depois de andar durante algum tempo, percebeu que surgia, pouco mais adiante, um agrupamento de pessoas. Ouviu vozes e aproximou-se, esperançosa, para pedir ajuda. Contudo parou, amedrontada. À medida que se aproximava, viu que era uma assembléia estranha, constituída de vários tipos de seres, como que unidos a um objetivo comum: alguns tinham aparência exótica, meio-faunos, meio-homens, expressões depravadas, lúbricas; outros, vestidos de forma bizarra, semelhavam-se a rufiões, inconseqüentes e gozadores; outros, ainda, eram sacerdotes e prelados da Igreja, denotando fanatismo religioso; os demais apresentavam-se elegantemente vestidos, aristocratas e dignitários da corte, em cujas fisionomias havia dureza e crueldade; além de pessoas do povo.

Os participantes da assembléia falavam em altos brados, de forma agressiva, e discutiam sobre algum assunto, demonstrando maldade e rancor, tudo mesclado com gargalhadas irônicas e satânicas.

Elise sentiu medo e quis recuar, antes que fosse vista. Porém, nesse exato momento, alguém lhe agarrou o braço. Virou-se, assustada, deparando com um homem horripilante, que lhe impediu a retirada, obrigando-a a acercar-se mais do grupo, enquanto dizia com voz cavernosa:

– Fica. Ouve.

Reconheceu, naquele instante, com inaudito pavor, a voz que já ouvira outras vezes, e que tanto medo lhe causava.

Sem escolha, pôs-se a escutar o que aquelas pessoas diziam. Falavam num castigo que estava reservado aos hereges e combinavam detalhes da operação. Dispunham de valiosa ajuda entre os "homens da carne" e a justiça seria executada dentro de muito pouco tempo. Os famigerados huguenotes não mereciam viver e, para cada um deles, estava reservado o castigo correspondente. Falavam em derramamento de sangue, e suas expressões denotavam fanática satisfação. De todos os lados surgiam, sugestões, novas idéias e maneiras mais eficientes de torturar os culpados.

Elise ouvia com atenção; sumamente surpresa, reconheceu, entre as pessoas presentes, muitas daquelas que estavam no palácio real. Inclusive, lembrou-se da reunião a que assistira, da qual haviam participado vários senhores, um sacerdote católico, e senhoras, dentre as quais Catarina de Médicis. Na ocasião, não entendera muito bem o diálogo que haviam travado, mas percebera, sem sombra de dúvida, que estavam decidindo sobre a vida de alguém. Todas aquelas pessoas estavam presentes também agora, e Elise notou que o assunto era o mesmo daquele dia. Apavorada, diante daquelas personalidades que demonstravam crueldade sem limites, as mais notáveis do reino, Elise fugiu, num esforço supremo, não suportando mais ali permanecer.

– Quando os sinos de Saint-Germain-l'Auxerrois começarem a repicar, esse será o sinal, e a "peste" será exterminada da França.

Essas foram as últimas palavras que ouviu.

Como por um passe de mágica, quando deu acordo de si, estava em seu quarto. Viu Bertrand, que ressonava, e Jean-Maurice, que dormia, sereno. Num primeiro momento, agradeceu a Deus por estar novamente em seus aposentos. Suspirou, aliviada.

Depois, notou seu próprio corpo adormecido no leito e, diante do fato inusitado, ficou sem saber o que pensar, apavorada. Somente então, percebeu a presença daquele homem terrível que a seguira, e que se mantinha num canto escuro do quarto. A maléfica entidade acercou-se dela e disse com voz rouquenha, que parecia saída das entranhas da terra:

– Não desejavas vingança, mas não sabias como executá-la? Pois acabei de propiciar-te os meios de fazê-la. Dependerá de ti. Não percas a oportunidade que a vida te oferece. Jamais haverá outro momento igual a este. Nenhum dos traidores merece a tua piedade. Avante! Eu estarei a teu lado. Confia. Trabalharemos juntos mais esta vez. Lembra-te da vila dos Beauvais! Das armas! Não te esqueças!

Em pânico, Elise correu e refugiou-se no corpo físico. Acordou trêmula e coberta de suor álgido, sentindo ainda a presença apavorante que tomava todo o quarto. Naquele momento, recordava-se com detalhes de tudo o que acontecera, de tudo quanto tinha visto e ouvido.

Adormeceu novamente, exausta. Ao despertar na manhã seguinte, lembrava-se de que tivera noite agitada, sonhos estranhos que lhe pareciam reais, nos quais se encontrara com muita gente; sabia que tomara conhecimento de fatos muito importantes; tinha a noção de que coisas extremamente graves estavam para acontecer, mas, por mais que se esforçasse, não conseguia se recordar. As lembranças haviam-se apagado por completo de sua mente.

Todavia, inconscientemente, permanecera o propósito de vingança. Refletiu bastante sobre o que fazer e, por fim, uma idéia brilhante surgiu.

Como não pensara nisso antes? Naquele momento, aceitando a sugestão do acompanhante desencarnado, lembrou-se da vila dos Beauvais, onde residira antes de vir para Paris. Com clareza surgiram-lhe as imagens daquele barracão, onde armas de todos os tipos estavam guardadas. Lembrou-se da preocupação de Bertrand em manter em segredo tal atividade, e de como ele ficara irritado quando ela, ali entrando, descobrira quais eram suas reais atividades.

Se havia tanta preocupação em manter segredo sobre aquele fato, era porque temiam que viesse a ser conhecido. Conhecido por quem? Pelo rei, talvez? Lembrou-se, então, daquela reunião que presenciara na propriedade rural, onde personalidades importantes da corte haviam estado presentes, e que descobrira ser a cúpula dos protestantes. Se era assim, então os huguenotes estavam se armando para uma guerra. Se o rei fosse informado, conseguiria vingar-se de todos ao mesmo tempo: de Bertrand, a quem não amava e que tanto mal lhe fizera; do conde de Beauvais, que a perseguia com interesses escusos, embora no momento mantivesse comportamento mais discreto; de Florence de Beauvais e Hélène de Vancour, que haviam tramado contra ela; de seu pai, que a obrigara a um casamento execrável; e até de Jean-Claude, o homem que amara e que não acreditara nela, e agora a desprezava. Na sua loucura e na sua inconseqüência, incapaz de raciocinar com clareza, sob a ação da entidade trevosa, Elise não analisava o mal que iria causar a todas aquelas pessoas, reunindo todos os que considerava seus inimigos num mesmo saco.

"Ficará faltando apenas o italiano, Gianfrancesco Molina. Não tem importância. Darei um jeito de vingar-me dele também", pensava ela.

Olhos vermelhos e brilhantes, Elise continuava monologando. Lembrou-se de que ouvira comentários de que Carlos IX era favorável aos protestantes e que desejava a paz. Tanto isso era verdade que dera sua irmã Margarida de Valois em casamento a Henrique de Navarra, um huguenote. Pensando bem, talvez o rei não devesse ser informado, mas a todo-poderosa rainha-mãe, Catarina de Médicis!

Após essa conclusão, não teve mais dúvidas. Decidiu-se. Sob o olhar atento e satisfeito da infeliz entidade, esgueirou-se até a biblioteca, apanhou papel sem timbre, na mesa do conde, e pôs-se a redigir um bilhete, nestes termos:

Majestade

Servidores que julgáveis fiéis tramam às vossas costas.

Podeis obter as provas do que vos afirmo, mandando inspecionar um determinado barracão na propriedade rural do conde de Beauvais, onde estão estocadas armas de todos os tipos e tamanhos.

Um amigo.

Elise enrolou a carta, colocou o lacre e endereçou:

"Para Sua Majestade, a rainha-mãe Catarina de Médicis".

Arrumou-se e, rapidamente, esgueirando-se para fora de casa, tomou o rumo do Louvre. Chegando aos portões do palácio real, um dos guardas barrou-lhe a entrada.

Com sorriso cativante, fitou o oficial. Era um homem no verdor dos anos, de fisionomia comum e olhos expressivos.

– Perdoa-me, senhor, mas tenho urgência em entregar esta mensagem.

– Da parte de quem?

– Do duque de Guise.

O capitão examinou a mensagem, revirando-a nas mãos.

– Quem és, senhora? – indagou ele, intrigado.

– Sou uma criada dos Guises – respondeu ela, fazendo ligeira mesura.

Com a correspondência nas mãos, indeciso, ele retrucou, desconfiado:

– Todavia, senhora, ela não traz nem o brasão nem o lacre do duque. Como posso acreditar que veio da parte dele?

– Senhor, esta é uma correspondência altamente secreta. E urgente. O duque deve ter suas razões para não ter colocado seu brasão, não achas? Se não permitires minha entrada, serás responsabilizado pelo que possa vir a acontecer. Lavo minhas mãos.

– Mas é impossível, senhora. Não posso deixar-te entrar sem ordem expressa. É contra o regulamento.

Ela ficou pensativa por alguns instantes, depois dirigiu a ele encantador sorriso:

– Bem, salvo se...

– Se...

– Se te comprometeres a fazer com que esta mensagem chegue às mãos de Sua Majestade. Pessoalmente. Asseguro-te de que não te arrependerás. Ao contrário, estarás prestando um benefício à coroa.

Aproximando-se mais, Elise baixou a voz e sussurrou-lhe ao ouvido:

– Trata-se de uma denúncia...

Surpreso, o rapaz indagou:

– Como sabes?

Elise sorriu, dando de ombros:

– Ora, senhor. Sou esperta e ouço conversas. Tramam contra o reino.

Assustado pela gravidade do assunto e seduzido pela beleza da jovem mulher, que o envolvia com voz meiga e sugestiva, o oficial acabou concordando com o alvitre, que, de resto, resolvia-lhe o problema.

– Está bem, senhora. Encarregar-me-ei de fazer com que chegue às mãos de Sua Majestade, a rainha-mãe.

– Obrigada, senhor, pela gentileza. Lembra-te, porém: é assunto urgente. Deve ser entregue o mais rápido possível.

– Fica tranqüila. Entregarei agora mesmo.

Elise agradeceu com outro sorriso encantador e afastou-se, aliviada e satisfeita.

A primeira parte do seu plano estava cumprida. A vingança, em andamento. Agora, teria que aguardar, esperando que sua denúncia surtisse o efeito desejado.

Retornou para casa tão rápido quanto possível. As ruas estavam apinhadas de gente. Uma multidão de protestantes aglomerava-se, festejando o casamento de Henrique de Navarra com Margarida de Valois.

Nesse momento, ao passar por um grupo, Elise notou fisionomias contrafeitas e assustadas. A música silenciara. Intrigada, aproximou-se e ouviu alguém perguntar:

– Tens certeza, Pierre, do que disseste?

– Sim! A notícia do atentado contra o almirante se espalha rapidamente por toda Paris.

– Como foi isso? – indagou alguém.

– Contam que o almirante Gaspar de Coligny voltava para casa, quando, ao passar por Saint-Germain, de uma janela partiram dois tiros.

– E ele morreu?

– Não sei. Dizem que está muito ferido. Corre risco de morte.

– Não posso acreditar! Será verdade mesmo, Pierre? – dizia outro.

– Infelizmente, é verdade. O almirante não estava só; existem muitas testemunhas. Todos da sua comitiva viram o infame atentado.

– E o rei já sabe? Sim, porque Sua Majestade é "nosso amigo"... – afirmou uma senhora baixinha, com convicção.

Tonnerre, um homenzarrão forte e corpulento, que ganhara esse apelido por sua voz de trovão, tomou um gole de vinho, depois limpou a boca com as costas da mão, considerando, preocupado:

– Não teria tanta certeza. E se atiraram contra nosso protetor uma vez, e se não conseguiram matá-lo, provavelmente tentarão de novo. Temos que defendê-lo.

Pierre concordou:

– Tonnerre tem razão. Precisamos ajudar Coligny. Avante!

E um grupo de homens imediatamente pôs-se a caminho, tomando o rumo da casa do almirante, acompanhando Pierre e Tonnerre.

Pensando nisso e observando os grupos que antes bebiam, cantavam e se divertiam, Elise começou a refletir em tudo o que fizera. A paz entre huguenotes e católicos, que antes parecia definitivamente selada, estava por um fio. Intimamente, sabia que aquele atentado teria importância fundamental nos acontecimentos futuros. Por esse motivo ou por outro, apesar de vir ao encontro do seu plano, sentia-se insatisfeita.

Retornando, voltou para suas tarefas costumeiras, esquecendo-se do que acabara de fazer e de presenciar.

Contudo, pelos séculos futuros, Elise sofreria terrivelmente em virtude do gesto irrefletido daquela hora. Dores superlativas e sofrimentos infindos adviriam em conseqüência das idéias de ódio e de vingança que acalentara em seu coração. Assessorada por feroz inimigo do passado, ao qual se ligara em virtude de atos nefandos, agora lhe sofria a influência destrutiva, interessado que estava em participar dos terríveis acontecimentos que se planejavam nas sombras.

Os Sinos de Saint-Germain

Capítulo 26

Eram as primeiras horas da tarde. Apesar de um tanto tocados pela bebida, os valentes homens seguiram rumo à residência de Coligny. No trajeto, paravam, relatavam em tonalidades fortes a história do atentado a outros, que se juntavam aos primeiros, sempre aumentando o grupo. Assim, ao se aproximarem da rua onde ficava a casa do almirante, era considerável o número de pessoas, muitas portando armas, fossem elas porretes, espadas, pedras ou punhais.

Grande multidão de protestantes se juntara e o povo pusera-se a gritar, acusando os católicos pelo atentado e exigindo notícias de Coligny. Entre eles, os mais ardorosos eram Tonnerre e Pierre.

Dentro da casa do almirante estavam seus amigos mais íntimos, além do médico Ambroise Paré, que não o deixou um instante sequer. Na rua, a confusão e a impaciência eram tantas, que foi preciso que o próprio Coligny, a certa altura, assomasse à janela do seu hotel para tranqüilizar os manifestantes. Apresentou-se pálido e desfeito, mas sereno. Com firmeza, acalmou as pessoas e informou-as de que estava bem. Passara por situação de perigo, mas no momento não corria risco de morte. Uma bala extirpara-lhe um dedo da mão direita, e a outra atravessara a palma da mão esquerda. Pediu-lhes que voltassem para suas casas; tudo estava bem.

A multidão, contudo, hesitava em se dispersar. Todos temiam pela vida do almirante, que era o chefe do partido deles, seu protetor, seu amigo.

Correu a notícia de que o rei, Carlos IX, viria pessoalmente visitar o almirante, e os protestantes ficaram mais animados.

Quando Sua Majestade chegou, precedido da escolta real, que ia abrindo caminho no meio do povo para que ele pudesse passar, romperam, a princípio, exclamações de júbilo, logo substituídas por crescente descontentamento. A turba pôs-se a murmurar porque, em seguida à passagem do rei, surgiu a liteira da rainha-mãe, Catarina de Médicis, seguida de perto pelo duque d'Anjou, que, a cavalo, permanecia a seu lado.

A hostilidade ficou evidente na expressão das pessoas que acompanhavam a passagem do cortejo real. Faziam-se comentários desairosos sobre o duque de Guise em voz baixa, mas não o suficiente para que deixassem de ser ouvidos por Catarina e pelo duque.

Quando Carlos IX se retirou, após algum tempo de conversa com o almirante, vinha triste e preocupado. Sua Majestade, a rainha-mãe, porém, sob os lúgubres véus que lhe eram habituais, parecia até satisfeita. O último a sair foi o duque d'Anjou.

Na via pública, o ambiente estava em ebulição. Os protestantes recusavam-se a voltar para suas casas, como se aguardassem algo, especialmente depois que ficaram sabendo que d'Anjou colocara, como chefe da guarda designada para proteger a residência de Coligny, um inimigo ferrenho do almirante.

As horas passavam lentamente. Na cidade, por todo aquele resto de dia, inclusive pela madrugada, e durante todo o dia seguinte, o clima era de alerta. Corriam boatos e notícias alarmantes que em nada concorriam para acalmar os ânimos; ao contrário, exacerbavam-no ainda mais, aumentando a agressividade entre os grupos. Falava-se que haveria um atentado contra o duque de Guise, em represália ao que fora feito com Coligny; comentava-se que os huguenotes planejavam envenenar a água que abastecia Paris; murmurava-se que o duque de Montmorency, católico, mas simpatizante das idéias reformistas, saíra da cidade com um séquito em busca de socorro e que voltaria com grande contingente, para defender os protestantes; dizia-se que Carlos IX, amigo de Coligny – este seu conselheiro e confidente, considerado até um verdadeiro pai –, ia rebelar-se contra a rainha-mãe, a quem sempre fora submisso, o irmão d'Anjou e Henrique de Guise. Daria um basta nas pretensões da Igreja e trocaria todo o ministério, colocando seus afeiçoados no lugar de outros que não lhe eram fiéis, e que, na verdade, eram homens de confiança da rainha-mãe. Mas falavam também que Henrique de Navarra seria morto e que Catarina de Médicis puniria todos os huguenotes. Tudo isso e muito mais se comentava pelas ruas de Paris, nas casas, nos palácios, nas praças, nos lupanares e até mesmo pelos corredores e antecâmaras do próprio Louvre.

Por isso, todos – católicos e protestantes – estavam em pé de guerra, armados. Especialmente os católicos, que eram em maior número, esperavam apenas um sinal para dar início à luta.

..*

Na residência dos Beauvais respirava-se também um clima de inquietação. Na tarde do dia 23 de agosto, lá pelas quinze horas, veio um destacamento de soldados, a mando de Catarina, com ordem expressa para que o conde se apresentasse no paço real. Como oficial do exército do rei, esse era um procedimento normal e Beauvais não teve dúvidas em obedecer. Estranhou apenas que a ordem tivesse vindo por intermédio de soldados da guarda pessoal da rainha-mãe, e não de Carlos IX, a quem era subordinado.

Estavam em meio às festividades do casamento de Henrique de Navarra e Margarida de Valois. O conde e a condessa tinham retornado à residência para troca de vestuários e um pequeno repouso, quando vieram buscar Beauvais.

Apreensivo, o conde sugeriu à esposa:

– Aguarda-me aqui. Voltarei para te buscar. Provavelmente, trata-se de alguma emergência militar, algum foco de confusão que é preciso abafar. Paris, nestes dias, está repleta de visitantes, a bebida corre solta e certamente temos problemas. Retornarei assim que puder – disse ele.

Entretanto, as horas passavam e o conde não voltava. Em virtude das notícias alarmantes que corriam por toda a cidade, e que a própria criadagem se incumbia de divulgar, Florence pediu a Lafont, um amigo, que fosse até o Louvre saber o que estava acontecendo realmente, porque as histórias que corriam de boca em boca eram desencontradas.

Lafont, porém, nada conseguiu descobrir. Ninguém no paço real sabia dar notícias; nas antecâmaras, os cortesãos evitavam comentários em torno do assunto. Sabia-se apenas que o conde de Beauvais entrara no gabinete da rainha-mãe e, depois disso, ninguém mais o tinha visto.

Lafont, que era um dos informantes de Florence e que tinha também suas próprias fontes, procurou uma das damas de honra de Catarina e, discretamente, fazendo escorregar em suas mãos uma pequena bolsa recheada de tilintantes moedas de ouro, obteve a resposta que confirmava suas suspeitas. A sós, em local tranqüilo e com voz apenas sussurrada, porque no Louvre até as paredes tinham ouvidos, a dama relatou:

– O conde de Beauvais caiu em desgraça. Comenta-se que foi encontrado hoje, em sua propriedade rural, um enorme carregamento de armas que seriam usadas pelos huguenotes. É só o que sei.

– Para onde foi levado?

– Ignoro. Contudo, sabes como é nossa rainha. Catarina é astuta, dissimulada, má, e não perdoa. Portanto, algo de grave deve ter acontecido com Beauvais. Provavelmente, a esta hora estará num dos calabouços secretos existentes no próprio Louvre, sepultado para sempre. Ou na Bastilha, o que vem a dar no mesmo... – concluiu a dama, dando de ombros e estremecendo de medo. – E, se aceitas um conselho, não te metas nesta história, Lafont. Agora, adeus. Já me arrisquei demasiado.

Assim dizendo, esgueirou-se por um dos corredores e desapareceu de vista. Lafont, tão rápido quanto lhe permitiam as pernas trêmulas, deixou o paço real.

O choque que abalou Florence foi intenso. O mundo ruía sobre sua cabeça. Não sabia o que fazer, que atitude tomar. Em meio a profunda crise nervosa, desatou em choro convulsivo. Dentro em pouco, a notícia se espalhou por todo o palácio. Os criados também estavam assustados, trocando sussurros pelos corredores, na cozinha, nos quartos. O que seria deles agora?

Ao ser informada dos últimos acontecimentos, Elise foi a única pessoa a ficar contente. Exultou intimamente. Sua denúncia surtira efeito. Agora, todos eles – todos os que a tinham prejudicado, atraiçoado e humilhado – seriam esmagados.

Em sua cegueira, a pobre louca não percebera que atingia a todos, indiscriminadamente. Que Catarina de Médicis, raposa cruel e sanguinária, não pouparia ninguém. Dessa forma, não apenas os donos da casa seriam atingidos, ou Bertrand, o marido traidor, ou mesmo os pais, que ela considerava responsáveis pela sua infelicidade. Todos corriam perigo. Também ela corria risco de morte, assim como seu filho Jean-Maurice.

Todavia, na insânia que a acometera, no desejo de vingança que a dominava, Elise via apenas o que queria ver. Sabia que, denunciando Beauvais, todos os seus afeiçoados e amigos cairiam junto com ele. Os freqüentadores da sua residência seriam investigados, e Hélène, a serpente, seria destruída. Também Jean-Claude seria atingido, ele que não a soubera defender do ataque da corja aristocrata. Apesar de ainda não ter conseguido deixar de amá-lo, desejava a sua perda.

Nesse momento, porém, lembrou-se de Albert de Troulon. O cavalheiro gentil e atencioso que, com exceção do avô Maurice, já falecido, fora a única pessoa em toda a sua vida capaz de defendê-la da sanha de seus perseguidores.

Um sentimento de gratidão, mesclado a remorso, tomou-a de assalto. E se Albert de Troulon também fosse atingido? Certamente o conde de Beauvais, submetido à tortura, não resistiria, entregando seus companheiros.

Sob a ação dos amigos espirituais, Elise, pela primeira vez, refletiu na atitude que tomara, demonstrando algum arrependimento. Torcia as mãos, desesperada, em dolorosa crise de consciência. Ao mesmo tempo, ouvia os comentários à sua volta, observava o terror de Bertrand e de seu pai Henri – que analisavam a possibilidade de fugir da cidade, ante as notícias da queda de Beauvais –, via as lágrimas, os gritos e os impropérios de Gertrudes, sua mãe, que se lamentava a todo instante, arrancando os cabelos. Além de tudo isso, a pressão constante que o companheiro desencarnado exercia sobre seu organismo frágil era intensa. Ela registrava-lhe a presença, ouvia-lhe as sugestões, e o ambiente nocivo e carregado de vibrações deletérias fez com que não suportasse mais; uma dor de cabeça terrível prostrou-a no leito, deixando-a desanimada e ensandecida.

A princípio, mantivera-se tranqüila. Afinal, a denúncia partira dela e os católicos, inclusive a rainha-mãe, deveriam ser-lhe gratos! Depois, deu-se conta de que não se identificara, a correspondência que mandara era anônima. Como eles saberiam que partira dela?

Então, percebeu que era preciso fazer alguma coisa. Tomar alguma atitude. Não poderiam esperar, passivos, que os soldados viessem buscá-los para conduzi-los ao cárcere. Mas não conseguia levantar-se do leito.

E assim o tempo passava, sem que pudessem romper o visgo que os prendia àquela casa, sem que tomassem uma atitude que poderia representar a chance de alcançar a liberdade.

Horas depois, conseguindo sair daquele torpor, Elise mostrou alguma reação.

"Que Deus me ajude a reparar o que fiz!", pensou ela.

Levantou-se do leito e, quase a correr, encaminhou-se para o Louvre. Sabia a quem procurar. Uma única pessoa havia capaz de ajudá-la: a condessa Olívia de Bergerac, amiga de Albert de Troulon, e que lhe despertara viva simpatia, desde que a acolhera em seus aposentos e a vestira, naquele dia de tão funestas lembranças. Dama nobre e gentil, não se recusaria a atender a um pedido seu em benefício de um amigo comum.

As ruas estavam desertas. A multidão, que desde as vésperas não dormia, agora se aquietara. Percebeu que o ambiente da cidade estava tranqüilo e que as pessoas, cansadas, haviam retornado para casa. Grande quantidade de visitantes dormia nas ruas, por não ter encontrado acomodação nas hospedarias lotadas. Elise estugou o passo, que ressoava lugubremente nas pedras do calçamento.

No paço real o movimento era incomum àquela hora da noite. A um descuido da sentinela, Elise penetrou no palácio. Com alguma dificuldade, conseguiu chegar até os aposentos da condessa Olívia de Bergerac. Contudo, ela ali não se encontrava. Estava de serviço junto de Sua Majestade, a rainha-mãe, informou uma aia.

Indagando sempre, conseguiu chegar perto dos aposentos de Catarina. Suplicou a um criado que avisasse a condessa de Bergerac que ela tinha urgência em falar-lhe. A princípio, o camareiro se recusou. Depois, vendo o desespero de Elise, concordou em chamar a dama.

Olívia de Bergerac saiu da sala onde estava e relanceou a vista, procurando aquela que desejava lhe falar. Na antecâmara, Elise adiantou-se.

– Sou eu, senhora, que vim te procurar. Preciso novamente da tua ajuda.

Olívia, num primeiro momento, não a reconheceu.

– Quem és?

– Sou Elise, aquela que a senhora socorreu aqui mesmo neste palácio, em momento de grande provação.

Olhando-a melhor, a condessa se lembrou daquele rosto belo e expressivo. Ao mesmo tempo, Elise ajoelhou-se a seus pés, chorando.

– Levanta-te, Elise. Lembro-me agora. Foste trazida por um

grande amigo: Albert de Troulon. O que desejas? – interrogou ela, encaminhando a recém-chegada para o sofá mais próximo.

– Exato, senhora condessa. E aqui estou, agora, para te suplicar por esse mesmo amigo, Albert de Troulon.

– Sentemo-nos. Explica-te melhor, criança. Mas, sejas rápida porque estou muitíssimo ocupada. Encontro-me a serviço de Sua Majestade, que pode requisitar-me os préstimos a qualquer momento.

Respirando fundo e recobrando as energias, Elise relatou tudo o que estava acontecendo. E concluiu dizendo:

– É isso, senhora. Temo pela vida de Albert. Suplico-te que o procures, visto que não sei onde encontrá-lo, e o avises do perigo que corre. Deve fugir. Desaparecer.

No fundo, sem coragem de admitir até para si mesma, ela desejava também salvar Jean-Claude, sabendo que Albert não deixaria de avisar o amigo.

Com os olhos úmidos, demonstrando emoção intensa, a condessa de Bergerac fitou aquela que ali estava e, cheia de compaixão, a bondosa dama informou:

– Lamento, Elise. Não há mais tempo. Está tudo decidido. O rei acaba de concordar com o extermínio dos huguenotes.

– Não é possível!

– Infelizmente, é verdade. Salva-te. É tudo o que posso te dizer.

Incrédula, com leve sorriso de desdém nos lábios, Elise considerou:

– Mas não sou huguenote! Sou católica! Nada tenho a temer!

Meneando a cabeça, Olívia se levantou e concluiu, dando por encerrada a entrevista:

– Enganas-te, minha cara. Quando tudo começar, ninguém estará a salvo. Ninguém.

A condessa de Bergerac, pálida e contrita, virou-se e, deslizando rapidamente como uma sombra, desapareceu pela mesma porta por onde entrara. Elise ainda permaneceu alguns instantes parada, estática, sem conseguir se mover. Finalmente, recobrou a lucidez e, tão rápido quanto lhe permitiam as pernas, deixou o Louvre.

Ao passar pela igreja de Saint-Germain-l'Auxerrois, os sinos começaram a badalar lugubremente, assustando-a. Naquele instante, lembrou-se do sonho que tivera e um arrepio de terror percorreu-a de alto a baixo.

Puxou o capuz do manto, escondendo o rosto, e caminhou apressada pelas ruas escuras e desertas.

O Massacre

Capítulo 27

Era muito tarde, madrugada já, e aquelas badaladas continuavam sinistramente, provocando-lhe arrepios. Em seguida, como lúgubre sinal adredemente estabelecido, a escuridão e o silêncio da noite quente foram quebrados pela luz de archotes e por altas vozes que vinham de todos os lados:

– Morte aos huguenotes! Morte aos hereges!

Grupos de cavaleiros e de guardas surgiram, portando armas e trazendo uma cruz branca nos chapéus e alvas faixas nos braços. Soldados invadiam as casas, onde homens, mulheres e crianças eram passados pela lâmina das espadas. Brados de socorro cortavam a noite de forma lancinante, enquanto os que tentavam fugir eram arrastados pelos cabelos e tinham suas cabeças decepadas. Veículos em disparada atropelavam pobres criaturas caídas na rua, que eram arrastadas sob as patas dos cavalos, e carros repletos eram jogados das pontes, arremessando seres humanos e animais espavoridos à morte certa.

Apavorada, Elise escondeu-se na reentrância de um muro, debaixo de algumas folhagens, observando as terríveis cenas que se passavam diante de seus olhos, e que nunca mais conseguiria esquecer. Certo momento, um bando formado de homens de Henrique de Guise, que se diria saído de regiões infernais, surgiu, trazendo em triunfo um estandarte macabro: os restos mortais esquartejados e, espetada num chuço, quase irreconhecível, a cabeça do grande almirante Gaspar de Coligny, o primeiro herege a ser sacrificado naquela noite de tão triste memória.

Ela a tudo presenciava com imenso pavor. Estava em local relativamente seguro; ainda não fora descoberta. Todavia, ali não poderia permanecer. Tinha que chegar até a residência dos Beauvais. Um único pensamento a dominava: precisava salvar seu filho. Assim, esgueirando-se com cuidado, evitando os grupos de fanáticos católicos, conseguiu aproximar-se da casa.

No entanto, percebeu, apavorada, que os homens do duque de Guise já haviam chegado ao palácio, cuja porta de entrada fora arrombada e destruída. Ainda na rua, ouviu gritos dolorosos, acompanhados de choros e do ruído de luta.

Como fazer para ali penetrar sem ser vista? Num átimo, lembrou-se do pequeno portão que existia no jardim, disfarçado entre as heras e os arbustos. Ele dava acesso ao interior da propriedade e ficava próximo às dependências dos criados, nos fundos da casa. Ela mesma já se utilizara dele várias vezes.

Com extremo cuidado para não ser vista, Elise penetrou no jardim. Felizmente, o portão não estava trancado. Abriu-o. Mais alguns passos, encontrou-se no pátio interno. A cena era indescritível. Corpos mutilados cobriam o lajedo, enquanto o sangue corria, abundante. Sufocando na garganta um grito de dor, relanceou o olhar procurando o pequeno Maurice. Nos primeiros degraus da escada, deparou com seu pai e sua mãe, mortos. Ambos trespassados pela lâmina de uma espada.

Nada de Jean-Maurice. Onde estaria o menino? Os invasores ainda permaneciam na casa, saqueando tudo o que tivesse algum valor: as obras de arte, as jóias, a prataria, as porcelanas, os tesouros existentes. Na sala de jantar, onde a mesa fora posta para a ceia, como de hábito, mas que permanecera intocada, os soldados bebiam e comiam à vontade, rindo e fazendo comentários desairosos sobre os donos da casa e seus criados, e relembrando as cenas engraçadas de que tinham participado naquela noite.

Escondida num nicho, enojada daquele comportamento, Elise esperou que se retirassem. Certamente se cansariam. Seu medo maior era que o pequeno – que julgava escondido em algum canto – surgisse de repente e os soldados o vissem. Para defendê-lo, muniu-se de uma espada, que encontrou caída nas mãos de um cadáver. Se a descobrissem, teria com que se defender. Um cheiro acre, de sangue, espalhava-se pelo ambiente, provocando-lhe náuseas. Sentia-se fraca; mas, preocupada com o filho querido, precisou reunir suas forças para não desmaiar. E ali ficou, imóvel, temendo até respirar, trêmula e atenta ao menor ruído, torcendo para que o menino não deixasse seu esconderijo.

Meia hora depois, os invasores abandonaram o palácio, após saciada a fome, satisfeitos e bem-humorados.

– Vamos! Nada mais temos a fazer aqui! – disse o que parecia ser o chefe. – Cumprimos nossa missão, mas temos que prosseguir. Enquanto houver um huguenote com vida, continuaremos percorrendo as ruas de Paris e matando sem piedade.

Ao ouvir essas palavras, Elise estremeceu. Esperou alguns minutos, até que todo o ruído tivesse cessado, e depois, com cuidado, deixou seu esconderijo, passando a percorrer cada cômodo, cada aposento da casa, em busca do filho. A princípio, chamava-o em voz baixa; depois, quando a esperança de encontrá-lo com vida começou a diminuir, como uma louca gritava o nome do menino, e sua voz ressoava de forma tétrica nas paredes do palácio.

Aproximando-se dos aposentos dos donos da casa, encontrou Florence morta em seu quarto. No leito, certamente encolhida de medo, trazia o peito aberto. De Bertrand e de Jean-Maurice, nem sinal. Provavelmente pai e filho estariam juntos, visto não tê-los encontrado ainda. A esse pensamento sentiu-se mais confortada.

Em um dos quartos, localizado na parte frontal da casa, viu aberta a porta, que dava acesso a uma pequena sacada. Aproximou-se, atraída pelo vozerio e pelo tumulto que vinham das ruas. Inclinou-se na grade de ferro, observando as tétricas e horripilantes cenas que dali descortinava. Não contendo as lágrimas que lhe rolavam pela face ao ver tamanho sofrimento, baixou a cabeça. Nesse instante, à luz trêmula dos archotes, viu um pequeno corpo caído no chão, inanimado.

– Meu filho! Jean-Maurice!

Estava no terceiro andar. Desceu as escadarias correndo, alucinada. Ao transpor a porta principal, tropeçou num corpo sem cabeça, de cuja ferida aberta o sangue saía aos borbotões. Um pouco adiante, os olhos arregalados de espanto, deparou com a cabeça. Reconheceu-a imediatamente: era Bertrand! Com certeza, defendendo o palácio, fora igualmente sacrificado. Respirou fundo. Por um momento, ao ver a cena macabra, lamentou a sorte daquele que fora seu marido e a quem tanto odiara. Foi um momento só. No instante seguinte, passou por cima do cadáver e chegou ao jardim, aproximando-se do pequenino, incapaz de acreditar que estivesse morto.

– Acorda, meu filho! Desperta! Precisamos fugir! Não há tempo a perder!

Mas o menino continuava impassível diante de seus afagos e carinhos. Jamais ouviria de novo aquela voz gentil e cristalina dirigir-se a ela, chamando-a docemente: "Mamãe!"

Agarrada ao corpo do garoto, Elise chorava desesperadamente.

Na verdade, atirado do alto da sacada por um brutamontes qualquer, tivera morte rápida e sem dor, sendo amparado imediatamente pelo bisavô Maurice, que o acalentava nos braços. Entregue a sono benéfico, o pequeno fora poupado de tanto horror, pouco tendo visto aquelas cenas dramáticas que se haviam passado a seu redor.

Um dos criados da casa, que escapara ao morticínio, por ali passando em fuga, ao ver o estado de Elise, que permanecia em choque sobre o corpo do filho morto, arrancou-a daquele local:

– Vem, Elise. Rápido! Não devemos permanecer aqui. Os malditos poderão voltar.

– Meu filho! Não entendes? Ele precisa de mim! Não posso abandoná-lo!

– Ouve! Teu filho está morto e nada mais poderás fazer por ele.

Vem, suplico-te!

Sem alternativa, o criado arrastou-a para fora dos portões do palácio, contra a vontade dela. Elise debatia-se em seus braços, enlouquecida, recusando-se a caminhar e atrasando-lhe a fuga. Afinal, depois de muito insistir, cansado, o criado abandonou-a à própria sorte, uma vez que o instinto de sobrevivência impelia-o a salvar a própria vida. Deixou-a escondida em local relativamente seguro e desapareceu. Era um beco deserto e sombrio, por onde os soldados já tinham passado, deixando o solo crivado de cadáveres. Na escuridão, ela não seria vista por quem transitasse pela rua.

Elise parecia alheia ao que estava acontecendo à sua volta. Ao romper do dia, pôs-se a caminhar sem destino. Às primeiras horas da manhã, o espetáculo era ainda mais aterrador, dantesco. Com as portas da cidade cerradas, ninguém podia escapar, e os que tentavam fugir encontravam morte certa. Corpos sem cabeça, sem braços ou sem pernas, mutilados e estraçalhados atulhavam as ruas, onde o sangue escorria abundante. Das janelas e sacadas dos prédios, viam-se cadáveres dependurados, provavelmente de huguenotes que haviam tentado escapar à morte. Nos telhados, nos jardins, nas praças, nas pontes, o morticínio fora geral. As águas do rio Sena tornaram-se rubras, e no meio do caudal corpos passavam boiando. Mulheres e moças, nuas, violentadas antes de morrer, torturadas barbaramente, mostravam terror nos semblantes marmóreos. Outros corpos, dependurados em janelas e postes, balouçavam-se nas cordas, enquanto os rostos arroxeados testemunhavam os esgares da morte.

Por toda a cidade, inclusive dentro do próprio Louvre, matava-se e torturava-se, condenando criaturas cujo único crime fora pensar de forma diferente em matéria de fé religiosa.

Ao mesmo tempo, através da sensibilidade psíquica que seu desequilíbrio acentuava, Elise via outras criaturas, sem conseguir entender direito. Eram hordas de seres horripilantes, como se provenientes das profundezas infernais, os quais se misturavam aos fanáticos religiosos, fossem eles soldados ou pessoas do povo, secundando-os na tétrica tarefa. Demonstravam prazer e ferocidade inimagináveis ante as cenas bárbaras, ao mesmo tempo em que arrastavam muitos dos caídos, tornando-os seus prisioneiros. Era como se existissem duas criaturas: uma que continuava caída, morta, e a outra que, levantando-se, era obrigada a acompanhar os seus algozes. Elise percebia que eles conduziam o massacre, como se em suas mãos estivesse o comando das operações.

Durante dias o morticínio prosseguiu, uma vez que era preciso acabar de vez com a heresia no território da França. Não se matava apenas em Paris, mas também em seus arredores, nas mais distantes regiões e nas províncias, nas cidades e nos campos. Ninguém podia se considerar livre e em segurança. O medo dominava a todos; o pânico generalizara-se, gerando confusão, desequilíbrio, desorganização.

Carlos IX, o infeliz rei que concordara com a matança dos huguenotes, pressionado pela mãe, pérfida e cruel rainha, jamais teria paz.

Por longo tempo, os ecos das lutas e dos massacres perdurariam na atmosfera da cidade, enchendo o ambiente psíquico de sons, do retinir de armas, de gritos angustiados, de lamentos, de choros convulsivos. Da mesma forma, o cheiro pestilento e nauseabundo da morte invadia todos os lugares.

Das janelas do paço real, Carlos IX ouvia os macabros lamentos ecoando dolorosamente. Vez por outra, deixava a mesa de jogo, onde tentava entreter-se com os amigos mais chegados. Levantava a fronte, inquieto, e aproximava-se da janela, a perscrutar a noite calma.

– Ouvistes? Ainda estão lutando?

– Não, Majestade. Paris está tranqüila.

– Todavia, ouço o retinir das armas e os gritos dos moribundos!

E os cortesãos, que nada tinham escutado, inclinavam as cabeças, horrorizados, sem poder contradizê-lo. Catarina de Médicis, puxando os negros véus para cobrir ainda mais o rosto marcado pelos anos, sentia um estranho calafrio percorrer-lhe o corpo, enquanto as damas persignavam-se. E o infeliz monarca, débil e enfermiço, enxugava a testa porejada de suor álgido, diante da febre persistente.[1]

A "Noite de São Bartolomeu", como passou a ser conhecido na História o episódio do massacre dos huguenotes, ficaria indelevelmente gravada na consciência de todos aqueles que participaram, de um modo ou de outro, desse terrível acontecimento. Ainda hoje, muitos dos implicados nesse drama sofrem e choram, expungindo por meio de expiações dolorosas a responsabilidade pelos crimes cometidos contra outros seres humanos.

* * *

Por dias e dias, Elise perambulou sem destino pelas ruas da cidade. Sem teto onde se abrigar, dormia ao relento; só se alimentava quando a fome se fazia mais imperiosa e alguém, apiedado, lhe oferecia algo para comer. Pressionada pela sede, tomava a água de bicas que encontrava e, muitas vezes, até de poças lamacentas formadas por chuvas ocasionais. Perdera a razão diante das cenas dantescas que presenciara e às quais continuava assistindo. O cheiro de podridão espalhava-se pelo ar; aves de rapina crocitavam em meio aos cadáveres, num repasto macabro.

Certa ocasião, ouviu alguém que a chamava:

– Elise! Elise, pois és tu? Quanto já te procurei inutilmente!

Ela parou de caminhar e virou-se, ao ouvir a voz. Seus olhos vidrados fitaram quem assim lhe falava, sem dar sinal de reconhecê-lo.

– Sou Albert de Troulon. Lembras-te de mim?

Ela o firmou a vista e, bem no fundo de seus olhos esgazeados, por breve momento, um lampejo de lucidez pareceu surgir. Impressionado com o aspecto de Elise, que mais parecia uma sombra, o rapaz

---

[1]Por essa época, Carlos IX já apresentava os sintomas da tuberculose, doença da qual viria a morrer - Nota da médium.

considerou:

– Não deves andar por aí assim, desse jeito. Os soldados do duque poderão matar-te. Eu mesmo raramente saio do meu esconderijo.

– Tudo é culpa minha... tudo... tudo... não tenho mais ninguém... – balbuciou, trêmula.

– O que dizes? Não, minha pequena, não tens culpa de nada.

– Nada sabes sobre mim... – murmurou ela, dando alguns passos.

Albert segurou-a pelo braço.

– Não te afastes de mim, Elise. Vem comigo. Eu te protegerei.

Elise, porém, soltou-se e começou a correr. Ao deparar com um rosto conhecido, a consciência lhe voltara, e era um peso demasiado para seu coração dolorido. Reconhecia-se culpada, todos tinham morrido por sua causa, e a mente delituosa não suportava tão pesado fardo. Quisera vingar-se e o conseguira. Mas, a que preço? Ao preço de muitas vidas, inclusive de seu querido filho, Jean-Maurice.

O rapaz corria atrás dela, gritando, aflito:

– Elise! Elise! Não te vás! Espera-me!

Mas ela corria sem parar, como uma louca, ganhando sempre novas forças. Aproximando-se das margens do Sena, antes que Albert pudesse fazer qualquer coisa, atirou-se nas águas.

Albert jogou-se no rio, nadando desesperadamente na tentativa de salvar-lhe a vida. Tudo inútil, porém. A correnteza, mais forte, arrastou-a para longe.

* * *

A infeliz Elise debatia-se nas águas. Arrependera-se tardiamente do gesto tresloucado. Na hora fatídica, viera-lhe um desejo intenso de voltar atrás. Percebera que queria viver! Que não desejava morrer! Todavia, seu corpo ao chocar-se com pedras e galhos se machucara muito. Enquanto a água lhe penetrava os pulmões, sentia-se mergulhar no fundo do rio. Lutou até perder a consciência de tudo.

Quanto tempo se passou? Não saberia precisar se um minuto ou um ano. Contudo, voltando-lhe a consciência, não conseguia se libertar das águas. Com inaudito terror, sentia a aproximação de peixes e outros seres aquáticos, que lhe mordiam as carnes, deixando-a inchada e dolorida. E as cenas se repetiam até a exaustão. Via-se sempre atirando-se no rio e debatendo-se nas águas, acompanhada de todo o sofrimento e angústia da luta pela vida.

Certa ocasião, percebeu que subia lentamente naquele lençol líquido e que era depositada às margens do rio. Suspirou, aliviada. Estava viva! Alguém a salvara! Finalmente, estava livre das águas!

Olhou em torno, mas não havia ninguém por perto. Estava fraca, exaurida. Com satisfação, sentindo o cheiro da gramínea verde, acomodou-se, fechou os olhos e adormeceu novamente. Depois de um tempo, que ela não saberia precisar, acordou mais fortalecida. Começou a caminhar sem destino. Onde estariam todos? Felizmente, estava viva, porém perdera seus pais, seu marido... e o tesouro maior, seu filho...

Ao emitir esse pensamento dirigido aos familiares, viu ao longe um bando de pessoas que vinha a seu encontro. Quando se aproximaram, percebeu que os conhecia. Eram eles!

– *Mon père*! *Ma mère*! – gritou, correndo-lhes ao encontro de braços abertos.

Com fisionomias severas, Henri e Gertrudes não permitiram que ela os abraçasse.

– Afasta-te de nós, ingrata! Sabemos de tudo. Foste tu que nos denunciaste a Catarina.

Naquele preciso instante, Elise lembrou-se do que tinha acontecido.

– Mas... estais todos mortos! Eu vos vi. Como pode ser isso? – gritou, apavorada.

O grupo macabro caiu na gargalhada.

– Achas que estamos mortos? – imitou-a Florence, com gestos engraçados.

– Sim, tenho certeza. Eu te vi, senhora condessa, morta em teus aposentos. Tinhas um ferimento no peito e que continua a sangrar, pelo que posso verificar. Meus pais, Bertrand, os criados que aqui estão. Todos vós morrestes.

Lembrando-se do filho, relanceou o olhar por todo o grupo:

– Só não vejo Jean-Maurice. Onde está meu filho? Onde?

– Ignoramos, maldita! Talvez tenhas ajudado a matá-lo também – respondeu alguém saindo do meio do ajuntamento.

– Bertrand! Também estás aqui? Mas eu te vi sem cabeça!

Com as mãos na cintura, as vestes rasgadas e sujas, Bertrand trazia um ferimento no pescoço, onde a cabeça fora recolocada de forma grotesca, e de onde gotejava sangue continuamente.

– Bem, isso não importa agora. Preciso saber de Maurice. Onde está nosso filho? Por piedade, diz-me!

Com aspecto desafiador, ele respondeu, cheio de ódio:

– Então me reconheces? Sou eu mesmo! Eu, o esposo que mandaste para a morte! Quanto a nosso filho, já te disse que não sei. Era um anjo e certamente estará no céu, onde é seu lugar. Mas, tu, mulher infame e covarde, mereces o inferno que estamos vivendo! Agora irás sofrer como nós todos sofremos! Pagarás por tua traição!

Indignada ao ouvir as acusações que ele lhe dirigia, Elise defendeu-se:

– Traição? Pois és tu a falar-me de traição? Tu, que me roubaste a felicidade acumpliciado com meus pais, e que depois, não contente com isso, me traíste com essa megera que aqui está, debaixo do meu nariz? Não me fales de traições, Bertrand.

– Não era motivo para nos denunciares, maldita. Poderias ter te vingado em mim, não nos outros.

De todos os lados vinham acusações e palavras ásperas. Alguns, mais exaltados, queriam fazer justiça.

– Prendei-a! Ela tem que pagar!

Munidos de pedras, paus e facas partiram para cima dela, que se pôs a correr, espavorida. E assim, por longo tempo, Elise tentou se livrar do grupo de acusadores. Às vezes, conseguia esconder-se e passar algum tempo livre. Outras vezes, eles conseguiam aprisioná-la e, então, era torturada e seviciada, sofrendo as penas do inferno em grutas transformadas em cárceres, onde, além de tudo, passava fome, sede e frio enregelante. Padecia mais. Como não poderia deixar de ser, vivenciava continuamente os traumas resultantes da morte por afogamento que procurara e que faziam com que, a espaços regulares, se sentisse afogar em meio às águas do rio Sena. Essas crises eram violentas e causavam-lhe sempre a impressão da morte, renovada ao infinito, deixando-a depois enfraquecida e inerte.

Até que, em virtude de um descuido de seus carcereiros, conseguia fugir, internando-se pelas matas, e a perseguição recomeçava.

Quanto tempo se passou? Na ampulheta do tempo, as horas, os dias, os meses e os anos corriam inexoráveis, realizando o trabalho de expungir do corpo espiritual de Elise as vibrações pesadas e deletérias nele impregnadas.

Certo dia, cansada de sofrer e de chorar, sentindo-se abrasar pela fome, apanhou uns talos de vegetação para comer. Humilhada, reconhecendo a misérrima situação em que se encontrava, situação que nunca vivera antes, mesmo nas horas mais difíceis, deixou que lágrimas amargas como a erva que ingeria lhe corressem dos olhos, secos até então. Jogou-se no chão adusto e implorou a misericórdia divina.

– Tende piedade de mim, Senhor! Muito tenho errado, mas também muito tenho sofrido! Socorrei-me, Senhor! Misericórdia! Misericórdia!

Nesse instante, Elise sentiu como se suas forças se renovassem. Uma imagem lentamente condensou-se à sua frente e, com ingente alegria, percebeu a figura querida do avô Maurice. Nimbado de luz, o velhinho aproximou-se e, estendendo-lhe os braços, falou-lhe com entonação de profundo carinho:

– Finalmente, minha querida, te lembraste de Deus! Acalma-te!

Serás socorrida!

Notou que duas pessoas de branco estenderam um lençol no chão, onde a colocaram deitada. Depois, viu-se transportada para local desconhecido. Para onde estaria sendo levada? Isso, porém, não tinha nenhuma importância. Reconhecia-se segura e em paz. Brandas sensações de alívio e de bem-estar passaram a envolvê-la, e adormeceu sob sono benéfico.

Na Espiritualidade

Capítulo 28

Elise despertou num local completamente diferente. Estava num castelo estilo medieval, como os que tivera oportunidade de conhecer, contudo parecia tocado de misteriosa magia. Apesar de assemelhar-se a uma fortificação – visto a propriedade ser precedida por largo fosso, contornado por altas e sólidas muralhas e enorme ponte levadiça, que dava acesso ao seu interior –, a construção era estranhamente bela, dando a impressão de ser estruturada em material mais leve e delicado, à semelhança de vidro azulado fosco e, ao mesmo tempo, translúcido. Uma atmosfera agradável envolvia tudo; lindos jardins eram vistos a cada passo, entremeando-se e alegrando os ambientes com o aroma das flores que entrava pelas janelas abertas. Em tudo percebia-se o ideal da beleza aliado ao bom gosto. Cada quarto era mobiliado de forma simples, porém elegante. A cama, de contornos arredondados, era recoberta com lençóis de uma alvura surpreendente, limpos e perfumados; um armário, uma pequena mesa e uma cadeira completavam o mobiliário, que se diria daquele mesmo material azulado e translúcido. Na ampla janela, cortinas brancas transparentes agitavam-se suavemente à brisa e, sobre a mesa, um belo vaso de flores do campo – algumas lhe eram desconhecidas – completava a decoração.

Elise ali permaneceu em recuperação por longo tempo. No início, ficava restrita ao quarto, não conseguindo sequer erguer-se do leito, tal seu estado de depauperamento ao ser socorrida. Com o tratamento ministrado – que constava de uma alimentação leve e reconfortante, substâncias medicamentosas, aplicações de energias balsâmicas e regeneradoras, naturalmente acrescidas da paz e do bem-estar que o próprio ambiente propiciava –, aos poucos Elise foi vencendo as seqüelas da morte por afogamento que tanto a incomodavam, auxiliada por prestimosos enfermeiros e médicos da Espiritualidade, que muito colaboraram na sua recuperação.

Amparada por Licurgo, bondoso amigo espiritual a quem fora confiada a tarefa de esclarecê-la, lentamente foi se informando das realidades maiores da vida, reeducando-se à luz do Evangelho redivivo de Nosso Senhor Jesus Cristo. Pôde, então, perceber seus erros, a razão de seus sofrimentos e o terrível crime que havia cometido contra si mesma, o suicídio.

– O tempo na Espiritualidade parece não existir. Não tenho noção do período em que aqui me encontro, se há um ano ou um século... – considerou Elise certa ocasião, quando conversava com seu orientador.

O bondoso amigo fitou-a com carinho e esclareceu:

– Aqui, a contagem do tempo para nós não importa. Todavia, considerando o calendário terreno, posso afirmar-te que deixaste a Terra, em condições extremamente dolorosas, há mais de duas décadas, e que há um lustro foste socorrida, vindo para cá.

– Vinte anos! Meu Deus, quanto tempo perdido! Quanto sofrimento desnecessário causei a mim mesma e aos outros!...

Com delicadeza, mas usando judiciosamente a verdade, o orientador explicou-lhe:

– Teus sofrimentos só não foram maiores, Elise, porque o ato insano que cometeste teve a cumplicidade de implacável adversário do pretérito, que te comandava as ações.

– Louvado seja Deus! – exclamou ela, aliviada. – Então, estou isenta de responsabilidade...

Licurgo interrompeu-a, impedindo que continuasse:

– Não foi isso o que eu disse, minha irmã. Afirmei que tua responsabilidade, neste caso, foi reduzida, mas continua existindo. Em virtude do assédio espiritual que sofreste, tua responsabilidade é proporcional à consciência que tinhas no momento do ato, e, portanto, bem atenuada.

Surpresa e algo confusa, ela retrucou:

– Mas, se eu não tinha condições de me livrar do inimigo cruel...

– Ao contrário. Se quisesses, poderias libertar-se da ação malfazeja desse infeliz companheiro. Bastaria que aceitasses as sugestões benéficas que amigos espirituais tentavam incutir em tua alma. Inclusive de teu avô, Maurice, que tudo fez para que não sucumbisses na degradação moral. Entretanto, cega de ódio e de despeito, considerando-te ofendida e humilhada, preferiste a companhia de Aderbal, cúmplice de outras eras e na atualidade transformado em algoz.

Elise estremeceu ante essa lembrança:

– Sei a quem te referes, irmão Licurgo. A simples recordação desse ser terrível causa-me horror. Tremo só em pensar em vê-lo novamente.

– Pois deves preparar-te para essa eventualidade, Elise. Vai chegar o momento em que não poderás evitar um confronto com essa criatura. Asseguro-te, todavia, que ele não é o ser abominável que imaginas. É somente alguém que muito sofreu e que não desenvolveu ainda a capacidade de perdoar. Na tua última romagem terrena, Aderbal transformou-se em teu algoz, mas, no passado, foi tua vítima, alguém a quem muito prejudicaste. No entanto, não te inquietes nem sofras por antecipação. Esse encontro só acontecerá quando estiveres preparada e de posse de conhecimentos que te possibilitarão avaliar melhor a realidade dos fatos.

– Queres dizer: quando eu tiver acesso às lembranças do passado?

– Exato.

Elise respirou fundo. Temia esse momento, contudo sabia também que seria também inevitável.

– Onde se encontra Aderbal agora?

– Continua em regiões trevosas.

– *Mon Dieu*! Mas, se eu tanto o prejudiquei, como acabaste de afirmar, meu irmão, por que ele continua sofrendo, enquanto eu estou aqui em situação bem melhor?

– Porque, apesar de todos os teus erros, demonstraste mais humildade, recorrendo à suprema misericórdia do Criador. Deus, que é Pai amoroso e ama a todos incondicionalmente, só deseja o bem de seus filhos. Assim que um deles demonstra real desejo de mudar, imediatamente é socorrido. Foi o que aconteceu contigo. Aderbal, ao contrário, orgulhoso e rebelde, prossegue mergulhado em idéias de ódio e de vingança, considerando-se injustiçado pelo Senhor da Vida e incapaz de curvar a cerviz ante a sua soberana justiça.

– Entendo. Pobre Aderbal. Gostaria de poder ajudá-lo.

Licurgo sorriu ternamente.

– Não esperava outra coisa de ti, Elise. Poderás socorrer Aderbal e quantos mais prejudicaste e que se encontram em sofrimento. Todavia, deves preparar-te devidamente, melhorando tuas condições vibratórias e munindo-te de conhecimentos e experiências que te serão indispensáveis na execução dessa tarefa.

Licurgo calou-se e Elise manteve-se pensativa por alguns minutos. Depois comentou:

– Vinte e cinco anos! Irmão Licurgo, quantas coisas devem ter mudado na Terra durante esse período! Gostaria muito de voltar à França e rever os lugares onde vivi... as pessoas que conheci outrora...

O amigo espiritual, discreto, absteve-se de comentar, mas percebeu que, intimamente, Elise desejava notícias daquele a quem nunca deixara de amar. Sorrindo delicadamente, considerou:

– Sim, minha irmã, tudo está muito alterado, e, ao mesmo tempo, continua igual, visto que mudam as pessoas mas os problemas são os mesmos. A ambição, o orgulho, o egoísmo e o desejo do poder continuam norteando as criaturas e, em vista disso, as dificuldades são enormes. Compreendo, porém, teu anseio de notícias. Assim que for possível, iremos até lá.

– Verdade?! – exultou a jovem, com os olhos brilhantes de

animação.

– Sim. Creio que logo estarás em condições de visitar nosso velho mundo.

– Oh, muito obrigada, irmão Licurgo! – disse ela, apertando as mãos dele entre as suas.

– Ora, ora, não me agradeças. Terás que trabalhar duro e te esforçares muito para alcançar essa bênção.

– Farei tudo o que for preciso. Prometo-te.

– Então, está combinado. Quando for a hora, serás notificada.

A partir desse dia, estimulada pela possibilidade de voltar à Terra, Elise dedicou-se com mais disposição aos sofredores que chegavam ao mundo espiritual, ajudando e cooperando sempre, sem cansaço e sem queixas. Estudava bastante, capacitando-se para outras funções e enriquecendo-se de valores novos, no labor iluminativo do espírito.

Chegou o dia em que Licurgo veio visitá-la, trazendo uma boa notícia:

– Daqui a três dias iremos em excursão para o planeta. Irás conosco.

Elise exultou intimamente.

– Obrigada, querido amigo. Espero estar em condições de poder ajudar.

Retorno à Terra

Capítulo 29

Era a primeira vez que Elise se ausentava da Colônia Espiritual que a acolhera. Com destino à Terra, um misto de ansiedade e angústia tomou-a de assalto. Temor por ter que enfrentar os mesmos ambientes em que vivera outrora; medo de reencontrar os velhos conhecidos, de reavivar antigos sentimentos latentes.

Licurgo, que a observava discretamente, tranqüilizou-a:

– Não te inquietes, querida Elise, nem sofras por antecipação. Acalma-te e aproveita a oportunidade que te foi concedida. Estamos em excursão de trabalho, com a finalidade de socorrer alguns irmãos. Assim, não percamos de vista nosso objetivo principal. Terminadas as atividades programadas, poderemos dispor de algum tempo, que será utilizado no teu aprendizado e no teu adestramento.

Ela fitou o generoso amigo, grata pelo amparo tão a propósito. Licurgo sempre vinha ao encontro de suas necessidades, socorrendo-a nas horas de crise. Ele parecia ler seus pensamentos e aplacava, sempre que possível, suas íntimas tensões.

Respirou fundo. Os outros companheiros da equipe, que já estavam acostumados a esse tipo de atividade, sorriram, compreensivos.

Eram todos simpáticos e afáveis. Levi, de feições tipicamente semitas, era alto, magro e usava barba curta e cerrada. Vestia-se com sobriedade, à maneira dos irmãos de raça: túnica de algodão cru e, sobre ela, um amplo manto de lã azul-escuro, o que lhe dava uma aparência antiga, como se tivesse acabado de sair diretamente dos tempos apostólicos. Havia sido médico na última encarnação e era o mais sério de todos. Apesar dos tristonhos olhos castanhos e do sorriso melancólico – como se constantemente torturado por sofrimento interior –, era delicado e amável.

André, ao contrário, mostrava-se sempre alegre e bem-humorado. Loiro, cabelos ligeiramente ondulados, curtos, tinha a expressão de um garoto travesso. Sensível, emocionava-se com facilidade. De temperamento artístico, dedicara-se à música quando encarnado, compondo e tocando ao piano lindas melodias. Trajava-se com calças pretas, justas, camisa branca sem gola, que ele usava ligeiramente desabotoada, deixando à mostra o peito bronzeado, e mangas amplas sem punhos, de onde surgiam as mãos de dedos longos.

Jacques, de aparência aristocrática, também continuava a vestir-se como habitualmente o fazia quando encarnado na Terra. Calças justas em tom verde-escuro; camisa de mangas bufantes e largos punhos de renda, sob uma jaqueta de veludo malva, debruada com ouro. Era alto, de compleição atlética, gestos refinados, e trazia os cabelos amarrados com uma fita, na nuca. Tinha um rosto belo e sedutor; temperamento sensual, que lhe granjeou no passado fama entre as mulheres, causa da sua perdição. Retornara à Espiritualidade, após confronto num duelo, atingido pela espada de um marido traído.

Sorel, apesar da aparência simples e humilde, pois fora sapateiro e analfabeto, possuía excelentes qualidades morais adquiridas ao longo de existências anteriores. Passou pelas mais rudes provações na sua última encarnação, pois fora perseguido, vilipendiado, torturado. Sem jamais se revoltar, regressou à pátria espiritual vitorioso, sem passar pelas zonas de sofrimento. Assim, havia atingido elevada condição na Espiritualidade, sendo um forte sustentáculo da equipe.

Contando com os dois auxiliares, Natan e Ary, o grupo constituía-se de oito pessoas. Somente André e Elise participavam pela primeira vez de uma expedição do gênero. Essas informações ela tinha recebido de Licurgo, quando apresentara os membros da equipe, pouco antes da saída. Depois de uma prece em que suplicaram o amparo do Mestre para as atividades socorristas, deixaram a Colônia, percorrendo as regiões do espaço cósmico.

Quando se aproximaram da atmosfera do planeta, às primeiras claridades da manhã, o coração de Elise bateu forte. Olhou para André e notou que também ele estava emocionado. Com a mão no peito, o rapaz tentava conter as emoções que vinham à tona naquele instante. Ao longe se divisavam o verde das plantações, o casario que surgia aqui e ali, os rios que coleavam como veias abertas no solo, cortando matas, aldeias, cidades, plantações, rasgando montanhas, e reaparecendo mais adiante, engrossados por outras nascentes.

Era com prazer que viam os animais nos pastos, as paisagens bucólicas ante a claridade de um novo dia.

– O que é aquilo? – indagou Elise, surpresa.

– É o oceano, fonte de vida para o planeta.

Elise estava encantada. Haviam deixado a Colônia durante a noite e, agora, com a alva se aproximando ainda mais da orla marítima, gozavam do espetáculo encantador e sempre renovado do nascer do sol, sob o marulho das ondas e o cheiro de maresia.

Desceram, pousando suavemente no chão, para apreciar as bênçãos divinas que se descortinavam diante de seus olhos. Sentados na praia, aproveitavam as emanações revigorantes da brisa marinha, sentindo o contato da areia branca e úmida.

Elise, que não conhecia o oceano, estava perplexa diante de sua força e de sua amplidão. Naturalmente, tivera a oportunidade de ver algumas figuras que mostravam o mar, naquele velho livro que seu pai Henri tinha achado na estrada, mas estar ali, próxima dele, era algo inimaginável para ela.

Caminhou pela praia, examinando conchinhas e parando para apreciar as inúmeras formas de vida, com o encantamento de uma criança. Algumas horas depois, mais refeitos e energizados, partiram, após uma oração em conjunto.

Sob a orientação de Licurgo, dirigiram-se para uma propriedade rural, onde ficariam abrigados. Logo na entrada, uma placa luminosa indicava em letras góticas: "Château Fraternel". Mais adiante, divisavase uma bela construção, cercada por parques e jardins. Arbustos, tufos de folhagens e flores variadas, num colorido harmônico, surgiam aqui e ali. O ambiente sugeria tranqüilidade e bem-estar. Melodia suave inundava o ar, como se tocada por músicos celestes. André, especialmente, mostrava-se impressionado. Seu temperamento artístico vibrava, emocionado com os sons harmônicos e encantadores que ouvia.

Entraram. Recebidos com alegria pelos responsáveis da Espiritualidade, sentiram-se logo em casa. Tratava-se de herdade pertencente a uma família de fidalgos da província, protestantes de elevados dotes do coração. Nesse momento, reuniam-se os encarnados – membros da família, criados e camponeses – para louvarem ao Senhor, de modo a começarem o dia sob as bênçãos do Altíssimo.

Como a reunião estivesse prestes a começar, não houve tempo para maiores apresentações. Calaram-se todos, respeitosamente.

O chefe da família, varão de presença nobre e imponente, cabelos prateados que lhe coroavam a fronte venerável, trazendo nos olhos claros uma luminosidade intensa e no sorriso terno a serenidade das almas alcandoradas, de elevadas qualidades morais, dirigiu-se à frente do pequeno agrupamento e convidou-os ao serviço da oração. Tomando dos textos sagrados, depois de singela e comovedora prece dirigida ao Criador, ele abriu um deles ao acaso e leu:

"Pedi, e dar-se-vos-á; buscai, e achareis; batei, e abrir-se-vos-á. Pois todo o que pede recebe; o que busca encontra; e a quem bate, abrir-se-lhe-á. Ou qual dentre vós é o homem que, se porventura o filho lhe pedir pão, lhe dará pedra? Ou se lhe pedir um peixe, lhe dará uma cobra? Ora, se vós, que sois maus, sabeis dar boas dádivas aos vossos filhos, quanto mais vosso Pai que está nos céus dará boas cousas aos que lhe pedirem? Tudo quanto, pois, quereis que os homens vos façam, assim fazei-o vós também a eles; porque esta é a lei e os profetas."[1]

Enquanto o chefe da casa lia, e sua voz possante, ao mesmo tempo mansa e pausada, espalhava-se pela pequena assistência, Elise observava as fisionomias sorridentes e felizes, como se bafejadas por luz interior, que acompanhavam atentamente as palavras do Evangelho, bebendo os ensinamentos do Mestre, transmitidos pela voz cariciosa.

Ao terminar a leitura, o dono da casa fitou cada um dos presentes com afeto. Os recém-chegados perceberam que, aproximando-se dele, o mentor espiritual, responsável pelas atividades, colocou a destra luminosa sobre a testa do encarnado, passando a assisti-lo. O chefe da família prosseguiu, com singeleza:

– Irmãos, a misericórdia do Senhor está sempre presente em nossas vidas, convidando-nos a segui-lo. Somos ovelhas do seu rebanho e, conforme nos afirmou Jesus, "nenhuma das ovelhas que o Pai me confiou se perderá". Temos que ter fé em Deus, pois o texto evangélico nos fala de um Pai amoroso e bom que está sempre preocupado com seus filhos e que lhes dá o melhor.

Parou de falar por alguns instantes, observando o efeito de suas palavras, respirou fundo e continuou:

– Não é novidade para ninguém que temos, através do tempo, atravessado fases terríveis e sofrido perseguições de toda ordem. Todavia, o Mestre Jesus nos convida a trabalhar e a confiar em Deus, perdoando e amando nossos inimigos. Nosso objetivo maior é sermos cidadãos dignos e trabalhadores, fiéis cumpridores da Lei de Deus, e vivermos em paz. E só exercitando a compreensão e a tolerância, dando exemplo da fé que adotamos e que vibra em nossos corações, é que sairemos vencedores dessa refrega. Portanto, amados irmãos, façamos a nossa parte e o Reino de Deus nos estará reservado. Que possamos dedicar este dia ao Senhor, e que nossas ações no amanho da Terra se transformem num cântico de louvor e de alegria. Amém.

Em seguida, os fiéis puseram-se a cantar um hino de amor ao Pai. As palavras, de tocante simplicidade e doçura, falavam do Bom

---

[1]*São Mateus, cap. VII, vv. 7 a 12 - Nota da médium.*

Pastor, que cuida de suas ovelhas com imenso carinho e dedicação, preocupando-se com todas elas, e que não descansa enquanto não estejam todas seguras no aprisco.

A atmosfera adquirira uma luminosidade azulada que cobria tudo. Um bem-estar intraduzível em palavras banhava-lhes o íntimo. Às últimas notas da melodia, encerrou-se a reunião.

Os encarnados levantaram-se, abraçando-se fraternalmente, e depois, sem alarido, serenos, deixaram o salão. No pátio, os camponeses apanharam as ferramentas de trabalho que ali haviam deixado e partiram para o campo, entoando novos cânticos, com os corações mergulhados em suave enlevo.

Em breve todos haviam saído, permanecendo no recinto apenas os desencarnados. Os Espíritos ligados ao grupo, familiares e amigos, que tinham recebido os visitantes com carinho e satisfação, agora aproveitavam para conversar, trocando idéias com os recém-chegados e fazendo as apresentações formais.

Elise estava perplexa. Sentia o coração exultar diante do grupo singelo de camponeses. As vibrações de confiança e de fé que se haviam emanado dos corações e das mentes tinham-na sensibilizado profundamente. Jamais participara de reunião semelhante na Terra, onde o amor a Deus, a pureza dos conceitos evangélicos, o respeito ao semelhante e a fraternidade estivessem tão presentes.

Lembrou-se das missas na igrejinha da aldeia, onde frei Justin fazia as pregações. O padre, invariavelmente de fisionomia apática e insatisfeita, nunca a tocara com seus sermões, cujas palavras lhe pareciam vazias e ocas, ditas de forma automática, sem entusiasmo e sem sentimento. Na sua impaciência juvenil, ela olhava as pessoas a seu redor e notava nelas a mesma apatia e a mesma indiferença.

– Em que pensas, Elise, isolada de todos?

– Ah, irmão Licurgo! Observava este salão, de atmosfera tão especial e elevada, lembrando-me das missas a que assistia quando jovem, e refletia nas diferenças flagrantes que existem entre elas e a reunião da qual participamos hoje. Pelo que pude perceber das palavras do orador, que falou sobre perseguições, imagino que sejam huguenotes.

O amigo corrigiu-a, delicadamente:

– Sim, de fato são protestantes.

Elise continuava, surpresa:

– Não entendo! Também convivi com protestantes, porém não me consta que tivessem essa elevação moral, ou agissem de forma diferente dos demais.

– Compreendo tua perplexidade, minha amiga. Contudo, as fontes são as mesmas, diferentes as maneiras de pensar e de agir de cada um. O grupo que conheceste, liderado pelo conde de Beauvais, como tantos outros que existiam, estava mais preocupado com a política, utilizando o poder das armas e da religião como meio para conseguir seus objetivos. Todavia, existe uma parcela de seguidores da Reforma Protestante que sinceramente busca pautar a vida pelos textos sagrados, apegando-se ao amor a Deus e ao estrito cumprimento das leis divinas. O grupo que conheceste hoje está entre eles.

– Que belos sentimentos! Quanta devoção existe em suas almas! Que pureza de intenções! Impressionou-me, de forma especial, a figura austera e nobre do chefe da família. Não pude deixar de notar a semelhança que existe entre ele e o responsável desencarnado.

Licurgo sorriu, concordando:

– Tens toda razão. É que Antoine de Moisson, o nobre companheiro desencarnado, foi avô, na última existência, de Gustave, conde de Moisson, o dono desta propriedade.

Nesse momento, aproximou-se Antoine. Licurgo, sorridente, apresentou-o a Elise, comentando:

– Ao chegares, acabava de explicar a Elise a razão da tua semelhança com nosso querido Gustave.

– Ah, sem dúvida, minha irmã. E nossas semelhanças não são apenas na aparência. Temos também grandes afinidades morais e espirituais. Através do tempo, ambos temos nos esforçado para implantar nossos ideais, apesar das dificuldades e dos sofrimentos que sempre encontramos.

– Queres dizer que tendes lutado sempre pela Reforma Protestante? – indagou ela, interessada.

– Não necessariamente pelo movimento religioso conhecido como Reforma, mas contra todo tipo de tirania e de opressão que se expressa pelo cerceamento das idéias, dos pensamentos e da liberdade da criatura humana. Realmente, nos últimos tempos temos nos voltado para o protestantismo, defendendo as idéias progressistas que contêm, e ao mesmo tempo combatendo-lhe os excessos.

– A luta é árdua, amigo Antoine, mas valorosa, e irá representar mais um degrau de progresso para o ser humano. – asseverou Licurgo.

– Com certeza, caro amigo. Todavia, longos séculos se passarão antes que tenhamos conseguido estabelecer conquistas valiosas. Jesus, porém, é o dono da seara e da colheita. A nós, seus servidores, só compete semear e adubar o terreno, de modo que as sementes possam frutificar como se espera.

Pensativa, Elise murmurou:

– Nestes anos muita coisa deve ter mudado aqui na Terra...

– É verdade, Elise. Terás ocasião de verificar isso pessoalmente. As lutas religiosas, que ensangüentaram o país, mudaram o panorama social, causando ainda mais miséria, sofrimento, desolação.

Fez uma pausa e, indicando Antoine, sugeriu:

– Agora, juntemo-nos aos demais. Todos temos deveres a cumprir e já abusamos demasiado da presença do nosso velho amigo, que possui extensas obrigações e cujo tempo é valioso.

Após algumas horas de repouso em estância tão agradável, ocasião em que os visitantes aproveitaram o tempo para conhecer a propriedade e o trabalho que ali se executava, a equipe chefiada por Licurgo partiu com destino a seu objetivo: Paris.

Na Prisão

Capítulo 30

À medida que se aproximavam da grande cidade, Elise sentia uma ansiedade sempre crescente. As paisagens, o gado nas pastagens, as florestas, o casario encantador que se descortinava ao longe, os rios que coleavam entre as lavouras, os vinhedos que se estendiam a perder de vista.

Identificou, ao longe, as primeiras casas de Paris, as torres das igrejas que se recortavam no céu, os castelos à beira do Sena; depois, quando chegaram mais perto, o Louvre com seus jardins imensos, as ruas estreitas e cheias de vida e de movimento, o casario que se amontoava.

Elise sentiu as lágrimas correrem pelo rosto. Como encontrariam tudo? Licurgo lhe dissera que muita coisa tinha mudado. A vontade de ter notícias de Jean-Claude dominava-lhe a mente. Sabia que ele ainda continuava encarnado e não conseguia pensar em mais nada; todavia, a um olhar mais severo do responsável pela equipe, procurou reajustar-se intimamente.

– Depois terás tempo para ti mesma. Agora estamos em tarefa socorrista. Reajusta as emoções.

– Tens razão, querido amigo. Desculpa-me, mas as lembranças antigas afluem-me à memória e atingem meu coração. Retornando à Terra, e particularmente à França, país onde transcorreu minha última existência, fica difícil evitar as recordações tão presentes em tudo. Quanto sofrimento naquela época! Quanta dor!...

Calou-se por momentos, comovida. Depois, mais serena, indagou:

– A França ainda continua sob o cruel tacão de Catarina de Médicis?

Licurgo respirou fundo antes de responder:

– Não, minha amiga. A rainha a que te referiste retornou à Espiritualidade há oito anos e sofre terrivelmente em região de trevas densas, perseguida por imensa falange de inimigos ferrenhos.

– Ah!... Então Carlos IX, finalmente, reina sozinho!... – exclamou, aliviada.

– De modo algum – apressou-se a explicar o orientador. – Também ele está aqui, no além-túmulo, sofrendo o peso de suas iniqüidades. Àquela época, o rei já estava tísico, regressando ao mundo espiritual menos de dois anos depois da "Noite de São Bartolomeu", ainda bastante jovem, pois contava apenas vintre e quatro anos. Pressionado pela consciência culpada e pelos inimigos desencarnados, por longo tempo lamentará ter cedido à vontade de Catarina, a quem não consegue perdoar.

– Quem governa, então, a França? – indagou ela, surpresa.

– Ah, minha irmã... A lei de causa e efeito segue seu curso inexorável, obrigando cada um a colher as conseqüências dos próprios desatinos. Pelo trono da França, como uma maldição, nessas poucas décadas já passaram vários soberanos. Após a morte de Carlos IX, subiu ao poder seu irmão, o duque d'Anjou, como Henrique III. Contudo, também o filho predileto de Catarina de Médicis não sobreviveu, e assim, em 1589, sucedeu-lhe Henrique de Navarra, como Henrique IV, e que governa até hoje.

– O que me dizes? Então, os huguenotes devem estar satisfeitos, pois Henrique de Navarra, casado com Margarida de Valois, não é um dos chefes do partido protestante?

– Tua ponderação seria justa se Henrique IV continuasse a fazer parte do partido reformista. Todavia, para preservar a vida e escapar ao morticínio da "Noite de São Bartolomeu", ele abjurou da sua fé religiosa, tornando-se católico, pelo menos aparentemente.

Diante das notícias que chegavam ao seu conhecimento, Elise murmurou, pensativa:

– Tens razão. Deve estar tudo muito mudado...

E o aperto que ela sentia no coração acentuou-se ainda mais pela incerteza do que iria encontrar. Quase que se arrependia de ter desejado voltar à Terra.

Dirigiram-se para a periferia da grande cidade. Diante deles, surgiu enorme construção. Era uma prisão antiga, destinada aos condenados mais perigosos, aqueles cujo desaparecimento para sempre era o maior desejo das autoridades.

A aparência assustadora da construção de pedra fez Elise estremecer de medo. Um calafrio percorreu-lhe o corpo da cabeça aos pés. Uma angústia imensa, acompanhada de terrível mal-estar, fez seu coração acelerar, ameaçando tirar-lhe o equilíbrio.

Fitando o enorme e soturno edifício, Licurgo explicou:

– Mantenhamos serenidade e elevação mental. O ambiente é de sofrimento, dor e revolta. Em qualquer circunstância, diante de qualquer imagem, não vos deixeis envolver negativamente. Também não nos cabe emitir julgamentos, por pior que seja a situação encontrada. Deus é o Senhor da verdade, e só Ele sabe a razão de todas as coisas. Caminhai em silêncio. Entremos.

Sentindo que o alerta lhe era especialmente dirigido, Elise procurou se reajustar mentalmente, elevando o pensamento ao Alto e suplicando condições para prosseguir.

Atravessaram o terreno que os separava da grande ponte levadiça e, depois de ultrapassá-la, depararam com um pequeno pátio. Logo em seguida, nova porta, grossa e enorme, surgiu. Passaram por ela com tranqüilidade, sem serem notados pelos soldados que montavam guarda e que conversavam despreocupados. Percorreram salas e entraram por corredores onde se viam celas de ambos os lados, solidamente trancadas por indevassáveis portas de ferro. Vez por outra, ouviam lamentos, gemidos e gritos angustiosos por detrás das portas.

Depois de caminharem algum tempo, agora descendo longas escadarias, os corredores começaram a ficar mais escuros, úmidos e infectos. O ar tornara-se irrespirável, cheio de pestilências e de cheiros nauseabundos.

A par do ambiente material da prisão, toda uma coletividade de desencarnados ali se congregava. Seres não conscientes de sua atual condição, certos de que ainda continuavam trancafiados no cárcere imundo; inimigos e adversários dos condenados, que se compraziam em vê-los naquela situação desesperadora; amigos e parentes desencarnados que desejavam ajudar os prisioneiros, sem terem as condições necessárias para tanto e que se afligiam ante sua impotência. Em meio a esse tumulto, trabalhadores do Invisível ali prestavam seu concurso, amenizando, de alguma forma, o sofrimento de todos aqueles infelizes.

A certa altura, André murmurou, pressionado pelo ambiente pesado:

– Falta muito?

Sua voz, apenas sussurrada, foi o suficiente para que muitos sofredores se pusessem a gritar, ensandecidos:

– Quem está aí? Quem se atreve a penetrar neste antro de sofrimento? Socorro! Água! Água!...

– Socorrei-nos! Filhos da Luz, tirai-nos daqui! Socorro! Socorro! Acudi-nos! Estamos perdidos, ninguém nos ajuda. Por piedade, socorrei-nos!

Só então os elementos mais novos do grupo entenderam a razão do pedido de silêncio. Notando que aquelas súplicas dolorosas tocavam os corações sensíveis de toda a equipe, com exceção de Sorel, que mantinha serenidade, Licurgo novamente orientou:

– Estamos chegando. Não vos deixeis envolver. Tudo tem uma razão de ser, repito.

– Contudo, a situação desses infelizes é tão terrível... Não podemos ajudá-los? – indagou Elise, cheia de compaixão.

– Nada podemos fazer por eles, no momento. Chegará a hora em que eles também serão socorridos. Como podeis perceber, eles não estão desamparados; servidores generosos e dedicados prestam-lhes assistência. A Misericórdia Divina está presente em todos os lugares. Assim, confiemos.

Calou-se e continuaram caminhando, apressados. Determinado momento, Licurgo estacou. Estavam diante de uma porta de ferro, grossa e pesada, cuja única abertura era uma portinhola ao rés do chão, por onde o prisioneiro recebia água e ração.

– É aqui. Entremos.

A princípio, nada puderam perceber, exceto que o ambiente no interior da cela era ainda mais infecto do que no exterior, se isso era possível. O mobiliário se restringia a uma pequena e rústica mesa; sobre ela, uma candeia, inútil, porque lhe faltava o óleo. Somente depois notaram, em meio às sombras, que a um canto do lajedo, misturado a um punhado de palhas apodrecidas, havia uma criatura jogada, exangue. Era um homem. As roupas esfarrapadas deixavam perceber a magreza extrema, os ossos à mostra. Cabelos e barba empastados de sujeira, desgrenhados, onde os vermes passeavam, há muito não recebiam um trato. A pele grudara-se no esqueleto, e, nas faces encovadas, olhos enormes saltavam das órbitas, sem qualquer brilho, fixos no vazio. A respiração estertorosa indicava comprometimento dos pulmões, e, de quando em vez, ele era sacudido por uma tosse pertinaz. A forte dispnéia evidenciava que aquele infeliz estava no final da vida orgânica.

Cheios de compaixão, os componentes do grupo aproximaram-se do farrapo humano.

– Quem é ele? – indagou Jacques, evitando demonstrar o quanto o ambiente estava afetando sua sensibilidade.

– Um amigo. François de Villon é um homem que sempre pensou em seus semelhantes. Coração generoso, dedicou sua vida aos mais necessitados, com completo esquecimento de si mesmo. Enfim, um homem de bem – informou Licurgo, suspirando.

– Por que está nessa situação? – perguntou Elise.

– Exatamente pelo fato de defender os pobres e oprimidos. Considerado herege, foi trancafiado nesta prisão por Henrique IV, seu antigo companheiro de armas e de ideal. Deixando a religião protestante, Henrique de Navarra afastara-se daqueles que antigamente considerava seus amigos, até por instinto de sobrevivência. Como a presença de François de Villon estivesse sempre, silenciosamente, a lhe recordar o ato covarde que fizera, desprezando sua fé religiosa para salvar a vida, resolveu condená-lo à morte. No fundo, Henrique IV não olvidara seus ideais, mas se viu obrigado a condenar o companheiro para convencer os católicos de suas "boas intenções" e de sua lealdade, de modo que lhe dessem crédito, não duvidando de sua conversão. Num último rasgo de "generosidade", transformou a pena de morte em prisão perpétua, sepultando em vida o nosso infeliz amigo.

Licurgo lançou um olhar compassivo para aquele trapo humano no chão e prosseguiu:

– Naturalmente, François não é uma vítima inocente nessa história. No passado, com atos cruéis e sanguinários, deu origem ao drama cujo desenlace acontece hoje. Está apenas se quitando perante a justiça divina, que é perfeita, dos males que ocasionou ontem. Graças a Deus, aprendeu muito nesta existência e, tanto é verdade, que faz jus a amparo espiritual para que seu desligamento do corpo físico e sua entrada no além-túmulo ocorram com um mínimo de sofrimento e de desconforto.

O orientador calou-se. Após alguns segundos de meditação, convidou:

– Mãos à obra! Vamos trabalhar!

Licurgo fitou com carinho o Espírito, que planava um pouco acima do corpo sem entender direito o que estava acontecendo. Por ter perdido a noção do tempo transcorrido e por julgar que vinham buscá-lo para nova sessão de tortura, o prisioneiro balbuciou, sem forças:

– Piedade! Piedade! Nada sei, juro-vos!

Colocando a mão sobre sua cabeça, Licurgo procurou serená-lo:

– Acalma-te, François. Não somos algozes. Somos amigos e vimos libertar-te do cárcere. Agora, não gastes inutilmente tuas forças. Agradece ao Criador este momento, descansa, e, antes do que imaginas, estarás liberto.

O infeliz tentou sorrir, entendendo intuitivamente as palavras que lhe eram ditas pelo generoso amigo, e aquietou-se.

Convocando-os ao trabalho da oração, Licurgo orientou André, Levi, Jacques e Elise para que permanecessem com as mentes elevadas, enquanto ele próprio cuidaria do processo de desligamento, assessorado por Sorel.

Algum tempo depois, cortados os últimos laços que o mantinham jungido ao corpo, François estava livre. Extremamente cansado, adormeceu, sendo levado, sob os cuidados de Natan e de Ary, auxiliares da equipe, para aprazível recanto fora dos muros da prisão, debaixo de algumas árvores frondosas, onde ficaria descansando.

A tarefa estava cumprida. Antes de se retirarem, porém, para satisfação do grupo, Licurgo fez-se visível para todos os desencarnados ali aglomerados e falou-lhes sobre a necessidade de mudança de padrão mental. Explicou-lhes a situação e convidou a todos os que quisessem segui-los, acenando-lhes com melhores condições de vida, menos sofrimentos e muita paz.

Para decepção da equipe, apenas quatro entidades aceitaram o oferecimento que lhes estava sendo endereçado, mostrando-se verdadeiramente cansadas da situação e desejosas de mudar de vida. Outras ficaram a distância, impedidas de se aproximar por líderes malfazejos, que as mantinham acorrentadas, conquanto a vontade delas de aceitar o oferecimento. As demais entidades, seres vingativos, cruéis e mal-intencionados, nem sequer acreditaram nas palavras de Licurgo, ameaçando-o com pedras e pedaços de pau, e despejando sobre ele todo um palavrório de baixo calão.

– Vai-te daqui, miserável! Pensas que nos enganas com belas palavras? Não sairemos daqui, deixando nossos inimigos a seu talante. Temos objetivos a executar no cumprimento da justiça, e ninguém ficará impune. Fora daqui, pois, súcia de enganadores! Nada pedimos e nada desejamos. Fora! Fora!

O orientador, sereno e digno, ainda aguardou mais alguns minutos, mas como ninguém mais se apresentasse, deu ordem ao grupo para deixarem a prisão.

Transportando num lençol, como maca improvisada, François de Villon adormecido, e mais as quatro entidades resgatadas rumaram para o "Château Fraternel", a propriedade rural de onde tinham vindo e na qual existia, na ambiência da Espiritualidade, um trabalho de pronto-socorro com atendimento para todos os necessitados, mormente recém-desencarnados. Lá permaneceriam provisoriamente, recebendo assistência, enquanto a equipe socorrista não retornasse a seu lugar de origem.

À chegada, recebida com alegria pelos companheiros da herdade, que já haviam providenciado acomodações para os novos hóspedes, avisados com antecedência por Licurgo, a equipe aproveitou a oportunidade para dar sua colaboração no atendimento aos necessitados.

O estado dos recém-chegados era de completa exaustão. Apresentavam fraqueza extrema e precisavam de cuidados médicos, além, naturalmente, de uma boa higiene e alimentação adequada.

Mais tarde, quando tudo estava tranqüilo e em ordem, puderam sentar-se para conversar um pouco, gratos a Deus pela tarefa realizada.

Dura Realidade

Capítulo 31

Na manhã seguinte, após as orações matinais, Licurgo notificou ao grupo que teriam duas tarefas ainda para executar. Partiria com Sorel, Jacques, Levi e os dois auxiliares enquanto André e Elise permaneceriam na herdade.

– Esta é uma excelente oportunidade para conhecerdes as atividades aqui desenvolvidas. Aproveitai o tempo. Amanhã, o mais tardar, estaremos de volta. Ficai em paz!

– Não te preocupes, irmão Licurgo. Cuidarei dos nossos amigos, fazendo com que o tempo seja bem aproveitado. Que Deus vos acompanhe! – assegurou Antoine de Moisson.

Despediram-se dos companheiros que ficariam na herdade, e partiram.

Antoine, com afabilidade, informou:

– Renan irá colocar-vos em contato com o trabalho ativo, que conheceis apenas de maneira superficial, salvo a enfermaria, onde tivestes oportunidade de prestar colaboração.

E, a um leve gesto seu, um rapaz de estatura mediana, afável e sorridente, aproximou-se.

– Renan, leva nossos amigos André e Elise para se inteirarem mais dos nossos trabalhos, localizando-os em tarefas compatíveis com suas condições. Agora, com vossa permissão, devo deixar-vos. Necessito dar algumas ordens urgentes.

André e Elise agradeceram ao generoso diretor e acompanharam Renan pelas dependências da instituição.

O atendente, a cada passo, ia prestando informações e explicando cada atividade.

Assim, percorreram as enfermarias masculina e feminina, onde ficavam os internos com problemas de reajuste do corpo espiritual, em virtude do gênero de morte que haviam tido. Em seguida, Renan levou-os a outro local, ainda desconhecido para eles, onde eram albergados os mentalmente enfermos, aqueles que estavam com as faculdades mentais comprometidas em virtude de ações criminosas do passado. Era um espetáculo doloroso de ver: cada um mergulhado em sua própria realidade, revivendo cenas e acontecimentos, amargando remorsos terríveis, ou conservando a consciência anestesiada, num processo de fuga, como se nada tivesse acontecido; muitos, por sinal, permaneciam na fase infantil, antes da ocorrência dos fatos que lhes haviam marcado a existência de forma indelével, por temerem as lembranças dolorosas.

Para desanuviar a impressão, visitaram depois a ala das crianças, cujos ambientes, alegres e descontraídos – salas de aula iluminadas pelo sol, ventiladas e coloridas, jardins bem planejados, brinquedos – favoreciam as atividades dos pequenos participantes.

Assim, percorreram todos os setores, recebendo informações e desfazendo dúvidas. Só não puderam entrar na ala reservada aos candidatos à reencarnação. Era um prédio que ficava isolado dos demais, em meio a extensos gramados e cercado de frondosas árvores.

– Aqui neste departamento, estão aqueles que se programam para voltar ao corpo físico em nova encarnação. São mantidos isolados para o necessário preparo, mediante a reflexão e a conscientização do passo que pretendem dar.

Elise e André resolveram permanecer nas enfermarias, acostumados ao labor que executavam na colônia de origem. Durante todo o dia, trabalharam sem descanso, mergulhando no serviço e ajudando com dedicação e presteza.

Nem viram o tempo passar. Ao final da tarde, estavam cansados mas felizes. Outras turmas de trabalhadores vieram substituí-los e puderam gozar de merecido repouso.

Ao se reunirem à noite para um bate-papo informal, aproveitando as horas de descanso, André comentou:

– Percebi que, com o avanço das horas noturnas, o movimento se intensificou visivelmente aqui na instituição.

Renan, que servia de cicerone permanecendo junto deles, concordou:

– Tens razão, André. É no período noturno que as ligações entre os mundos visível e invisível se fazem mais intensas, especialmente numa casa como esta, em plena região da crosta terrestre. As pessoas encarnadas não se dão conta disso, mas, na maioria das vezes, libertas pelo sono, procuram realizar os desejos que lhes ficam impregnados na mente. Nosso Senhor Jesus Cristo não afirmou: "Onde está teu tesouro ali estará teu coração"?

– Compreendo. É um assunto muito interessante! – exclamou Elise, prosseguindo, depois de pensar um pouco: – Lembro-me de que, quando encarnada, várias vezes tive sonhos muito vívidos e reais. Se lhes tivesse dado crédito, talvez pudessem ter modificado minha vida. Hoje sei que se tratava de vivências espirituais, experiências importantíssimas, ocasiões em que recebia alertas e conselhos de amigos de além-túmulo, inclusive de meu querido avô Maurice. Todavia, não lhes dei maior atenção e, no futuro, lamentei muito, amargando de forma dolorosa meus desacertos. Infelizmente, à época, não podia saber, não tinha condições nem conhecimentos que me alertassem para essa realidade.

Com leve movimento de cabeça, Renan concordou, afirmando em tom profético:

– Não está longe o tempo em que essas verdades serão reveladas às criaturas humanas. Temos estudado que o Consolador Prometido por Jesus não tardará a manifestar-se no planeta, e, então, a realidade espiritual será patenteada ao homem. Como ponte de luz, os conhecimentos serão trazidos aos seres humanos por emissários divinos, inaugurando-se uma nova fase: a do intercâmbio entre os dois mundos. Embora, na prática, essa comunicação entre encarnados e desencarnados, sempre tenha existido, num futuro próximo se estudarão seriamente esses fenômenos e a sociedade terrena experimentará grande progresso.

André estava surpreso e cheio de interesse. Voltou a perguntar:

– Todos os seres humanos têm esse contato com o mundo espiritual? Porque, normalmente, as pessoas não se lembram...

– Sem dúvida. Quando na Terra, nunca ouviram falar de pessoas que vêem, escutam ou sonham com os ditos "mortos"? Todos os que têm alguma relação com o mundo espiritual são considerados hereges ou bruxos pela Igreja. Com referência ao sonho, sobre o qual falávamos há pouco, o fato de a pessoa não conservar a recordação da experiência, ao acordar, não significa que não tenha "sonhado". Além disso, mesmo aqueles que se lembram acham que é simplesmente um sonho sem maior importância, e não um desprendimento do Espírito – esclareceu Renan.

– Talvez até evitem falar no assunto por medo ou vergonha, dependendo das situações que vivenciaram – lembrou Elise. Em seguida, recordando-se da própria experiência, prosseguiu: – Tive, muitas vezes, pesadelos com um ser estranho e assustador que me dizia coisas horríveis e me causava grande pavor. No fundo, eu sabia que ele existia, que era real, porque, ao acordar, sentia ainda sua presença a meu lado. Contudo, jamais falei disso a quem quer que fosse por medo de que não me dessem crédito, ou, o que é pior, que me considerassem louca.

– Tens razão, Elise. A verdade é que muitas das pessoas encarnadas têm desprendimentos que as impressionam, sentem que realmente se encontraram com essa ou aquela pessoa, que estiveram num determinado lugar, mas se abstêm de comentar o caso com os outros.

– Provavelmente por medo de serem consideradas hereges... – completou André.

– Isso mesmo. O que é fácil de entender, porque a penalidade para a heresia é a morte na fogueira – concordou Renan.

Elise estremeceu ao pensar nisso. Mergulhada em si mesma, permaneceu calada, olhar perdido no vazio. A um ruído, voltou à realidade, e ao notar que os amigos olhavam para ela, estranhando seu alheamento, justificou-se:

– Neste instante acudiu-me à memória um fato que aconteceu hoje. Enquanto atendia os pacientes da enfermaria, vi uma mulher que me chamou a atenção. Tive a nítida sensação de já tê-la encontrado antes, mas não sei quem é. Seu aspecto é o pior possível; parece dormir, mas permanece entre gritos, lamentos e reclamações, sem descanso. Notei que só se tranqüiliza ao receber energias por meio da oração. Fiquei muito impressionada.

– Infelizmente, temos inúmeros casos como esse que relataste, Elise. Não podemos nos esquecer, no entanto, de que essa irmã está, no momento, em excelente situação. Encontra-se abrigada nesta casa, recebendo a assistência carinhosa de médicos e enfermeiros dedicados. Poderia estar ainda, a exemplo de uma infinidade de outros Espíritos, em regiões de trevas e sofrimentos.

– Concordo contigo, Renan. Algo, porém, naquela mulher me chamou a atenção. Não sei o que é... E ela não me sai da cabeça.

– Quem sabe seja alguém que já cruzou teu caminho em épocas passadas? De qualquer forma, se não te lembraste é que não te seria benéfico no momento. Ora por ela, minha amiga. Aliás, todos os albergados aqui precisam de orações, pois são profundamente sofredores.

Dando por encerrado o assunto, Renan levantou-se, convidando os companheiros a segui-lo.

– É tarde e teremos muito serviço amanhã. Melhor nos recolhermos. Não nos faltará ocasião para voltarmos ao assunto que tanto vos interessou.

Despediram-se fraternalmente, dirigindo-se em seguida para os aposentos que lhes tinham sido destinados. A amizade surgira entre eles, fazendo-os sentir como se fossem conhecidos de longo tempo.

* . * . *

No dia seguinte, ao entardecer, Licurgo retornou com Sorel, Jacques e Levi. Foi com alegria que se reencontraram; os recém-chegados tinham muito para contar das experiências que tinham vivido e do conseqüente aprendizado.

De manhã, após algumas horas de repouso, Licurgo informou a Elise e André:

– Hoje teremos uma atividade especial que diz respeito a ambos. Acompanhai-me.

– Para onde vamos? – indagou André, curioso.

– Logo ficareis sabendo. Adiante! Não temos tempo a perder.

Após fazer algumas recomendações aos elementos da equipe que permaneceriam na instituição, eles partiram.

Ao se aproximarem de uma cidade desconhecida, Elise percebeu que André foi mudando de comportamento, ficando calado e apreensivo. Entraram na pequena vila e, nas imediações de uma casa simples, com canteiros floridos nas janelas, Licurgo parou.

O rapaz, extremamente pálido e ofegante, estava de olhos fixos na pequena moradia.

– André, meu amigo. É chegada a hora de enfrentares a realidade. Tanto desejaste retornar ao lar terreno, que te foi permitido pelos nossos maiores. Permanecerás aqui durante quarenta e oito horas. Aproveita o tempo para sedimentar tuas novas conquistas. Lembra-te de que o equilíbrio é bênção que deve ser mantida em qualquer situação. Se tiveres necessidade de ajuda, chama-me, e logo estarei a teu lado.

Despediram-se com um abraço, sensibilizados. André mal continha as próprias emoções. Apesar do receio, sentia-se vibrar de felicidade.

Licurgo e Elise esperaram enquanto o companheiro aproximava-se daquele que fora seu lar. Quando a porta se fechou atrás dele, partiram.

– Como se chama esta cidade? – indagou ela, curiosa, observando as ruas, os transeuntes, as crianças que brincavam risonhas.

– Estamos em Beaumont.

– Ah!... e para onde vamos agora?

– Retornar a Paris.

– Paris?!

Elise sentiu um frêmito de emoção. A partir daquele momento, não mais conseguiu admirar as paisagens que se descortinavam diante de seus olhos. O dia apresentava beleza surpreendente; o sol convidava à vida lá embaixo, chamando para o trabalho. Os camponeses arando a terra, as grandes árvores agitadas pela brisa. Nada mais a interessava. A ânsia por rever a grande cidade, onde vivera momentos tão difíceis, sobrepujava tudo, porque *sabia* que chegara sua vez.

Percorreram as ruas da "Cité", observando o movimento, o casario. A certa altura, Licurgo informou:

– Agora é o momento de deixar-te à vontade para o encontro contigo mesma. O que disse a André, e que ouviste, é válido para ti também.

Repetiu as recomendações com muito carinho e, abraçando-a, finalizou alertando:

– Não te deixes dominar pelo egoísmo. Lembra-te, Elise, do que já aprendeste, do que conversamos, e exemplifica o Evangelho de Jesus. Em qualquer situação, não mergulhes nas sensações do pretérito, e mantém o equilíbrio. Se precisares de ajuda, chama-me. Sabes como fazê-lo. Entendeste?

– Sim, querido amigo. Obrigada por tudo.

Depois de despedir-se do orientador, Elise virou-se, contendo a respiração. Estava diante do palácio senhoril onde vivera os últimos tempos da sua existência. Enchendo-se de coragem, respirou fundo e, depois de acenar uma última vez para Licurgo, entrou.

Tudo estava diferente. A decoração mudara sensivelmente: os

móveis tinham outra disposição, novas cortinas pendiam das janelas, objetos de adorno e vasos floridos davam colorido aos ambientes. As paredes eram adornadas com grandes quadros a óleo, tapeçarias e espelhos. Forrações em veludo estampadas nas cadeiras e tapetes, combinando com a tonalidade predominante, davam um ar elegante e refinado à moradia.

Elise caminhou pelas salas e corredores, buscando a cada passo as recordações do passado. Contudo, nada lhe lembrava o tempo em que ali vivera e servira. Encontrou algumas pessoas – certamente os novos ocupantes do palácio –, porém não as conhecia e não a interessavam. Buscou a ala dos criados, esperando identificar algo que a satisfizesse, mas também lá tudo estava mudado; os criados eram outros e não conhecia mais ninguém. Nada que lhe recordasse os tempos idos, quando ali habitara com o marido, Bertrand, o filho, Jean-Maurice, e os pais, Henri e Gertrudes.

Decepcionada, buscou a via pública. Nada tinha a fazer ali. Nada a prendia àquele local. Andando na rua – esta, sim, permanecia a mesma –, lembrou-se daquela noite fatídica, a "Noite de São Bartolomeu", em que os huguenotes haviam sido massacrados em nome da religião. Nesse momento, os sinos de Saint-Germain começaram a badalar.

Um frêmito agitou-a. – Os sinos tocam! Como naquela noite...

Levou as mãos aos ouvidos. Não desejava ouvir aqueles sons macabros. Entretanto, pela sua retina começaram a passar as cenas dantescas, o morticínio, o sofrimento, os gritos lancinantes das vítimas. O coração batia acelerado; a respiração tornou-se curta, ofegante. Sentia-se desesperada e sem ar; um medo enorme a tomava de assalto e não sabia para onde ir, que rumo tomar. Como se envolvida num turbilhão, de repente se viu em plena escuridão noturna, cortada apenas pelas tochas dos assassinos; estava com Jean nos braços e sentia-se angustiada, em meio a um pavor monstruoso. O cheiro de sangue empestava o ar, entrando-lhe pelas narinas a ponto de quase sufocá-la. Escondeu-se num canto e pôs-se a soluçar, sem saber o que fazer.

Nesse instante de grande perigo, leve réstia de luz varou as trevas, e uma voz sussurrante, em que ela reconheceu a de Licurgo, a alertou com firmeza:

– Minha filha, não mergulhes nas sensações no passado; mantém o equilíbrio em qualquer situação.

Somente então, vislumbrando a luz e ouvindo a carinhosa exortação, Elise percebeu o perigo que correra, deixando-se envolver pelas imagens deprimentes do pretérito, que levara tanto tempo para vencer, na longa recuperação. Sabia que estava sendo submetida a um teste, e não poderia falhar.

Assim, parou de chorar, enxugando as lágrimas, e procurou recompor-se mental e emocionalmente. Elevando o pensamento ao Criador numa prece sincera e comovida, suplicou ajuda nessa hora tão difícil que estava vivendo. Ao terminar a oração, seu estado interior era outro; reconhecia-se tranqüila e confiante. Abriu os olhos e viu-se envolvida pela luminosidade e pelo calor de um sol radioso. As pessoas transitavam pela rua, conversando alegremente. A longa noite de horrores desaparecera.

Respirou fundo, agradecida. Percebeu que estava caída a um canto da calçada, encostada num muro. Levantou-se e recomeçou a caminhar.

Para onde ir? O coração segredou-lhe um nome: Jean-Claude. O desejo de rever o antigo namorado fez com que apressasse os passos. Imediatamente, viu-se transportada no espaço. Quando deu por si, estava diante de um palácio que nunca vira. Respirou fundo e, enchendo-se de coragem, entrou.

Logo após transpor o vestíbulo, encontrou-se numa sala. Acomodado num sofá, um casal conversava. Com profunda emoção, no cavalheiro elegante e bem trajado, reconheceu Jean-Claude. Estava mais velho, cabelos grisalhos nas têmporas, engordara um pouco, mas era o mesmo, a mesma criatura que ela amara desde o primeiro momento em que se haviam visto. Olhando para a dama, também não pôde deixar de reconhecê-la. Emagrecera ainda mais, apresentava o rosto demasiadamente pintado, roupas extravagantes, mas era a mesma: Hélène de Vancour.

Lembranças

Capítulo 32

Ao reencontrar Jean-Claude e Hélène, juntos, Elise sentiu o sangue ferver nas veias. Então ela conseguira, finalmente, casar-se com ele!

O casal estava em meio a uma discussão acalorada. Irritada, Hélène dizia:

– Teu comportamento, ultimamente, tem sido execrável! Não me acompanhas mais às recepções, mantendo-te sempre distante. As pessoas comentam o teu afastamento, fazendo mil conjecturas. Pelo menos, para tapar a boca de toda a aristocracia, deverias agir diferente.

Com ar enfastiado, ele retrucou:

– Pouco me importa o que dizem as más línguas. Não estou preocupado com os falatórios da corte. Tenho coisas mais importantes em que pensar, inclusive em nosso filho Camilo, que abandonas ao cuidado das criadas.

– Ora, Jean-Claude! Desejas que eu fique em casa fazendo companhia a uma criança? Nosso filho está muito bem cuidado, tem tudo!

– Sei que está melhor do que em tua companhia. No entanto, o pequeno se ressente da falta da mãe, que nunca vê. Precisa de amor, de carinho, não percebes?

Andando de um lado para o outro da sala, a dama virou-se, irada:

– Era só o que me faltava! Cuidar de crianças! Não foi para isso que me casei contigo. Além do mais, nada lhe falta: brinquedos, guloseimas...

– Realmente nada... a não ser amor... – murmurou Claude, com amargura.

– Ora, basta! Estás apenas te justificando por ficares em casa, deixando de acompanhar a mim, tua esposa, à recepção no Louvre. Ontem, especialmente, o rei estava afável e cordato. Seria muito importante para nosso futuro se tivesses comparecido. O conselheiro do rei perguntou por ti.

– Sim? E o que pode desejar Henrique IV comigo? – perguntou, mordaz.

– Ignoro. Acho, porém, que deverias ir até o paço real saber.

– Não! Mil vezes, não! O que quer que seja, não me interessa. O rei é um traidor e não merece atenções! – retrucou, convicto.

– Psiu! Fala baixo! Queres que alguém te ouça? – murmurou, aflita.

Como ele permanecesse calado, Hélène, olhando o marido, perguntou com ar enigmático e ciumento:

– Por que será que te tornaste tão amargo e tão cético? Não eras assim. Pelo menos, não quando te conheci.

Ela fez uma pausa e, em seguida, medindo bem as palavras, acrescentou:

– Ainda a amas, não é verdade? Há quase três décadas que ela morreu e não consigo livrar-me daquela miserável traidora.

Indignado, Claude ergueu-se, ordenando:

– Cala-te, infeliz! Poupa-me de teus comentários maldosos. Nestes anos todos nunca me deixaste em paz. Continuas a acusar de traição alguém que nunca te fez nada e que está morta há tanto tempo. Por quê? Por que tanto ódio e tanto ressentimento?

– Porque tu a amas! Confessa, maldito! Ainda a amas! Não consegues tirá-la do pensamento! Pensas que não sei? Quando estás calado, distante, vejo a sombra da infeliz Elise passando diante de teus olhos. Quando me livrarei dessa mulher? Quando? – gritou, a soluçar.

Jean-Claude olhava-a perplexo. Calou-se, pensativo. De onde vinha tamanho ódio? Onde se originara aquela idéia de traição que sua esposa cultivava, repetindo sem cessar sempre as mesmas coisas?

Nesse momento, linda criança de quatro anos de idade entrou correndo na sala. Assustada com a gritaria, sem saber o que estava acontecendo, vendo que a mãe chorava, começou a chorar também.

Ao notar o menino, a expressão de Claude modificou-se por completo. Os olhos brilharam e um grande amor inundou sua alma. Sorrindo, estendeu os braços, chamando o garoto, que correu a seu encontro. Colocando-o no colo, dizia, terno:

– Acalma-te, meu querido. Está tudo bem.

– Mamãe está chorando...

– É verdade. Tua mamãe e eu tivemos um pequeno desentendimento, mas já passou. Não chores, papai fica triste.

E, virando-se para Hélène, com o olhar alertou-a para que se contivesse diante da criança. A dama enxugou as lágrimas e aproximou-se do menino:

– Estou bem, meu filho. Teu papai é que é muito mau e fez mamãe chorar, mas já passou.

– Hélène! Como podes dizer uma coisa dessas? – corrigiu-a o esposo, delicadamente, contendo sua indignação diante do garoto.

Ignorando a recriminação do marido e sem lançar-lhe um olhar sequer, continuou a instigá-lo:

– Teu papai não gosta que eu fale a verdade, meu filho.

O menino, porém, virou-se para o pai, defendendo-o:

– Meu papai é bom. Meu papai fala a verdade.

Levantando-se e voltando a andar pela sala, irritada e cheia de despeito, ela retrucou:

– Estás vendo? Colocas o menino contra mim, sua própria mãe!

– Enganas-te. Tenho procurado sempre, durante todos esses anos, preservar tua imagem diante de nosso filho. Todavia, fazes com que isso se torne mais difícil a cada dia que passa.

Tentando dar por encerrado assunto tão desagradável, dirigiu-se ao menino:

– Queres passear com papai?

– De carruagem?

– Sim.

– Quero. Mimi também quer passear.

– Pois podes levá-la também.

O pequeno desceu do colo do pai todo satisfeito, saindo à procura da gatinha de estimação e já esquecido das lágrimas.

Percebendo que tinha perdido a partida, Hélène deixou a sala, remoendo seu ódio. De cabeça erguida e pisando duro, murmurou entre dentes:

– Vais me pagar por isso!

Sozinho, Claude respirou fundo, descansou a cabeça no encosto da poltrona e fechou os olhos. Tentava readquirir o controle das emoções após a discussão com a esposa. O ambiente fizera-se pesado, asfixiante. Ele não suportava mais viver naquela casa.

Elise aproximou-se dele, envolvendo-o com carinho, afagando-lhe os cabelos. A esse contato, doce sensação de paz inundou o íntimo de Jean-Claude.

Sob a influência de Elise, as recordações começaram a fluir em sua mente. Arrependia-se amargamente por ter-se casado com Hélène. Como se deixara envolver pela antiga noiva, a quem não amava?

As cenas do passado voltaram com força. Lembrava-se de quando conhecera Elise, aquela que despertaria nele o verdadeiro amor. Os momentos de terno idílio às margens do regato, as juras de amor eterno, as esperanças de um futuro feliz. Curioso! As sensações eram tão reais, que sentia como se Elise estivesse ali naquele momento, presente naquela sala. Reconhecia o perfume dela, o toque delicado de sua mão. Como isso era possível?

As lembranças prosseguiram. Tudo corria bem, contudo o pai resolvera casá-la com um aldeão, e ele não poderia impedir. A não ser que fugisse com ela. E fora isso o que haviam decidido fazer, cheios de alegria, na esperança de encontrar a felicidade em algum lugar distante. Depois, a decepção, o sofrimento, a amargura, quando se sentira traído por sua amada. Na véspera do casamento, ele a esperara durante horas na estrada, em meio à escuridão da noite, mas Elise não aparecera. Na manhã seguinte, fora realizado o casamento com aquele desprezível Bertrand, um ajudante de ferreiro. Com o mundo a ruir à sua volta, desesperado, ele fora embora, retornando a Paris.

Após enxugar as lágrimas que lhe corriam pelo rosto, Claude prosseguiu em suas recordações. Mais tarde, a reencontrara, casada, ditosa, e com um filho. Depois, novo encontro em Paris, no palácio do conde de Beauvais. Todo o esforço que fizera para esquecer aquele amor fora por água abaixo naquele momento. Percebera que a amava ainda e sempre, cada vez mais.

Nova pausa. Elise, que acompanhava as imagens mentais de Claude, também se deixava envolver pela emoção.

– Eu ignorava que continuavas a me amar... Por que nunca me disseste?

Como se respondendo à pergunta dela, sem perceber que falava com alguém, ele disse intimamente: "Nunca poderia ter confessado meu amor por ti, Elise. Considerava-te feliz junto com o esposo. Mas o ciúme era uma agulhada constante em meu peito. Depois... depois... aquele episódio no Louvre colocou um ponto final nas minhas esperanças. As cenas que presenciei fizeram com que te julgasse mal, desprezível e volúvel".

– Fui uma vítima das circunstâncias, meu querido. Caí numa terrível cilada montada por meus inimigos – afirmava ela, torcendo as mãos, nervosa, ao relembrar aquele momento crítico de sua vida.

"Depois, Albert convenceu-me de que não tiveste culpa. Mas era tarde demais. Desesperado, sem poder tirar da mente as cenas que tanto me chocaram, e das quais participaste, decidi fugir para nossa propriedade no campo, escondendo-me de tudo e de todos. Meus pais permaneceram em Paris. Com as festividades do casamento de Margarida de Valois e Henrique de Navarra, que se aproximava, eles não poderiam ausentar-se da cidade".

Nova pausa. Claude escondeu o rosto com as mãos, como se quisesse fugir das lembranças. Na província, alguns dias depois, ficara sabendo dos terríveis episódios do massacre dos huguenotes por um criado que conseguira fugir e que aparecera no castelo. Estava fraco, maltrapilho, sujo, e Claude quase não o reconhecera.

– Não me reconheces, senhor? – dissera ele, com voz débil.

– Mas, és Alfonse! Por que apareces aqui nesse estado? Onde estão meus pais? – indagara, pressentindo que algo de terrível tinha acontecido.

– Ah, senhor... Estão todos mortos.

Em pânico, Claude agarrara-o pelo pescoço, sem se conter:

– Mortos? O que dizes? Fala, infeliz, o que houve?

E Alfonse, tomando fôlego, relatara tudo o que tinha acontecido: A invasão da casa senhoril, a matança de todos, inclusive de seus pais, a pilhagem.

Cheio de horror, olhos esbugalhados, Claude bradara:

– Vou para Paris! Vingarei a morte de meus pais! Os assassinos não ficarão impunes!

Alfonse, porém, detivera-o:

– Não faças isso, meu senhor. Assinarias tua sentença de morte. As atrocidades ainda não terminaram. Continuam a matar nas províncias. Acredito mesmo que só não chegaram aqui ainda porque estão distraídos à procura de outros protestantes. Creio também que não deves permanecer nesta propriedade, que é sobejamente conhecida. Deves ir para algum lugar ignorado, onde não conseguiste achar.

Pesando bem as palavras do fiel servo, Claude tivera que concordar com ele:

– Está bem. Irei para o exterior. Daqui, não me será difícil alcançar a Alemanha, onde temos amigos e onde encontrarei abrigo. Tu irás comigo.

– Não, meu senhor. Permite que permaneça aqui a teu serviço. Mandarei os outros criados para junto de seus parentes – se os encontram, será morte certa – e ficarei por aqui mesmo, escondido na floresta, e, sempre que possível, te mandarei notícias.

Claude novamente concordara com o criado. Combinaram que a correspondência seria mandada para a casa de um amigo, nas imediações, onde Alfonse não teria dificuldade de apanhá-la.

Assim, viajando incógnito, conseguira alojar-se na Alemanha, onde adquirira uma pequena vila, discreta e confortável, tendo ali permanecido por alguns anos. Somente retornara quando Alfonse, a única pessoa que sabia onde ele estava, escrevera-lhe garantindo que as perseguições tinham terminado e gozava-se de uma relativa paz. Saudoso da terra natal, Claude resolvera voltar para a França. Chegando, gastara algum tempo reformando a propriedade da família, tornando-a novamente habitável – pois se encontrava bastante danificada pelos anos de ausência –, e passara a morar nela. Em pouco tempo, encontrara-se com Hélène, que ainda não se casara. Ela, inconformada por tê-lo perdido, procurara de todas as formas envolvê-lo com sua sedução. Ele, sem conseguir esquecer a morte dos pais, sem esperanças de ser feliz, uma vez que ficara sabendo que Elise estava morta, não tinha expectativa de vida, nem vontade de viver. Desanimado, amargo, Claude transformara-se em outra pessoa. Contudo, Hélène o queria de qualquer jeito e, afinal, ele rendera-se, acabando por aceitar o assédio da antiga noiva.

Casaram-se e durante muitos anos não tiveram filhos. Hélène não desejava estragar seu corpo. Com o tempo, porém, como o casamento fosse de mal a pior, e sabendo o quanto Claude gostava de crianças, a ardilosa mulher resolvera satisfazê-lo. Permitira-se engravidar. Nascera Camilo, criança adorável e inteligente, que o pai amava acima de tudo.

Mas a situação do casal não melhorara. Ao contrário. Hélène, possessiva e exclusivista, tinha ciúmes do carinho e das atenções que Claude prodigalizava ao filho.

Nesse momento, retorna o pequeno Camilo, trazendo nos braços um animalzinho.

– Podemos ir, papai?

Retirado de seus devaneios pela criança, Claude enxugou os olhos discretamente, indagando:

– Ir aonde, meu filho?

– Ah, paizinho! Esqueceste que vamos passear?

– Ah, é verdade! Então, vamos.

Levantou-se, tomou a mão do menino com carinho e encaminharam-se para a porta. O pequeno tagarelava sem parar. O cocheiro já aguardava, pois o esperto garoto avisara de que ele e o pai iam sair.

Elise acompanhou-os. Somente agora conseguia prestar mais atenção no menino. Era encantador. Sentia-se atraída por ele; sorriso fácil, tinha um jeitinho meigo e gentil que a deixava fascinada. Algo nele fazia com que se lembrasse de seu pequeno Jean-Maurice, que não via há tanto tempo. Onde andaria ele? Uma onda de saudade a envolveu.

Aboletada na carruagem, ao lado de Jean-Claude e de Camilo, sentia-se estranhamente feliz, como não se lembrava de ter sido jamais. Tinha a sensação de que constituíam uma verdadeira família.

Aquela era a *sua* família!

Enfrentando a Verdade

Capítulo 33

Jean-Claude, o pequeno Camilo e uma inesperada passageira do invisível passearam pela cidade, satisfeitos e risonhos. Esquecido já da rusga com a esposa, Claude mostrava ao filho as belezas de Paris. Ao som cadenciado das patas dos cavalos, andaram pelo bosque, deliciaram-se com a aragem às margens do Sena, passaram pelo Louvre e por muitos outros belíssimos lugares. Camilo estava encantado, achando graça em tudo, até num cão que farejava restos de comida no lixo.

As horas transcorreram agradáveis, sem que se dessem conta. Estranhamente feliz, como há muito não acontecia, Jean-Claude, a contragosto, deu ordem ao cocheiro para retornar.

– Ah, papai, não quero voltar para casa! – resmungou o menino, contrariado.

– Também lamento, meu filho. Todavia, já é tarde. Certamente, mamãe estará preocupada com nossa ausência. Poderemos repetir o passeio num outro dia.

– Prometes?

– Prometo.

– Então, está bem. Mas acho que Mimi, como eu, também preferia continuar passeando.

Ele não pôde deixar de rir das palavras do garoto. Com estranheza, porém, Jean-Claude teve a impressão de ouvir também, acompanhando a sua, uma risada feminina, ali, dentro da carruagem. Era uma voz cristalina, de tonalidade única, que ele tão bem conhecia. Fora tão real a sensação, que ele sentira até o movimento do ar e o hálito perfumado de alguém. "Curioso!", pensou, "pareceu-me reconhecer a voz de Elise! Impossível!".

Estremeceu. Seus pêlos se eriçaram sob a roupa.

– Chegamos, *monsieur*! – avisou o cocheiro, abrindo a portinhola.

Somente então notou que o veículo parara defronte da casa. Claude balançou a cabeça, procurando expulsar da mente aqueles pensamentos inquietantes que tinham surgido tão sem propósito. Entraram. A residência senhoril ainda estava às escuras. Conquanto ainda fosse dia, no interior as sombras já se adensavam.

Enquanto Claude repreendia um criado por não estarem acesos os candelabros, Elise experimentou intenso mal-estar. Com espanto, reconheceu-se singularmente atraída para determinado lugar da casa. Como que sugada, viu-se em seguida num recinto estranho, que, de imediato, percebeu serem os aposentos do casal. Mobiliado com luxo e decorado caprichosamente, conforme ditavam as últimas tendências da moda, no meio do quarto havia um grande leito com dossel. Nele estava Hélène, deitada, mantendo os olhos, vermelhos e brilhantes como duas brasas acesas, fixos no teto. Sua expressão, de raiva, concentrava-se na boca num ricto amargo. Em torno dela, Elise percebeu nuvens escuras, vibrações carregadas e deletérias, pensamentos desequilibrados circulando a seu redor. Perplexa, notou que, no meio desses pensamentos, as imagens dela, Elise, repetiam-se em diversas situações e lugares; imagens essas que representavam cenas que tinham movimento, colorido e sonoridade. Sempre acompanhadas da figura de Jean-Claude: ora estavam se abraçando, chorando, rindo ou passeando. Todavia, o que mais impressionou Elise é que algumas daquelas situações ela não conhecia. "Por que Hélène me vê em circunstâncias desconhecidas para mim?", pensou. Uma, que a tocou de forma especial, era a cena em que Hélène aparecia ajoelhada a seus pés, suplicante, e ela, Elise, de pé, rindo, sobranceira e arrogante, fitava-a com desprezo, negando-lhe ajuda.

Naquele instante, como se uma névoa se dissipasse, Elise sentiu-se, intimamente, descoberta. Uma sensação terrível de medo a envolveu. Em pânico, correu para um canto escuro do aposento; deixou-se cair acocorada no chão, toda encolhida, tentando esconder-se sem saber de quê. Não queria ser encontrada.

Contudo, as imagens que tinha visto gravitando ao redor de Hélène agora ganhavam força e vida em sua mente. Tentando fugir da realidade – pois não queria ver nem ouvir –, mantinha os olhos cerrados e as mãos tapando os ouvidos, trêmula e insegura. Finalmente, recordou-se de tudo. Era rica, poderosa e amava apaixonadamente o marido de Hélène, o mesmo Jean-Claude de agora. Seduzira-o, fazendo com que abandonasse a esposa, o que não fora difícil, uma vez que o casamento havia sido um acordo entre as famílias. Desde essa época, passaram a viver juntos, no seu castelo. Hélène, que amava o esposo, inconformada com o abandono e munindo-se de coragem, dirigira-se à residência dela, Elise, suplicando compaixão. Ajoelhando-se diante da rival detestada, humilhara-se. Contara-lhe que estava grávida e não queria que seu filho nascesse sem pai. E, em nome da criança que ia nascer, rogara-lhe que devolvesse o esposo adorado.

Elise, que não a suportava, rira-se na cara dela, afirmando-lhe que Jean-Claude a amava e que jamais se separaria dele. Desesperada, Hélène saíra prometendo vingar-se. Todavia, não suportando as pressões, frágil e insegura, cometera suicídio algumas horas depois.

Apertando a cabeça entre as mãos, Elise chorava, ao reconhecer os males que cometera outrora. Percebia agora, com clareza, por que não pudera ser feliz com Claude, a quem realmente amava, e por que não se casara com ele na última existência, como tinham planejado. Reconhecia também toda a infelicidade que causara a Hélène, passando a entender melhor a razão do seu ódio. As imagens do passado estavam agora muito vivas em sua mente. Cometera atos nefandos contra muitas pessoas e fizera inúmeros inimigos, carreando uma infinidade de malefícios para si própria.

Nesse instante, ouviu uma sonora gargalhada. Em pânico, reconheceu a voz rouquenha, a mesma que ouvia quando encarnada:

Aderbal. Trêmula e apavorada, olhou ao redor, procurando descobrir de onde vinha aquela voz. Afinal divisou, num outro canto do quarto, a entidade assustadora, a divertir-se com seu medo. Elise, que somente naquele momento dera pela presença do inimigo, notou que fios escuros e viscosos ligavam-no à mente de Hélène.

– Percebes agora por que te odeio, mulher? Lembras-te de teus crimes, miserável? Recordas-te de mim, marido traído, que tiveste a coragem de mandar assassinar para ficares em definitivo com teu amante? Lembras-te?

E ela reviu as cenas, quando ordenara a um servo, pagando-o a peso de ouro, para matar Aderbal. Com inaudito terror, reconheceu no assassino aquele que fora seu marido, Bertrand. Soluçando desesperadamente, Elise não sabia o que fazer nem para onde ir. Queria sumir daquele lugar, esquecer as lembranças do passado, mas não conseguia; como um visgo, sentia-se presa no chão, obrigada a permanecer naquele local.

– Não me escapas, infeliz! Agora que te encontrei, pagarás por todos os teus crimes! – dizia aquele homem, com riso escarninho.

O ar estava pesado, asfixiante. Elise tinha dificuldade de respirar. A cabeça latejava-lhe dolorosamente. Sentia-se confusa e incapaz de raciocinar direito.

Nesse instante, como tábua de salvação, Claude entrou no aposento, acompanhado do pequeno Camilo. Uma onda de paz pareceu entrar com eles. O ambiente fez-se menos pesado. Vendo-os, Elise teve vontade de pedir-lhes perdão. A Claude, por tê-lo seduzido e obrigado a deixar a esposa. A Hélène, por ter-lhe roubado o marido, causando-lhe tanto mal, a ponto de levá-la ao suicídio. Chorou de arrependimento, desejando ao mesmo tempo reparar seus erros.

A esses pensamentos, Elise notou que algo estava mudando, que não estava mais presa no chão, e que podia se levantar. De um salto, aproximou-se do leito e, em lágrimas, abraçou Hélène, que continuava com os olhos fixos no teto, incapaz de perceber o que acontecia a seu redor.

– Perdoa-me, Hélène, todo o mal que te fiz. Perdoa-me! Prometo, de ora em diante, ajudar-te em tudo o que puder. Desejo que tenhas a felicidade que te roubei um dia, ao lado do homem a quem ambas amamos.

À medida que falava, branda luminosidade saía-lhe do tórax e atingia a outra, que permanecia deitada no leito, envolvendo-a e proporcionando-lhe profundo bem-estar. As escuras emanações foram sendo diluídas e, aos poucos, a paz voltou àquele ambiente.

Aderbal, que se conservava no canto, sem poder fazer nada, inquieto, observou a mudança que se operara e fugiu irritado, a praguejar e a reclamar.

Sob a influência de Elise, Claude aproximou-se da esposa, abraçando-a e pedindo-lhe que o desculpasse pela rusga da tarde, enquanto Camilo, com sua pureza e simplicidade, também abraçava a mãe, transmitindo-lhe vibrações carinhosas e benéficas. Esquecendo as lágrimas de horas antes, Hélène afinal sorriu, já com outra disposição. A expressão concentrada e odienta desaparecera. Selada a paz familiar, Claude a convidou, com entonação terna:

– Querida, vamos cear?

Sem saber a que atribuir tamanha mudança, Hélène ergueu-se, sorridente, acompanhando o marido e o filho até o salão de jantar.

Aquela noite o ambiente manteve-se sem nuvens, em meio a suave bem-estar. Cearam conversando alegremente como há muito não faziam. Hélène estava encantada. "Que sortilégio terá produzido mudança tão radical em meu esposo? Ah, não importa. Daqui por diante, sinto que seremos realmente felizes", pensava ela, enquanto observava o marido e o filho.

Um pouco afastada, Elise acompanhava a cena familiar, satisfeita e aliviada. Nesse momento, percebeu Licurgo a seu lado. O amigo fitava-a sorridente e com ar de aprovação:

– Vejo que aproveitaste a oportunidade que te foi concedida,

Elise, encontrando forças para vencer a ti mesma.

Ela respirou fundo e procurou abrigo nos braços do velho amigo, que a agasalharam, protetores. Com olhos úmidos, considerou:

– Ah, mas não foi nada fácil, meu caro. Houve momento em que pensei não resistir.

– Eu sei. O encontro com o passado é sempre doloroso, e as vibrações enfermiças de Aderbal, aliadas a teu sentimento de culpa, representaram verdadeiro perigo para ti. Felizmente, o desejo de reparação, propiciando-te vir à tona nobres sentimentos, alterou de forma substancial as emanações do ambiente, ligando-te ao Alto.

– É verdade. Sabias o que ia acontecer, não é?

Licurgo meneou a cabeça:

– Não. Sabia que o reencontro com antigos conhecidos do passado seria uma dura prova que terias de enfrentar, cedo ou tarde. Ignorava, porém, como irias reagir, mas confiava no preparo que tiveste e nas tuas boas disposições. Graças a Deus, tudo correu bem.

Elise ficou pensativa.

– Meu amigo, a pergunta é: o que devo fazer agora? Reconheço que muito prejudiquei a Hélène, e entendo hoje a razão do seu ódio. Gostaria de ajudá-los a ser felizes. Isso me custará bastante, pois não ignoras que ainda amo Jean-Claude.

– Aí está o teu desafio, minha querida. Renunciar ao ser amado, que certa vez desencaminhaste do dever, ajudando-o a ser feliz ao lado de outra mulher.

– Será que vou conseguir?

– Terás todo o amparo necessário. Jesus é nosso sustentáculo, nosso refúgio e nosso roteiro. Seu amor nos socorre em todos os momentos e, sob sua proteção, nada devemos temer. Assim, confia sempre, esforça-te e jamais desanimes.

– Tentarei, nobre amigo.

O orientador fitou por momentos a cena familiar que se desenrolava a alguns passos e considerou, ao mesmo tempo em que seu olhar se dirigia para a criança:

– Além disso, tens fortes razões para desejar a felicidade do casal.

– Ah, estás a referir-te ao pequeno Camilo! Sem dúvida, é um menino adorável e merece ter uma família bem constituída, crescer em ambiente sadio, sem brigas e sem discussões.

Licurgo lançou à companheira um sorriso enigmático:

– É mais do que isso. Não o reconheces?

Ao ouvir essas palavras, Elise fitou Licurgo com estranheza; depois, desviando o olhar, fixou-o na criança.

– Observa-o! – insistiu ele.

Elise deteve-se a analisar o pequeno, que tagarelava, satisfeito. Era realmente encantador, com aqueles cabelos claros e encaracolados, o sorriso fácil, os grandes olhos castanhos sombreados de longas pestanas.

Naquele momento, algo se rompeu dentro dela e a consciência lhe segredou num transporte de júbilo:

– Mas, é meu filho! É meu querido Jean-Maurice! Meu filho que não via desde sua morte, há décadas!

Levando as mãos ao rosto, ela ria e chorava, chorava e ria de felicidade.

– Exatamente, minha amiga. É teu filho que renasceu no lar de Jean-Claude e de Hélène para prosseguir seu ciclo evolutivo.

– Mas... não entendo! Por quê?

– Camilo, ou Jean-Maurice – como quiseres –, era o filho que Hélène estava esperando e que morreu, juntamente com a mãe, por ocasião do suicídio cometido por ela. Tendo compromissos com o casal, iria reencarnar na casa de Claude e Hélène naquela oportunidade, mas teve frustrada sua tentativa. Por muito tempo, cultivou ressentimento contra ti, a quem culpava pela autodestruição da futura mãezinha. Renasceu como teu filho, Jean-Maurice, e novos elos de afetividade se estabeleceram, acabando com o rancor do pretérito.

Igualmente, para reparar o mal que lhe fizeste, concordaste em casar com Bertrand – o servo de ontem e teu cúmplice na morte de Aderbal, teu marido – e que também seria pai de Jean nessa existência. Todavia, terias que passar por uma prova: o reencontro com o antigo amante, Jean-Claude. Mas, reconhecendo-o, deverias renunciar ao amor, mantendo o compromisso com Bertrand, que desencaminhaste, levando-o ao crime. Contudo, nem tu nem Claude conseguistes evitar o sentimento, que surgiu de forma avassaladora, gerando novos compromissos para o futuro. Só não caíste moralmente, rojando-te a uma queda espetacular, porque foste impedida pela força da própria vida, ao tentares fugir do casamento.

Elise chorava mansamente, ouvindo as considerações do amigo espiritual, justas e verdadeiras. Quando ele se calou, fitou-o com o rosto lavado de lágrimas.

– Aconselha-me, querido amigo. O que devo fazer?

– O que te ditar a consciência. Tens condições para isso. Entretanto, deves dar tempo ao tempo. O próprio desenrolar dos acontecimentos te dirá o que é melhor.

– Compreendo. Por enquanto, então, se me for permitido, gostaria de permanecer aqui junto deles, para ajudá-los, ser útil no que puder.

– Certo. Permanecerás aqui nesta casa o tempo que for preciso. Periodicamente, estaremos verificando como estás, uma vez que manterás contato conosco. Sempre que desejares, poderás retornar à nossa colônia, teu lar na Espiritualidade, para renovar as forças.

– Nem sei como te agradecer, querido amigo. Entretanto...

Diante das reticências, ele anuiu:

– Sei o que te preocupa: Aderbal.

– Sim. Como ajudá-lo?

– Cada coisa tem seu tempo. No momento certo, tudo vai acontecer naturalmente. Não adianta querermos apressar a natureza.

– Está bem. Agora, deixa-me abraçar meu filho querido.

Elise aproximou-se de Camilo, que acabara a refeição e estava quase dormindo à mesa, e envolveu-o com extremado carinho. Ajeitou-lhe uma mecha de cabelos na testa e o abraçou, cheia de alegria. Olhava o rostinho delicado da criança com outros sentimentos. Agora, não o via apenas como seu filho; mas como um Espírito imortal, em processo evolutivo, que atualmente era filho de outros pais, com quem, provavelmente, poderia ter tido parentescos diferentes em outras épocas. Mas o amor continuava o mesmo: forte, profundo, imorredouro.

Encontro Inesperado
Capítulo 34

Licurgo despediu-se de sua pupila, após fazer-lhe algumas recomendações, e a vida de Elise passou a gravitar em torno da pequena família. Era o Espírito familiar e amigo, que procurava amparar a todos nas dificuldades da existência. Não se limitava a atender à família; também os criados e demais necessitados mereciam seus cuidados. Naturalmente, outros desencarnados ali se faziam presentes, cada qual preocupado com seus protegidos e, na prática, uniam esforços trabalhando juntos em prol do benefício comum. Nas horas de maior necessidade, recorria aos amigos do "Château Fraternel", liderados pelo generoso Antoine de Moisson, sempre prontos a socorrê-la.

O tempo passava célere. Elise acompanhava o desenvolvimento do pequeno Camilo, cheia de orgulho por sua vivacidade, sua inteligência e sua destreza. Era um menino bom, estimado por todos.

No início, não tinha sido fácil estar ali, junto de Jean-Claude e de Hélène, participando da vida do casal. Qualquer expressão de afeto, um carinho trocado, um sorriso, uma pequena gentileza – qualquer uma dessas coisas a desequilibrava intimamente. Todavia, tinha consciência de que precisava passar por aquela prova, perseverar no objetivo de amparo àqueles a quem havia prejudicado um dia. Não foram poucas as ocasiões em que se escondeu num canto para chorar, enciumada. Incontáveis os momentos em que teve ímpetos de tomar partido de um ou de outro, revoltada com as atitudes que via a todo momento, no dia-a-dia, e que lhes caracterizavam ainda as imperfeições. Inúmeras as vezes em que abraçou o pequeno Camilo, misturando suas lágrimas com as dele, lamentando que ele fosse hoje filho de Hélène, mãe relapsa e desinteressada.

Felizmente, nessas horas de crise, sempre contava, de forma miraculosa, com o carinho de Licurgo. Como que lhe adivinhando as aflições morais, ele chegava no momento certo, serenando-lhe o ânimo.

Foi numa dessas ocasiões de crise que ele se aproximou, atraído pelo veemente pedido mental de socorro que ela lhe endereçara. Após abraçá-la com carinhos de pai, externando paciência e brandura, ponderou:

– Contém teus impulsos irrefletidos, querida Elise. Apesar das dificuldades, tudo vai bem. É assim mesmo. É necessário aprender a exercitar tolerância e compreensão. Não podemos cobrar perfeição alheia, quando somos ainda tão imperfeitos. A natureza segue seu curso, sempre para melhor. Conquanto tenhamos o desejo de apressar o progresso, impregnando os outros com nossas idéias e com os conhecimentos que já adquirimos, a verdade é que cada um segue no seu próprio ritmo. Se olhares para trás, minha amiga, perceberás o quanto todo o grupo já amadureceu, as mudanças que já se operaram... inclusive em ti mesma.

– Em mim?!...

– Sim! Ou ignoras que também mudaste, para melhor? Há algum tempo, poderias te imaginar cuidando de Jean-Claude e de sua família, com tamanha dedicação, especialmente de Hélène, a quem detestavas?

– Certamente, não. Em outras épocas, meu primeiro impulso seria estrangulá-la.

Fazendo um gesto largo com os braços, ele sorriu, compreensivo:

– E então? Notaste como estás mudada?

– Sim, é verdade.

Aproveitando a ocasião, ele ponderou:

– Esquadrinha teu íntimo. O que sentes hoje pela nossa irmã?

Elise silenciou, parecendo refletir por alguns instantes; depois respondeu, pesando bem as palavras:

– Piedade. Vejo-a como uma criança, necessitada de compreensão, de ajuda e de educação. Foi extremamente mimada pelos pais e agora se ressente quando o marido não age da mesma forma. É exclusivista, exigente e egoísta. No fundo, sente grande carência de amor, que não encontra no esposo, apesar do bom relacionamento que existe entre eles e da vida tranqüila que levam atualmente. Na verdade, Hélène sabe que Jean-Claude não a ama, e não lhe perdoa por isso.

– Percebes? Já consegues vê-la com outros olhos. Isso é muito importante e denota amadurecimento de tua parte.

– Ah, meu bom amigo! Depois que passam, sinto vergonha das minhas dificuldades, das minhas crises. Preciso aprender a me controlar melhor.

– Não te culpes, Elise. Lembra-te que também estás em processo evolutivo e não exijas mais de ti do que podes dar. Ora bastante e não desanimes.

– Sei disso, meu irmão. No entanto, há momentos em que me vejo tão fraca...

Licurgo fitou-a com compreensão e ternura:

– Para compensar-te os esforços e a dedicação que tens demonstrado, dentro de alguns dias terás uma boa surpresa.

– O que é? Conta-me! – pediu ela, curiosa.

– Se te contar, deixará de ser surpresa, Elise. Aguarda.

O velho amigo despediu-se, retornando à colônia de origem. Nos dois primeiros dias, Elise não conseguiu deixar de pensar na surpresa que a aguardava. Depois, as inúmeras tarefas, o labor constante e a preocupação com o bem-estar de todos acabaram por fazê-la esquecer-se do assunto.

Três dias depois, repousava das atividades diárias sentada num banco em meio ao extenso gramado do jardim, nos fundos da casa, quando viu que alguém chegava. Era um homem e caminhava a seu encontro. A distância, conquanto lhe parecesse uma figura extremamente familiar, não conseguiu reconhecê-lo. Assim o estranho se aproximou, ela ergueu-se, surpresa, exclamando:

– Vovô! Vovô Maurice!

Vencendo o espaço que os separava, caíram nos braços um do outro com imenso amor.

– Ah, vovô! Quanto senti tua falta!

– Contudo, querida neta, não me afastei de ti em momento algum. Tenho acompanhado tuas experiências, dificuldades e conquistas. Jamais me apartei de ti.

Diante do bondoso velhinho, Elise repetiu o mesmo gesto infantil que fazia quando encarnada, reclamando, de cara amuada:

– Mas somente agora vieste me ver...

Fisionomia grave, o recém-chegado fitou-a demoradamente e, sem alisar-lhe a cabeça, como faria antes, explicou:

– Era preciso, minha querida. Os teus descaminhos levaram nossos maiores a tomar atitude drástica contigo. Fazia-se necessário que vencesses sozinha, aprendendo, mediante o próprio esforço, a controlar as emoções e a respeitar os outros seres humanos, saindo de ti mesma para enxergar o problema do próximo.

Ouvindo aquelas palavras que valiam por uma repreensão, conquanto ditas com amor, Elise baixou a cabeça. Depois, envergonhada, atreveu-se a perguntar:

– E achas, meu avô, que já consegui... pelo menos em parte?

Agora sim, Maurice abraçou-a com extremado carinho:

– Sim, *chèrie*. Teu comportamento mostra que conseguiste melhoras sensíveis. Exatamente por isso me foi permitido visitá-la nesta oportunidade.

– Ah, que bom, vovô! Graças a Deus! Sinto-me muito bem com tua presença. Estava precisando mesmo de um ombro amigo.

Enlaçados, entraram por uma porta lateral. Naquele instante, Camilo descia as escadarias com seu inseparável animal de estimação. Maurice envolveu o bisneto em vibrações de profundo amor.

– Aqui está alguém que merece todo o nosso carinho, minha neta.

O garoto parou no meio dos degraus, olhou em torno com expressão alerta de quem procura algo e apurou a audição, como se tivesse ouvido o comentário do bisavô desencarnado. Depois, como nada mais percebesse, voltou ao normal e saiu correndo para o jardim.

Achando graça na sensibilidade do menino, Maurice e Elise trocaram um olhar de cumplicidade e sorriram. Depois, caminharam pelas dependências da casa, dirigindo-se para o local onde Jean-Claude e Hélène conversavam, a bebericar uma taça de vinho.

Os recém-chegados notaram, de pronto, que aquele não era um momento muito feliz. A dona da casa – que tinha especial satisfação em reviver o passado – comentava, ferina, fatos acontecidos às vésperas do casamento de Margarida de Valois com Henrique de Navarra, o agora rei Henrique IV. Ao lembrar-se de Florence de Beauvais, discorreu fartamente sobre as mazelas morais da amiga e cúmplice e sobre como ela enganava o marido, concluindo, amarga:

– Talvez se te traísse, como Florence ao conde de Beauvais, me desses mais valor.

O velho Maurice meneou a cabeça, preocupado com a atitude de Hélène.

Nesse exato momento, indignado diante de tamanha leviandade, Jean-Claude virou-se, abrindo a boca para retrucar, porém Elise, fiel aos propósitos de manutenção do equilíbrio familiar, adiantou-se, aproximando-se dele. Com delicadeza, colocou a mão em sua fronte, sugerindo:

– Acalma-te, Jean-Claude. Não vale a pena revidar. Tranqüiliza-te.

Ainda irritado, mas atendendo à sugestão mental, ele pegou um livro que deixara na mesinha ao lado e começou a ler, ignorando a presença da esposa.

De súbito, o ambiente espiritual, até o momento calmo, tornou-se pesado e asfixiante. As portas se escancararam violentamente, como se assoladas por um furacão, e uma lufada de ar gelado penetrou a sala. Elise e o avô voltaram-se, assustados, e depararam com um grupo bizarro que invadira o recinto. Alguns trajavam-se como rufiões, outros tinham o aspecto de caveiras ambulantes, outros traziam a fisionomia marcada por cicatrizes enormes e profundas; tinham os olhos arrancados e mostravam as órbitas vazias, os cabelos eriçados e as roupas em farrapos. Às gargalhadas, soltando gritos estridentes e fazendo brincadeiras grosseiras, eles se espalhavam. Na Espiritualidade, a confusão generalizou-se.

Elise e seu avô observavam o grupo estranho.

– O que está acontecendo, meu avô? Quem são essas criaturas?

– Conserva o equilíbrio, Elise. Aconteceu exatamente o que eu temia. Observa, apenas.

Nesse momento, do meio deles surgiu uma mulher. O traje de festa, um dia luxuoso, estava em frangalhos; os cabelos, sujos e desgrenhados, cujo penteado ela visivelmente tentara melhorar, mostravam-se desarrumados e ridículos. Exageradamente pintada, seu rosto branco assemelhava-se a uma máscara. Apesar das mudanças, Elise a reconheceu:

– A condessa Florence de Beauvais! – balbuciou, surpresa.

A recém-chegada, porém, passou por ela sem dar sinal de tê-la notado, nem a seu acompanhante. Elise entendeu, naquele momento, que a condessa de Beauvais fora atraída pelos comentários maldosos feitos há pouco por Hélène.

Diante dos encarnados – que nem de leve poderiam supor as "visitas" que estavam recebendo –, Florence levantou a cabeça orgulhosa, ajeitou os cabelos arrogantemente e aproximou-se de Hélène. Lentamente, deu uma volta em torno dela, com ares de grande dama, observando-a com olhar furibundo. Depois, disparou, com voz sibilante:

– Como te atreves a julgar-me, criatura infame? Com que autoridade te arrogas o direito de censurar-me a conduta, quando foste minha amiga e cúmplice tantas vezes?

Apesar de não ver com os olhos materiais, Hélène sentia a presença de Florence; intuitivamente ouvia o que a outra estava dizendo, enquanto um pavor enorme passou a dominá-la e arrepios gelados percorriam-lhe o corpo.

Em pânico, afinal conseguiu abrir a boca e gritar para o marido:

– Estou com medo!

Jean-Claude, que, menos dotado de sensibilidade psíquica, lia sem nada perceber, respondeu mordaz, sem tirar os olhos do livro:

– Deverias ter medo da própria língua.

– Não acreditas em mim? Não sei o que está acontecendo aqui! Sinto como se um terrível perigo nos ameaçasse... – dizia ela em voz baixa, como se temesse ser ouvida, enquanto esquadrinhava o ambiente com olhos esgazeados de pavor.

– É tua consciência que desperta, minha cara.

– Cala-te! Estou com frio. Acende a lareira.

– Deliras, por certo! Estamos em pleno verão, e faz calor!

Sob a influência da ex-amiga desencarnada, Hélène foi se encolhendo, entre as almofadas.

– Estou passando mal! Acode-me, Claude!

Com uma tirada irônica na ponta da língua, ele levantou os olhos do livro e afinal virou-se para ela. Conteve-se, porém, impressionado. Notou que a esposa estava extremamente pálida, apresentava contornos arroxeados na boca e tremia da cabeça aos pés.

– O que sentes, Hélène?

– Não sei... não sei... estou mal... muito mal...

Rapidamente, ele tomou-a nos braços e levou-a para seus aposentos, depositando-a no leito. Agasalhou-a com acolchoados, pois ela tiritava de frio. Depois, tocou a sineta, chamando a criada de quarto.

– Desejas alguma coisa, senhor barão?

– Sim, Nala. Manda o cocheiro buscar o médico, com urgência.

– O que tem a baronesa, senhor? – indagou a rapariga, assustada. – Ainda há pouco estava bem!

– Não sei, Nala. Vamos, avia-te! Não percas um minuto sequer.

– Imediatamente, senhor! – respondeu a moça, saindo

apressadamente.

Jean-Claude acomodou-se numa poltrona, um pouco afastada do leito, observando a esposa, enquanto esperava a chegada do doutor.

– O que terá acontecido? – pensava ele.

Pela sua mente passavam várias hipóteses, inclusive a de que algum alimento ingerido no almoço lhe tivesse feito mal. Ou que sua esposa tivesse tomado em demasia aquele remédio do qual fazia uso regularmente, contra a vontade dele. Muito nervosa, há alguns meses, ela pedira a um herbanário que lhe desse uma substância calmante, e ele acedera. Entretanto, intimamente, Jean-Claude pressentira que era algo mais grave. "Mas o quê?", parafusava ele, inutilmente, sem encontrar a resposta para suas indagações.

Meia hora depois, o médico chegou, sendo logo introduzido no quarto da paciente. Jean-Claude foi esperá-lo no vestíbulo, de modo a conversarem a sós. A caminho do quarto, o dono da casa colocou-o a par do que tinha acontecido, concluindo:

– Enfim, doutor, conversávamos apenas, quando minha esposa sentiu-se mal. Não sei o que pode ter ocasionado esse mal-estar súbito.

– Veremos, senhor barão. Veremos.

Diante da dama, que parecia desacordada, o médico assustou-se com seu aspecto. Pôs-se a examiná-la em silêncio. Quando terminou, tirou um pequeno frasco da maleta e deu-lhe a cheirar. Imediatamente, ela abriu os olhos, assustada, olhando em torno. Ao ver o médico, respirou, aliviada:

– Ah, doutor, que bom que o senhor chegou. Onde estão eles?

– Quem, minha senhora?

– Não sei. *Eles*...

– Aqui não há ninguém, baronesa.

– Tens certeza? Ah!... então, acho que foram embora.

– Estás melhor? – indagou o facultativo, preocupado com a saúde mental da paciente.

– Sim. O que está acontecendo comigo, doutor?

– Nada grave. Fica tranqüila, baronesa. Deverás permanecer no leito por uma semana. O repouso te será benéfico. Voltarei amanhã.

Depois de despedir-se da paciente, chamou o esposo de lado e considerou, em voz baixa:

– Os sinais vitais da senhora baronesa estão normais. Organicamente, parece bem. Estou inclinado a acreditar que seja um mal de natureza nervosa. Aqui está este frasco. Dá-lhe dez gotas três vezes ao dia. É o suficiente. Voltarei amanhã.

Jean-Claude agradeceu e o médico foi embora. Retornando aos aposentos da esposa, viu que ela estava realmente melhor. Suas cores haviam voltado, o arroxeado em torno da boca sumira e os olhos não tinham mais aquele brilho estranho.

Ele colocou o remédio num pouco de água e deu-o à esposa.

– Agora, descansa. Mais tarde virei ver como estás.

– Não quero que te afastes de mim, Jean-Claude.

– Fica tranqüila. Retornarei breve. Vou ver como está nosso filho.

– Está bem. Dormirei um pouco. Sinto-me cansada e sonolenta.

– Então, dorme. Se precisares de algo, Marie te atenderá.

Jean-Claude saiu do quarto e fechou a porta, enquanto a criada cerrava as cortinas, deixando o aposento na penumbra.

Na Espiritualidade, Maurice e Elise procuravam uma maneira de ajudar os envolvidos.

– Não podemos expulsar esses invasores daqui, vovô? Estão conturbando o ambiente... – perguntou Elise, desejosa de resolver a situação dos seus protegidos.

– Impossível, minha neta. As barreiras vibratórias foram quebradas quando Hélène ligou-se pelo pensamento às falanges do mal. Ao tecer comentários maldosos sobre a ex-amiga, abriu-lhe as portas da casa. É justo que sofra as conseqüências da própria imprevidência.

– Mas não temos como ajudá-los?

– Certamente. Fazendo preces e envolvendo a todos os necessitados com muito amor.

Conversavam, observando o grupo que se espalhara pelos diversos ambientes da sala. Da turma toda, apenas Florence acompanhou Hélène até o quarto. Ainda assim, na presença do médico, postou-se a distância, e imediatamente a enferma passou a acusar melhoras. Não desejava causar mais incômodos, para poder manter-se a cavaleiro da situação por muito tempo. Desejava estabelecer uma ação vingativa de longo curso e, para isso, era preciso pensar, planejar, estudar bem a situação, todas as variáveis que pudessem interferir, e como utilizá-las a seu benefício.

Elise e seu avô entraram no quarto, aproximando-se do leito e oraram, aplicando energias balsâmicas em Hélène. Florence, que andava agitada de um lado para o outro, notou que algo diferente acontecia e acomodou-se num canto. Os pensamentos dos servidores do bem, que oravam também por ela, envolveram-na em vibrações benéficas, acalmando-a e modificando-lhe um pouco as íntimas disposições.

O velho Maurice, conhecedor da natureza humana, percebeu que era o momento de agir.

– Conversa com ela, Elise.

– O que vou lhe dizer?

– Não te preocupes. Aproxima-te e confia em Deus.

Elise respirou fundo e, munindo-se de coragem, caminhou até onde estava a antiga condessa. Parou a seu lado e colocou-lhe a mão sobre a cabeça.

Sentindo a proximidade de alguém, a outra reagiu:

– Quem está aí? Quem és tu?

Fazendo-se mais visível, Elise respondeu:

– Sou eu, Florence. Elise.

Vendo-a agora à sua frente, a antiga patroa encheu-se de indignação:

– Como te atreves a chamar-me pelo nome? Esqueceste o respeito que se deve a uma aristocrata, da qual eras uma reles criada?

Elise sorriu delicadamente.

– Não esqueci o respeito que se deve a qualquer ser humano. Contudo, os títulos e as honrarias desapareceram sob a lápide dos túmulos. Não sou mais tua criada, como não és mais a condessa de Beauvais. No mundo espiritual, contam realmente apenas as conquistas individuais em moralidade e sentimentos. Tudo o mais são cinzas que o vento leva.

– Que audácia! Deveria chicotear-te, miserável, pelo atrevimento! Todavia, reconheço que continuas a ser a mesma arrogante de sempre. Não mudaste nada.

Ao ouvir essas palavras e ao notar a expressão com que haviam sido ditas, Elise levou um susto. Por que a condessa referia-se a ela daquele jeito? "Continuas a ser a mesma arrogante de sempre". Tinha plena consciência de que em sua última encarnação jamais fora arrogante; ao contrário, desde criança fora obrigada a obedecer, primeiro aos pais, depois ao marido; como criada, a situação de subalternidade levara-a a uma atitude humilde e servil.

– Por que dizes isso, Florence?

– Porque é verdade. Sempre foste arrogante, prepotente e autoritária.

– Mas...

– Teu traje de serva nunca me iludiu.

Perplexa, Elise calou-se. Percebia, pela segurança com que a outra falava, que a ex-condessa estava a vê-la como era no passado, em tempos remotos. O objetivo de Elise, porém, era outro. Assim, procurando esquecer o que tinha ouvido, e mudando o tom do diálogo, tornou, conciliadora:

– Concordo contigo, Florence. Entretanto, estou aqui para fazermos as pazes. Sei que nunca tiveste simpatia por mim, mas os tempos são outros e não adianta lembrarmos o que passou. Desejo que sejamos amigas.

Elise estendeu a mão para a ex-condessa; esta, contudo, se recusou a estender a sua.

– Jamais. Nunca esqueço uma ofensa. Nunca!

Calou-se por momentos, enquanto Elise continuava a enviar-lhe vibrações benéficas, sem interromper-lhe os pensamentos. Depois, com expressão de ódio, Florence murmurou entre dentes:

– Por acaso ouviste o que aquela miserável estava falando de mim? Hélène também não perde por esperar. Pensei que fosse minha amiga, mas me cravou uma faca nas costas. Traiu-me.

– Perdoa, Florence. Hélène é uma infeliz que precisa da nossa piedade. Não fez por mal, apenas por ignorância. Julga-te morta – como os demais encarnados –, quando sabemos que a morte não existe.

Com olhar raivoso e fulminante, Florence exultou:

– Sim, mas logo estará do nosso lado e saberá a verdade. Aí, aprenderá a me respeitar.

Cheia de compaixão, Elise retrucou:

– Ela tem responsabilidades, uma família. Tem um filho para criar, um marido... deixa-a em paz. Somente a Deus, que é sábio e conhece todas as coisas, compete fazer justiça. Ela pagará por seus atos, podes acreditar, sem que precises piorar tua situação, acrescentando novas responsabilidades às que já tens.

Florence fitou longamente a ex-criada. Depois, como se estivesse falando mais para si mesma, comentou:

– Não entendo. Pareces mudada. Como podes defender essa criatura que tanto mal te fez? Esqueceste a humilhação por que passaste no Louvre?

Interessante... Florence falava no deplorável episódio, omitindo sua própria participação. Elise notou-o e, discretamente, sem querer magoá-la, com sorriso melancólico, respondeu:

– Estou realmente tentando mudar e fico feliz que percebas isso. Compreendo agora que todo mal que alguém faz a outrem o faz realmente a si próprio.

– Mas aquela megera está casada com Jean-Claude, a quem amavas! E tu permaneces nesta casa e a defendes? – insistiu

Florence, indignada e com certo despeito, uma vez que ela também tinha lutado por aquele homem.

– Sim, exatamente porque hoje penso diferente de ontem, cara Florence. Somos todos Espíritos em ascensão, lutando contra as próprias imperfeições. Conscientes do mal que praticamos, seremos responsabilizados por ele, como seremos contemplados pelo bem que gerarmos com nossas atitudes. Através do tempo, temos nos encontrado e prejudicado uns aos outros, em relacionamentos difíceis e tumultuados, em que as posições se invertiam, mas os sentimentos continuavam os mesmos. Agora é tempo de renovação!

– Não! Não! Não aceito! Nunca perdoarei! – esbravejou Florence, colérica, tentando libertar-se da influência de Elise, que ameaçava amolecer-lhe o coração.

Levantou-se e saiu bruscamente, pisando duro, enquanto Elise concluía, vendo-a afastar-se:

– Algum dia conhecerás todo o passado e terás condições de compreender. Que Jesus te abençoe!

Após a saída de Florence, Elise baixou a cabeça, pesarosa. Sentia-se fracassada. Maurice aproximou-se e abraçou-a carinhosamente. Escondendo a cabeça no peito dele, ela não conteve as lágrimas.

– Tudo em vão. Sinto-me impotente, vovô, para ajudá-la.

Afastando-a um pouco, o ancião olhou-a com firmeza, enxugou-lhe o pranto e ponderou:

– O que é isso, minha querida? Agiste muito bem! As sementes foram lançadas, e Florence de Beauvais, queira ou não, irá refletir sobre o assunto. Tem paciência, minha filha. É preciso dar tempo para que as idéias amadureçam. Nada de desânimo! Coragem! A luta apenas começa e temos muito trabalho pela frente!

Reajustando-se intimamente, Elise mudou o padrão vibratório e concordou:

– Tens razão, vovô. Vamos trabalhar. Deus, por certo, estará conosco.

Novos Rumos

Capítulo 35

Em alguns minutos, os invasores desocuparam a casa e tudo voltou à normalidade. Ou, melhor dizendo, quase tudo. Hélène, embora não estivesse mais assediada diretamente por Florence de Beauvais, de alguma forma continuava ligada a ela por fios extremamente tênues. Não era mais a mesma. Parecia sempre temerosa de alguma coisa, vendo perigos em toda parte e exigindo a constante companhia de alguém. Recusava-se, terminantemente, a ficar sozinha.

Sem contar que, nos meses seguintes, vez por outra a falange obsessora retornava, e, a cada novo ataque, o estado geral dela se agravava. Inúmeras vezes, Elise tornara a falar com Florence, que, contudo, se mostrava irredutível.

Acomodados numa sala pequena e discreta, pouco freqüentada pelos moradores da casa e afastada do movimento normal dos criados, Elise e seu avô conversavam. Desde que chegara àquela casa, Maurice ali permaneceu, para ajudar a neta nas suas tarefas.

– Preocupo-me muito com a situação de Hélène, vovô. Mas também com a situação de Florence e de Aderbal. Tenho pensado bastante, refletido nas minhas responsabilidades e orado, suplicando a Jesus me ilumine e me ajude nas atitudes que devo tomar.

– E chegaste a alguma conclusão? – indagou o avô, compenetrado.

Parecendo meditar por alguns segundos, ela prosseguiu:

– Sabe, vovô, desde o primeiro diálogo que mantive com Florence de Beauvais, estranhei a maneira como ela me tratava. Era como se me conhecesse muito bem e tivesse motivos de queixa contra mim. Depois desse dia, impressionada, sempre rogava ao Senhor em minhas orações que me permitisse lembrar o passado, que Ele me mostrasse a realidade do ontem e o caminho que deveria seguir.

A uma nova pausa da neta, ele inquiriu:

– E então? Obtiveste alguma resposta?

– Sim, meu avô. Certo dia, mentalizando a imagem de Florence, perguntava-me intimamente onde já a teria encontrado, quando a resposta surgiu. Qual uma bruma que se desfaz às primeiras claridades do sol da manhã, descortinando a paisagem, finalmente me lembrei. Na mesma encarnação em que, fútil, vaidosa e inconseqüente, roubei o marido de Hélène, tive outros pretendentes; um deles era o noivo de Florence, na época minha irmã caçula, que outro não era senão o conde François de Beauvais. Instigado por mim – que o seduzi apenas para causar desgosto à minha irmã –, ele rompeu o noivado, desfazendo o contrato de casamento. Como não tivesse nenhum interesse por ele, logo depois o enxotei. François, extremamente infeliz por não poder ficar comigo, que o desprezara, e ante a impossibilidade de voltar para a antiga noiva, foi embora da cidade e nunca mais se ouviu falar dele.

Enxugando os olhos úmidos, Elise prosseguiu:

– Essas imagens não me saem da cabeça, meu avô. Sinto-me culpada, a consciência não me dá paz. Sei que preciso agir, direcionando meu tempo para a reparação das faltas cometidas.

Maurice respirou fundo, concordando com a neta:

– Esperávamos ansiosamente que pudesses chegar a essa conclusão, Elise. Agora, o que pensas fazer?

– Bem, acho que preciso de orientação. Gostaria de ficar alguns dias em nossa colônia para conversar com os mentores. Especialmente com Licurgo, com quem me sinto mais ligada.

– Tens razão. Tua decisão é sensata. Solicitarei que mandem um substituto para continuar tuas tarefas, enquanto estiveres ausente. Irei contigo.

Assim, Elise e Maurice deixaram a residência rumo à colônia de origem. Lá chegando, procuraram Licurgo, que os recebeu com muita satisfação.

Elise explicou a situação ao amigo e orientador, que a ouviu atentamente, sem interromper. Depois, indagou:

– Diante disso, o que sugeres?

Elise pensou um pouco e respondeu:

– Tenho meditado muito, irmão Licurgo, e cheguei à conclusão de que devo reencarnar. Gostaria de renascer no lar de Jean-Claude e Hélène. Vê: se eu tomar um novo corpo, poderei ajudá-los melhor; estarei junto de Camilo, Espírito amigo, e, mais tarde, poderia casar-me com Bertrand e receber Florence e Aderbal, aos quais sou devedora, como filhos do coração. Isto é, se me aceitarem...

Licurgo sorriu.

– Pensaste bem. Teus planos poderão ajudar a muitos companheiros. Mas, tens certeza de que é isso mesmo o que desejas? Enfrentarás inúmeras dificuldades e obstáculos de vulto para concretizar esse teu planejamento de vida.

– Sei disso, irmão Licurgo, porém não vejo outra saída. Se Florence continuar assediando Hélène, ela perderá a condição de viver dentro da normalidade, de criar e de educar seu filho...

– Tens razão. Todavia, sabes que essas são conseqüências que ela gerou com o próprio comportamento.

– Sem dúvida, mas como me sinto culpada e responsável por sua situação, desejo fazer tudo o que estiver a meu alcance para ajudar. E acho que o caminho é esse.

– Muito bem! – disse o orientador. – Encaminharei teu pedido à Instância Superior e, assim que tiver uma resposta, serás comunicada.

Despedindo-se, Elise abraçou seu grande amigo, agradecendo-lhe o empenho.

Alguns dias depois, Elise foi notificada de que Licurgo desejava vê-la. Ansiosa, atendeu prontamente ao chamado. Chegando à sala do orientador, notou que ele tinha nas mãos uma folha. Era a resposta à petição que fizera.

– Tuas preces foram ouvidas. Tens o beneplácito do Alto, minha filha, para voltar à Terra num novo corpo.

Elise levantou as mãos e, com os olhos úmidos, exclamou:

– Graças a Deus! Nem sei como te agradecer, irmão Licurgo.

– Não me agradeças. O mérito é teu. Em vista de determinações superiores, precisamos tomar algumas providências para viabilizar teu projeto. Uma delas é conversar com os interessados, de modo a obter-lhes a anuência.

A partir daquele dia, Elise passou a trabalhar em cima da nova programação, cheia de entusiasmo e coragem.

Uma semana depois, Licurgo avisou-a de que tinham um trabalho a fazer. Sairiam com destino à crosta planetária.

Na hora aprazada, vários colaboradores faziam-se presentes, inclusive Maurice, que, para satisfação de Elise, os acompanharia.

Deslocaram-se por algumas horas no espaço, até que se aproximaram da crosta, começando a perceber, a distância, os vilarejos, os campos, os rios e os animais; depois, os prédios de uma grande cidade, que eles conheciam muito bem: Paris. Locomovendo-se pelas vias públicas, acercaram-se de uma residência majestosa. Surpresa, Elise se deu conta de que estavam defronte da casa de Jean-Claude e Hélène.

– Chegamos. – esclareceu Licurgo. – Vamos entrar.

Seu coração batia forte quando Licurgo solicitou que o acompanhassem. Calado, encaminhou-os para uma sala mais reservada, numa ala de pouco uso da família.

– Aguardemos.

Alguns minutos depois, o grupo recebeu outras pessoas, inclusive Henri e Gertrudes. No meio delas, Elise imediatamente reconheceu Bertrand. Quando se dispunha a aproximar-se dos recém-chegados, outros servidores do Bem entraram trazendo Florence e Aderbal.

Todos presentes, Licurgo tomou a palavra e, após singela oração, esclareceu:

– Reunimo-nos aqui hoje para entrarmos num acordo e tomarmos decisões importantes que dizem respeito ao futuro deste grupo. O Senhor nos concedeu este momento, de suma relevância para todos, que representa verdadeira bênção da Misericórdia Divina; oportunidade essa que deve ser aproveitada para selarmos o entendimento e a paz. Nossa irmã Elise, que todos conheceis, e que aqui se encontra, deseja...

Nesse momento, rancoroso e vingativo, Aderbal rudemente interrompeu Licurgo, fitando-a com ódio:

– O que desejas mais, mulher? Já não basta o que fizeste?

Intimamente suplicando o amparo do Alto, e ganhando coragem, Elise começou a falar:

– Sei que cometi muitos desatinos. Prejudiquei inúmeras pessoas, especialmente vós, que estais aqui. Para reparar o mal praticado, Deus permitiu-me estar hoje me dirigindo àqueles aos quais sou devedora.

Depois, olhando para ele com serenidade, prosseguiu:

– Quanto errei, Aderbal, principalmente contigo, marido que traí e a quem mandei tirar a vida! Hoj me arrependo amargamente dos meus atos...

Aderbal soltou uma gargalhada cínica e virou-se para os demais:

– Vede! Ela está arrependida! – falou, em tom de troça.

Os demais caíram na gargalhada. Cobrando fôlego, Elise prosseguiu, serena:

– Sei também que arrependimento nada significa. Compreendo que se faz necessária a reparação dos erros praticados. Aderbal, se aceitares, gostaria de receber-te em meus braços, desta vez como filho! Com isso, pretendo restituir a vida física que te tirei.

– Voltar ao corpo denso?! – esbravejou ele, perplexo, sem poder acreditar.

– Sim, Aderbal. Terás um novo corpo, um novo lar, e poderás recomeçar tudo, sob novas bases. Terás uma nova família, onde serás educado com muito amor e carinho. O que te parece?

Ela falava com tanta sinceridade e ternura, que ele se sentiu tocado. Aderbal pareceu pensar por alguns segundos, depois perguntou:

– E quem me aceitaria como filho? Quem seria meu pai?

Elise virou-se para Bertrand, fitando-o com ternura. Entendendo seu olhar e reconhecendo o peso da responsabilidade, ele sentiu-se comovido. Adiantou-se, colocando-se diante daquele a quem um dia tirara a vida, e propôs:

– Se me aceitares como pai, Aderbal, terei imenso prazer em voltar à carne. Ninguém melhor do que eu, que te roubei a vida, para te dar novamente a oportunidade da existência.

Aderbal, ante a proposta que era muito superior a que jamais se atrevera a esperar, e envolvido pelo ambiente saturado de emanações benéficas, jogou-se no solo, a chorar convulsivamente, sendo abraçado pelos futuros pais, que lhe prometeram uma existência de amor e de cuidados constantes.

– Aceito! Aceito! Estava mesmo cansado desta vida de desregramentos, ódios e vinganças. Anseio por um pouco de paz... Quero dormir e descansar...

Aderbal demonstrava imenso cansaço. Era como se sua vitalidade, até aquele momento, estivesse sendo mantida pelo ódio. Depois que se dispôs a uma nova vida, seu corpo espiritual amoleceu, e dedicados seareiros o recolheram numa maca, já quase adormecido.

Em seguida, Elise virou-se para Florence, que aguardava no seu canto, surpresa com o rumo dos acontecimentos.

– Tamém muito te magoei, minha irmã, e peço-te perdão. Naquela época, eu não sabia o que estava fazendo e quanto sofrimento ajuntava sobre minha cabeça. Hoje, quero apenas a oportunidade de amar-te e reparar o mal que te fiz. Aceitas renascer como minha filha do coração?

Florence, com a mente confusa entre o desejo de aceitar e seus projetos de vingança, retrucou:

– Mas, e ela? E Hélène, a quem odeio? Como deixá-la?

– Perdoa e esquece, querida Florence. O ódio não constrói, só o amor. Hélène será tua avó dedicada, e amará a netinha com veneração.

– Não sei... não sei... – indecisa, Florence tinha os olhos vagos, como se perdidos no passado distante.

Compreendendo sua indecisão, Elise ponderou:

– Se te é tão difícil tomar uma decisão, não precisas responder agora. Terás muito tempo para refletir. Eu e Bertrand iremos antes para preparar o terreno; assim, pois, a tua volta e a de Aderbal só irão se concretizar daqui a muitos anos. Durante esse período, terás oportunidade de refletir sobre tudo isso que conversamos neste momento; e, se aceitares, só então irás te preparar para a nova encarnação. Portanto, pensa com carinho. Quero que saibas, no entanto, que já me sinto como tua mãe.

Florence baixou a cabeça, pensativa. Depois, envolvida pelo ambiente balsâmico que se formara pelas vibrações mentais elevadas dos mensageiros de Jesus, aceitou, resignada:

– Está bem, concordo. Mesmo porque, como Aderbal, já estava cansada desta vida e ansiando por dar um rumo diferente ao meu futuro.

Abraçaram-se, satisfeitas pela solução encontrada. Bertrand, que estava ao lado, aproximou-se, cingindo-as num grande amplexo. O relacionamento entre ele e Florence agora seria purificado pelo amor entre pai e filha, e não mais como amantes que tinham sido na última encarnação.

Henri e Gertrudes, também presentes à reunião, aproveitaram para fazer as pazes com a filha, que tanto os acusara de a terem tornado infeliz. Abraçada aos genitores, Elise chorou, experimentando grande bem-estar.

– Compreendo hoje que vós fizestes o melhor por mim. Inconscientemente, lembráveis do compromisso firmado ainda na Espiritualidade, quando foi determinado que eu deveria casar-me com

Bertrand. Contudo, incapaz de entender vossas razões, por longo tempo culpei-vos pela minha infelicidade, quando Deus estava me concedendo a oportunidade de reajustar a consciência culpada.

Henri, comovido, completou:

– Sim, minha filha, é verdade. Como teus servos em existência anterior, dóceis a tuas arbitrariedades e cúmplices de teus atos, em virtude de ambição desmedida, também fomos responsabilizados. Havias ficado sob nossos cuidados, e não soubemos educar-te para o bem, permitindo que desses vazão à tua má índole. Para reparar os danos cometidos, renascemos e te recebemos como filha da nossa alma. Nem tudo, porém, saiu como foi programado...

– Eu te agradeço, meu pai, pelo esforço que despendeste em me ajudar. E também a ti, minha mãe. Hoje compreendo que agistes corretamente – disse, envolvendo a ambos num mesmo abraço.

Depois, enxugando as lágrimas, respirou fundo, concluindo:

– Meu amor por Jean-Claude, contudo, era forte demais e eu não conseguia entender a vida sem ele.

Nesse momento, alguém entrou na sala, aflito:

– Quem me chama? Quem me chama? O que está acontecendo? Por que estais todos aqui na minha casa? Por Deus, explicai-me!

Era Jean-Claude que, adormecido, fora atraído para o local da reunião. Elise aproximou-se dele, afetuosamente, falando-lhe com carinho:

– Sou eu, meu querido, que aqui estou para falar contigo e com Hélène.

– Elise! Pois és tu mesma! Há quanto tempo te procuro...

– Tenho estado a teu lado, embora não percebas minha presença. Convivi bastante tempo contigo, com Hélène e com nosso querido Camilo.

Nessa hora, entrou na sala o pequeno Camilo, dando a mão à sua mãe, Hélène, que, ao ver a rival, assustou-se:

– Também tu, Elise? Voltaste para me tirar o homem amado?

Não basta Florence, que não me dá paz, agora também tu?

Camilo, reconhecendo-a, atirou-se em seus braços, exclamando:

– Mãe! Minha mãezinha!

Apavorada, Hélène gritou:

– Vês? Agora não desejas somente o homem amado, queres tomar também meu filho!

Desvencilhando-se um pouco dos braços do pequeno Camilo e achegando-se a ela, penalizada, Elise tranqüilizou-a:

– Acalma-te, querida Hélène, não estou aqui para te prejudicar. Ao contrário, desejo que sejas muito feliz ao lado do esposo e do filho que o Senhor te concedeu. Jean-Maurice foi meu filho antes e retornou como teu querido Camilo. Deus nos concedeu a ambas a ventura de tê-lo como filho, e devemos ser gratas ao Senhor, não te parece?

– Falas a verdade? Não tencionas roubá-lo de mim?

– Claro que não. Estou sendo sincera. O passado é de grande utilidade para nossa reflexão e análise de como repararmos o mal praticado, Hélène. Mas não devemos ficar presos aos acontecimentos que se foram; precisamos esquecê-los e começar uma nova vida. Assim, não vejas em mim uma ameaça. No momento, Deus me concedeu a bendita oportunidade de renascer.

Incapaz de conter a emoção, Elise deixou que as lágrimas lhe corressem livremente pelo rosto, sem coragem de prosseguir.

Licurgo veio em seu auxílio. Docemente, tomou da mão de Jean-Claude e de Hélène e uniu-as às mãos de Elise:

– Meus amigos, recebestes do Alto a missão de encaminhar mais um Espírito para a vida. Sereis pais novamente.

Somente então, surpresos e alegres com a notícia, o casal fitou Elise à sua frente:

– Serás nossa filha?

Meio sem jeito, ela ergueu a cabeça e concordou:

– Sim, se me aceitardes.

– Mas, não podemos mais ter filhos... – gaguejou Jean-Claude, penalizado. – O nascimento de Camilo foi extremamente difícil para Hélène.

Licurgo, com um sorriso, tranqüilizou-os:

– Sabemos disso e já providenciamos. Elise renascerá na vossa casa de uma criada que morrerá ao dar à luz. Assim, tocados pela situação da recém-nascida, tomareis a vós a tarefa de criá-la, adotando a pequenina como filha do coração.

O casal abraçou Elise, feliz, sentindo grande emoção e bem-estar indizível.

– Aceitamos com prazer. Serás nossa filha querida. E crescerás ao lado do nosso Camilo, que será teu irmão mais velho e companheiro de todas as horas.

O ambiente estava carregado de vibrações elevadas e dulcíssimas. Todos se sentiam esperançosos e cheios de coragem para as lutas do futuro. Uma onda de contentamento e de confiança inundava seus corações cansados e sedentos de paz.

Maurice, olhos marejados de pranto, dirigiu a palavra a todos os presentes.

– Nesta hora bendita, sou profundamente grato ao Criador pelas bênçãos que nos proporcionou. A mim, especialmente, que me reconhecia culpado e devedor.

Ele fez uma pausa e, fitando a neta querida, prosseguiu:

– Elise, tu foste minha filha, e na ânsia de maiores conquistas, deixei-te a cargo de criados e fui para a guerra, combater nas Cruzadas. Ao retornar ao mundo espiritual, continuei batalhando sem tréguas, sem saber que já havia abandonado o corpo carnal. Anos depois, socorrido, tomei consciência da minha situação e, ao te procurar, percebi o mal que te causara, deixando-te sem orientação, a cargo de servos. Reencarnei depois e, como teu avô, tentei suprir minhas falhas, ajudando-te e amparando-te quanto possível. Hoje, sinto-me satisfeito porque vejo que tudo toma um rumo certo e que o futuro nos promete uma vida feliz e proveitosa. Que o Senhor nos abençoe!

Elise abraçou o avô, a quem ela sempre amara como se realmente fosse um pai e em quem sempre sentira a presença paterna.

– Perdoa-me, Elise? Não fui o pai que deveria ser para ti.

– Nada tenho a perdoar. Não poderia ser mais venturosa do que sou, vovô, ao saber que também és meu pai. Só tenho a te agradecer.

Todos se abraçaram, confraternizando e prometendo amparo mútuo, socorro nos momentos de dificuldades e fidelidade ao dever, além de zelo pelos compromissos assumidos.

Licurgo encerrou a reunião com uma prece de agradecimento ao Criador. Depois, Elise despediu-se de todos. A partir dessa noite, iria preparar-se para a próxima reencarnação.

Epílogo

Capítulo 36

Quase dois anos depois, num lindo dia de outono, a residência do barão de Mornay amanheceu tumultuada. Naquela madrugada nascera um bebê. A mãe, uma das criadas da casa, sofrera forte hemorragia ocasionada pelo parto.

A parteira, experiente, percebendo o perigo que mãe e filho corriam, avisou o barão, que, imediatamente, mandou buscar o médico. Este não chegou a tempo de salvar a mãe, apenas a criança. A mãe, criada de quarto que gozava da total confiança de Hélène e a quem ela se ligava de forma especial, antes de exalar o último suspiro, pediu a presença do casal Jean-Claude e Hélène.

Entrando no quarto, Hélène se encheu de compaixão ao ver, mortalmente pálida, a criada que a servia há tantos anos. Aproximou-se do leito, tranqüilizando-a:

– Vais ficar boa, Nala. Confia em Deus.

A parturiente fitou a senhora, melancólica, e, com dificuldade, murmurou:

– Ah, senhora... eu confio em Deus... contudo... creio que... Ele... tem outros... planos... para mim...

Com a garganta embargada de emoção, Hélène deixou que as lágrimas lhe rolassem pelo rosto.

– És a única verdadeira amiga que tenho, Nala. Não me deixes, preciso de ti. Além disso, agora tens uma filha para criar. É uma linda menina.

A criada sorriu, demonstrando contentamento.

– Estou... muito... feliz, senhora. Gostaria... de pedir-te... um último... favor...

– Pois diz o que desejas, Nala. Farei o que quiseres.

– Cuida... da minha... pequenina... Prometes?

Hélène olhou para o marido e tranqüilizou a agonizante:

– Ela será nossa filha. Descansa em paz.

Os olhos de Nala se fecharam, e um leve sorriso surgiu, enquanto duas lágrimas desciam por suas faces exangues.

Na penumbra do quarto, num pequeno berço, em meio a cambraias de linho, rendas e laçarotes de fitas – mimos ofertados pela dona da casa –, repousava a recém-nascida, serena, sem saber que naquele instante seu destino estava sendo decidido.

Em meio ao pranto dos demais criados que ali se aglomeravam, Hélène inclinou-se no berço, tomou a recém-nascida nos braços e ordenou a uma criada:

– Marie, leva todas as coisas do bebê para meus aposentos.

Dentro de pouco tempo, tudo estava arrumado e a pequenina repousava, tranqüila. Jean-Claude entrou no quarto trazendo o primogênito pela mão. Camilo se inclinou sobre o berço e ficou observando o rostinho rechonchudo e rosado que surgia no meio das mantas.

Hélène sorriu ao ver o filho examinando o bebê. Jean-Claude apresentou-o com carinho:

– É tua irmãzinha, meu filho!

O garoto fez uma careta e exclamou:

– É esquisita! Parece muito pequena!

Os novos pais riram ao mesmo tempo, fitando-se amorosamente.

– Sim, é pequenina, mas ela vai crescer e ficar grande como tu, meu filho! – disse a mãe, convicta.

– Sabes que também já foste desse tamanhozinho? – informou o pai, sentando-se no leito e pegando-o no colo.

– Verdade?!

– Com certeza. E, como tu, nossa pequenina vai crescer, aprender a caminhar e a falar. Depois, teremos que mandá-la parar, porque ficará tagarela como...

– Como eu, meu pai?

– Exatamente.

O garoto aproximou-se novamente do bercinho, olhando para dentro, curioso. Depois indagou:

– Qual o nome dela, meu pai?

– Ainda não tem um nome. Como achas que deveria se chamar?

O menino pensou um pouco e respondeu:

– Anne Marie.

– É um belo nome. Mas, por que o escolheste?

– Lembras-te, meu pai, daquela minha amiguinha que foi embora? Sinto falta dela! Chamava-se Anne Marie.

Jean-Claude sorriu, olhando para a esposa no leito.

– Faz sentido, não te parece? Sem querer, nosso Camilo escolheu um nome que reúne o das avós: Marie, da tua mãe, e Anne, da minha mãe. Então está resolvido: chamar-se-á Anne Marie!

Presentes, Espíritos amigos acompanhavam a cena, agradecendo a Jesus a bênção daquela hora. Ali estavam Henri e Gertrudes, além de Florence e Aderbal, que naquele período haviam sofrido algumas transformações para melhor, e sorriam.

Virando-se para Licurgo e Maurice, Aderbal indagou:

– E agora? Até aqui, tudo correu bem.

– Sem dúvida. Todavia, teremos um longo caminho a percorrer. Bertrand já se encontra encarnado e, se tudo sair conforme o programado, na época aprazada irão se encontrar – respondeu Licurgo.

– Mas, o que pode dar errado? – inquiriu Florence, ainda um pouco voluntariosa.

Licurgo sorriu, trocando um olhar com Maurice, e, respirando fundo, explicou:

– Querida Florence, o fato de estabelecermos diretrizes para uma reencarnação não significa que tenhamos tudo sob controle. Estaremos sujeitos a uma série de dificuldades, que fazem parte do próprio ato de viver. Não ignoras a quantidade de crianças que morrem logo ao nascer em virtude do que se conhece como o "mal-de-sete-dias"; outras morrem em tenra idade, por descuidos, acidentes vários, enfermidades. Quando não, em guerras e conflitos que proliferam continuamente. Além disso, devemos esperar que os nossos candidatos a pais se lembrem das promessas feitas e honrem os compromissos firmados antes de nascer: que se casem e os recebam como filhos.

– Enquanto isso não acontecer... – adiantou-se Florence.

– Teremos que trabalhar duro. Aderbal e tu, Florence, devereis dedicar-vos a cuidar deles e protegê-los, para que nada de mal lhes aconteça.

Florence olhou para Aderbal e a expressão de ambos era de um certo desamparo e insegurança.

Sorrindo, Maurice tranqüilizou-os:

– Nosso Licurgo não quis desanimar-vos, mas vos esclarecer, para que conheçais o terreno onde ireis pisar. É certo que teremos que contar com o esquecimento do passado, que acomete os Espíritos quando numa nova encarnação. Porém, os nossos protegidos estão bem localizados, com famílias boas e que merecem nossa confiança. Bertrand renasceu no lar de Albert de Troulon, amigo de Jean-Claude, e usaremos nossos recursos sugerindo-lhes a união dos filhos. Em último caso, se algo não correr como esperamos, modificaremos nossos planos e começaremos de novo.

– Tudo de novo? Mas... e os nossos esforços? Ficarão perdidos? – indagou Gertrudes, ansiosa.

– Absolutamente, não. Poderemos contar com a dádiva da experiência, que é sempre preciosa. Todos sairemos fortalecidos, não importa o resultado, porque mais amadurecidos e responsáveis. Todavia, é indispensável mantermos nossa fé em Deus. O Senhor saberá nos proteger e amparar em todos os momentos. Confiemos e trabalhemos, fazendo o melhor sem desanimar jamais.

Saíram, deixando a família a sós, para que pudessem gozar desses momentos de paz e alegria que o Senhor lhes acabava de oferecer.

* . * . *

Uma nova era começaria para todos. Novas tarefas, novas atividades, novos conhecimentos. A evolução direcionaria nossos amigos para novas vitórias, por meio das lutas de cada dia, dos sofrimentos que são imprescindíveis às conquistas do porvir, porque é por intermédio deles que o progresso moral e intelectual se expressa e consolida. A dor, celeste amiga, na sua função de burilar caracteres, quebraria as arestas das animosidades, refaria relacionamentos, sedimentaria sentimentos. Mais fraternos e solidários, ao final da encarnação, todos se sentiriam melhorados e fortalecidos.

Através do tempo, as personagens deste drama continuaram, entre os erros e os acertos das existências, se reencontrando e repetindo as experiências na grande espiral evolutiva.

Atualmente, muitos desses Espíritos encontram-se reencarnados em terras brasileiras e lutam ainda para vencer as inúmeras imperfeições. Contudo, pela boa vontade demonstrada e pela férrea disposição de vencer, receberam do Senhor a bênção de retornar ao palco do mundo nesta terra dadivosa, e, especialmente, de conhecer a Doutrina Espírita, fonte de luz e de energia em suas vidas.

Das trevas de uma época de perseguição e de morte, de fanatismo religioso e de inconseqüências, que redundou na terrível "Noite de São Bartolomeu", emergem esses Espíritos, buscando, nas tarefas mais simples, na divulgação da Doutrina dos Espíritos, na restauração do Evangelho de Jesus em sua primitiva simplicidade, na assistência a crianças, jovens e velhos desamparados, exteriorizar amor, construindo hoje o que ajudaram a destruir outrora.

As figuras de Catarina de Médicis e de seus assessores, do infeliz Carlos IX, soberano frágil e enfermiço que sucumbiu às pressões políticas, e de todos os que participaram dos episódios provocados pelo fanatismo religioso acodem à nossa lembrança.

Muitos já venceram suas dificuldades, passando por terríveis provações, e hoje servem de exemplo à humanidade. Outros, mais renitentes no mal, como nós mesmos, estamos ainda lutando para sobreviver no caos de nossas imperfeições, tentando burilar sentimentos e, por meio do amor, sublime manancial do Cristo, refazer nossas vidas, construindo um futuro melhor e mais feliz.

Estamos agora no Terceiro Milênio. Era de renovação, de espiritualidade e de conquistas assombrosas para o ser humano. Contudo, a humanidade ainda se debate com magnos problemas sociais, econômicos, espirituais. O homem atinge culminâncias nas ciências, mas ainda não se descobriu.

Essa é a tarefa na qual todo homem de bem deve se empenhar, especialmente os espíritas, para a transformação da humanidade. Cada qual deve fazer sua parte, esforçando-se ao máximo para que a fome, a miséria e a ignorância sejam extirpadas da face do planeta. Orientar, instruir, consolar, amparar, amar o semelhante, são objetivos que nos farão agentes de mudança da comunidade em que vivemos.

Para uma sociedade mais justa, mais fraterna, mais solidária e mais feliz, unamos nossos esforços.

Que o Senhor nos abençoe!

Erick

Rolândia (PR), 19 de julho de 2001.